47 | 계명한국학총서

동양사상의 시대 진단과 비전

— 계명대학교 한국학연구원 편 —

계명대학교 출판부

계명한국학총서 47 | 동양사상의 시대 진단과 비전

머리말

흔히 '난세 중의 난세'로 일컬어지기도 하는 춘추전국시대(기원전 770~기원전 221)에는 인간의 생로병사 희로애락의 양상이 적나라하게 드러난다. 기록에 의하면 춘추시대에 1,211회, 전국시대엔 468회의 크고 작은 전쟁을 치렀다고 한다. 그 당대 수신제가치국평천하의 방략을 두고 치열하게 철학사상 논쟁을 전개했던 백가쟁명百家爭鳴은 인간의 본연적 수양공부와 그에 기초한 무사무편無私無偏의 통치 전략, 애인애민愛人愛民의 실현방법을 둘러싼 논쟁 기록이자 담론체계라 할 수 있다.

오랜 세월이 흘러 근대성의 지평이 전개되고 21세기에 이르러 우리는 전지구화. 정보화. 지역화의 구조변동과 여러 위험사회 현상을 경험하고 있다. 압축적이고 돌진적인 구조변동 속에서 우리는 온라인과 오프라인의 이중 공간을 오가며 인간관계의 성격 변화, 조직 팽창과 탈출의 모순, 친밀한 관계를 지탱하고 유지하는 환경의 변모를 실감하고 있기도 하다. 최근의 화두로서 인공지능(AI)으로 상징화되는 이른바 4차 산업혁명론의 허실을 목도하고 있다. 이같은 상황 내지 조건에서 시대적 위기와 위험 현상에 대해 우리들 담론체계는 어떻게 전개돼야 하는 것일까? 사람과 조직을 작동시키는 구조적 힘은 무엇이며 그 힘의 실체는 무엇인 것일까? 이 총서 작업은 이러한 의문과 문제제기에서 비롯된 것이다.

'현대 한국사회의 시대적 위기와 위험 현상'에 대한 논의는 다양하고 복합적이라 볼 수 있다. 문화적 인식과 표현양식의 갈등 및 위기, 가치지향과 이념 갈등의 위기, 북한핵 쟁점과 체계의 위기, 환경 생태의 위기, 정체성과 통합의 위기, 저출산 고령사회의 위기, 사회적 양극화와 세대 격차의 위기, 여러 범주별 차별화의 위기 등등. 이같은 양상의 쟁점들에 대해 사회과학 내지 사회학적 관점에서 과학적으로 분석하고 진단하여 대안을 추구하는 기존의 성과들도 나름대로 축적되고 있다.

그런데 한국 현대사회의 위기와 위험 현상들에 대한 연구와 담론들은 대부분 근대화론 내지 탈근대론의 서구적 관점들에 근거하고 있다. 이같은 접근 내지 관점 자체가 잘못되었다거나 유용하지 못하다고 볼 수는 없다. 그런데 우리 한국사회가 당면한 제반 위기 및 위험 현상에 대해 우리 고유의 전통적 관점과 사상, 나아가 동양사회사상적 시각에서 현상의 본질을 진단하고 대안을 탐색하려는 시도는 잘 이루어지지 않고 있다. 원론적이며 당위적인 차원을 뛰어넘어 사회과학적 분석 내지 해석을 동양사회사상적 진단 및 처방과 통합적으로 결합하는 작업으로 나아가고 있지 못한 것이다.

그리하여 계명대학교 인문학연구단 한국학연구원과 동양사회사상학회는 이러한 문제의식을 지니고 현대 한국사회 위기 및 위험 현상들에 대해 새롭게 진단하고 전망을 제시해보려고 한다. 우리 한국사회 및 동양사회의 전통적이고 고유한 사유체계와 사상의 틀을 비롯하여 서구의 표준사회학적 관점을 동원하여 새로운 분석과 성찰의 지평을 개척해보려는 것이기도 하다. '동양사회사상'의 관점, 나아가 이와 관련된 인식 및 비판의 지평에서 '현대 한국사회의 위기 및 위험 현상'을 분석 진단하고 성찰하여 대안을 모색해 보려고 하는 것이다.

오늘날 한국사회는 갖가지 폭력과 중독의 위험(risk)에 노출되어 있고, 한국인들은 존재론적 불안 속에서 안전감을 확보하려 진력盡力한다. 타자와 어떤 형태로든 접속 내지 연결(access, connection)함으로써 나름대로의 친밀성(intimacy)을 확보하려 한다. 이같은 친밀성의 추구와 동시에 후기 근대적 존재의 취약성과 파편화를 경험하고 있기도 하다. 저출산 고령사회로의 급속한 진전과 더불어 1인 가구의 폭발적 증가 현상도 사회적 문제로 쟁점화되고 있다. 칸트(I. Kant)가 인간의 '비사교적인 사교성'을 논의하기는 했지만, 결혼과 가족 구성의 기본적 목표이기도 했던 '함께 살기(living together)'적 지향에서 이제 사람들은 '혼자 살기(living alone)'의 선호로 기울어가고 있다. 이같은 현상은 자기중심주의와 개인주의적 파편화의 징후, 공적 생활의 약화와 사적 공간으로의 도피 내지 탐닉으로 해석하는 것이 일반적 경향이기도 하다.

한편 사람들과의 관계 형성 및 행위와 관련한 지식 정보와 삶의 조건, 결사체, 정치 지형 등이 본질적으로 변하고 있다. 인터넷이 내장된 스마트폰이 우리들 생활과 인간관계의 중심으로 자리잡고 있다. 인터넷이 사람들의 손 안에 자리잡음으로써(Internet in the Hand) 사물 내지 현상에 대한 인식 및 소통의 질과 양식 또한 크게 변화하고 있다. 소통을 매개하고 만남을 네트워킹하는 스마트폰이 대화의 부재, 소통의 단절 문제를 야기하고 있기도 하다.

또 한편, 우리 사회에는 소셜미디어 등을 통해 대중의 감정을 교묘하게 동원하여 정치자원화하고 이용하려는 사람과 세력들이 준동蠢動하고 있다. 사회심리학적 관점에서 자아도취(narcissism)의 과도한 자기 확신과 기만을 생존의 방책으로 삼는 경우가 많다고 볼 수 있다. 일탈적 행위를 통제하는 이성적 기제(mechanism)와 규범적 장치가 정상적으로 작동하지 못하는 조건에서 과대망상, 증오 및 적개심, 분열 충동적 행위 등이 난무하게 되는 것이다. 캐스 선스타인(Cass R. Sunstein) 하버드대 교수가 주장하는 '편향동화偏向同化'와 '집단 극단화(group polarization)', 판단을 내릴 때 타인에 의존하는 '사회적 폭포효과(social cascades)'와 같은 현상이 현대 한국사회에는 광범위하게 자리잡고 있다.

우리 사회와 백성들을 분열시키고 파편화시키는 각종 정파적 이해는 국가적 가치 지향과 국민적 통합을 가로막고 있다. 정파 내지 파당적 이해관계는 정치적 내전內戰 상황을 빚어내고 있기도 하다. 생산적 담론을 부정하고 사사건건 대척하며 서로 잡아죽일 듯이 맞서고 있다. 낡고 부패한 정치 질서가 국론 분열을 가속화시키고 백성들 또한 서로 진영을 달리하며 서로가 서로를 증오하고 있는 것이다.

춘추전국시대에 제자백가들은 전쟁과 존재 실존의 불안 및 두려움에서 벗어나 진정한 사랑과 화평의 대안을 구축할 수 있는 사유체계와 학문 방법을 길, 즉 도道라고 일컫는다. 당대 지식인들의 철학 사상적 탐구는 온갖 울부짖음, 즉 백가쟁명百家爭鳴으로 나타나고 있다. 한국학연구원과 동양사회사상학회는 기존의 사회학적 이론틀과 함께 동양사회사상의 사유체계로부터 우리 사회의 위기 및 위험 현상을 제대로 진단. 치유할 수 있는 사회학적 상상력을 도출해내고자 이렇게 울부짖어 보기도 하는 것이다. 화이불류和而不流와 중립불의中立不倚를 지향하고 산천山天 대축괘大畜卦의 괘사卦辭, '강건독실휘광일신기덕剛健篤實輝光日新其德'을 가슴 깊이 품으면서….

끝으로 이 총서를 기획하고 전개하신 한국학연구원 이영찬 원장님의 노고와 배려에 깊이 감사드린다.

2017년 맹동지절,
필자들의 뜻을 모아
정 학 섭 쓰다.

• 차례

동양사상의 시대 진단과 비전

노장사상의 관점에서 본 시대진단: 평가사회의 도래와 공동체의 위기

| 김 규 원

노장사상의 관점에서 본 시대진단:
평가사회의 도래와 공동체의 위기

—

김규원

I. 들어가는 말

21세기 인류사회는 격변기이다. 변화의 범위와 속도가 개별 인간이나 특정 집단이 수용하기 힘들 정도로 광범하고 빠르다. 일부 종교적 편향성을 지닌 이들은 종말론이나 천지개벽론을 설파할 만큼 혼란스런 세태이다. 과거의 사회적 결속과 유대감을 지탱해주던 세계관과 가치관이 설득력을 상실한 반증이기도 하다. 지난 세기말부터 나타난 지적 허무주의와 지식 상대주의의 영향은 인식론뿐만 아니라 지식체계 자체의 해체를 주장할 정도로 힘을 키우고 있다. 인터넷기술 발달과 인공지능의 발전상은 이러한 추세를 가속화하는 데 힘을 보태고 있다. 한 마디로 가족이나 이웃과 같은 작은 규모의 공동체에서부터 세계시민사회와 같은 아주 큰 규모의 공동체에 이르기까지 인류사회적 공동체의 위기상황은 어제오늘의 일이 아니다. 그런즉 사회를 연구하는 학자들은 이러한 사회현실에 대한 책무성을 외면하기 힘든 것이다.

서구학문 가운데 사회학은 출범할 때부터 사회구조와 변동에 관한 탐구를 강조하였는데,[01] 이러한 학문적 특성은 오늘날 우리한테도 여전히 시대진단이라는 화두를 다루는 데 유용하다고 본다. 왜냐하면 시대진단은 우리가 사는 세상이 무슨 특성을 지니고 있으며 동시에 어떻게 변화해 가는지를 성찰하는 작업을 의미하기 때문이다.

그런데 시대진단은 근세이후 서구사회에서만 일어난 일은 아니다. 그 이전 동서양의 고대사회의 문헌 속에서 당대의 인간사회에 대한 서술적 묘사에서뿐만 아니라 지배층에 대한 비판적 견해, 그리고 인류사회의 보편적 가치추구의 과정에서 시대진단은 이루어졌다고 봐도 무방할 줄 안다. 다만 그러한 시대진단이 얼마나 체계적인지, 그리고 오늘날 과학적 기준에서 어느 정도 실증적인지에 대해선 의구심을 자아낼 수 있을지 모른다.

따지고 보면, 동양고전이라는 문헌 속에도 그 작성시기뿐만 아니라 오늘날 시점에서도 유용한 시대진단의 단초와 준거점을 시사 받을 수 있는 대목이 나타난다. 사실 제자백가사상은 그 주장하는 이들이 실제로 살았던 당시의 시대상황을 배경으로 하여 기성체계 재편을 위한 성찰과 더불어 새로운 사회질서 구축을 위한 탁견을 개진한 결과물로 볼 수 있다. 어떤 형태로든지 일종의 시대진단을 생략하고서 곧바로 이상사회 건설을 위한 주장을 내세울 수는 없는 일인 것이다.

시대진단은 그 진단이라는 용어에서 짐작하듯이, 의사가 환자를 진단하는 일에 비유할 수 있다. 그런데 잘 아는 바듯이, 질병과 환자를 대하는 데 있어서 서양 의학과 동양 의학은 상당히 다른 접근방식을 취한다.[02] 서양 의사의 환자 진단은 분석적, 범주적, 기계적 특성을 지니는

---

01 사회학의 비조鼻祖인 오귀스트 콩트(A. Comte)가 사회연구를 사회정학社會靜學과 사회동학社會動學으로 구분하였는데, 사회정학은 사회구조에 관한 연구이고 사회동학은 사회변동에 관한 연구라는 점은 통용되는 이해방식이다.

02 여기서 서양 의학이라고 지칭하는 것은 '양의'로 약칭되기도 한다. 이는 구미에서 발달한 의학과 의료기술이 근대화과정에서 식민지를 포함한 비서구사회로 유입되어

반면에, 상대적으로 전통 동양 의사의 경우에 환자 진단의 특성이 직관적, 추상적, 유기적인 셈이다. 유사하게도 구미학자들은 시대진단을 마치 나무 하나하나에 주목하여 접근하는 인상을 준다. 대조적으로 고전적인 동양사상가들은 숲의 차원에서 시대를 진단하는 모양새를 취한다. 이 후자의 경우가 전자에 비해 더 총괄적이고 통섭적인 특성을 지닌 것으로 간주할 수 있다. 하지만 전자의 경우는 학문적 체계성을 구축하기 위한 개념적 정밀함과 이론적 세련됨이 더욱 돋보이는 만큼 그 반복을 통한 확장성이 더 큰 것 같다.

아무튼 어떤 접근방법이 더 나은지를 따지는 것은 여기서 하려는 일이 아니다. 요즘 사회가 복잡하고 혼란스런 국면으로 전개될수록, 실제 이것이 현대사회의 주요 특징인데, 조금 더 직관적이고 총체적인 접근방식을 동원하는 것이 조금 더 단순명료한 이해를 낳을 개연성이 클 성싶기에, 동양사회사상을 통해서 오늘날 우리사회를 이해해보려는 것이다.

이 글은 동양사회사상 가운데 노장사상老莊思想을 통해서 오늘날 우리시대를 진단해보려는 의도를 지닌다. 이러한 의도에 대하여 몇 가지 당연한 의문이 들 수 있다. 첫째는 지금 서구학자들 중심의 시대진단에서 무엇이 부족한가? 둘째로 그 부족한 부분을 메우기 위하여 왜 하필이면 지금 시대와는 분명히 달랐을 고대 시기의 사상을, 그것도 특히 노장사상을 가져오려고 하는가? 셋째는 노장사상을 통해서 우리 시대를 진단한 결과는 어떠하며, 그 시사점이 또한 무엇인가? 결국 이러한 물음에 대한 나름대로의 답을 찾아가는 것이 이 글의 목적이며, 그 진행

하나의 독자적인 전문영역으로서의 사회적 장(a social field)을 형성한 것이다. 이와 대조적으로 여기서 동양 의학이라고 지칭하는 것은 우리나라에서 흔히 '한의韓醫' 또는'동의東醫'로 약칭되지만 넓게는 중국전통의학체계를 포함하는 개념이다. 일부 비주류집단에서는'우리의학' 또는 '민간요법'까지 동양 의학의 범주에 포함시키길 원한다(정호진, 2013). 이제 구미사회에서도 '대체의학'의 발달에 주목하는 시대에 접어든 만큼, 서양 의학과 동양 의학을 상호 엄밀한 구분으로 대비하는 것은 현실적이지 않다고 할 것이다. 여기서는 다만 논의의 편의상 구분지어 서술하고 있다.

순서이기도 하다.

본문으로 들어가기에 앞서, 미리 이 글의 제한점을 밝히는 것이 옳을 성싶다. 서구문명의 한계를 극복하거나 대안을 찾아보려는 의도에서 동양사회사상에 대한 새로운 이해를 구하려는 거대담론적인 성격을 띠므로, 생활세계를 이해하는 미시적 차원에서의 예증하는 작업은 이루어지지 않고 나중의 일로 남겨둘 수밖에 없는 점을 먼저 강조해둘 만하다. 그리고 무엇보다도 염두에 둘 사항은 노장사상 자체에 대한 본격적인 탐구가 아니라 그 현대적 활용을 모색하는 시론적인 성격의 글이라는 점이다.

Ⅱ. 사회학적 시대진단의 개략

사회학의 성립 시기를 정확히 짚어내는 데 합의점을 찾기란 어렵다.[03] 하지만 사회학이란 용어를 오귀스트 콩트가 처음 만들어 사용했다는 점에 대해서는 별다른 이의가 없다. 그러면 콩트가 살던 시대를 그 자신이나 그와 관계된 사람들이 어떻게 인식하고 기록하였는지를 살펴보면 사회학적인 시대진단의 단초를 발견할 수 있을 터이다.

콩트는 생시몽으로부터 사사私師를 받았는데, 생시몽은 그가 살던 시대를 '산업사회'라고 명명하였다. 그만큼 그는 인간이 개발한 자연과학적 기술이 사회의 생산력 향상과 인간 삶의 방식을 변화시키는 영향력

---

03 R. Dahrendorf(1968)는 사회 불평등에 관한 체계적 연구가 이루어진 시기를 사회학의 성립기로 간주한다.

을 목도하였던 것이다. 이전의 봉건사회에서의 산업적 기반이 주로 농경중심이었지만 이제는 공업이 선도하는 산업체제가 형성되면서 도시에서의 인구집중뿐만 아니라 인간관계의 질적 측면에서 새로운 변화가 진행되는 점을 간파하였던 것이다. 콩트는 생시몽의 이러한 견해를 구성하는 데 기여한 점이 있었으나 인정받지 못하자 결별한 후에, 인류사회의 거대한 변화에 대한 독자적인 체계적 작업을 하였다. 그 결과로 인류사회는 지식체계의 특성과 그 변모에 따라서 신학적 단계, 형이상학적 단계, 그리고 마침내 실증적 단계로 나아간다는 견해를 밝히는 데 이르렀다. 즉 본인이 살던 시대는 실증적 단계가 시작되는 시기로 간주하였던 것이다. 이처럼 인간사회가 진보해간다는 문제인식의 연장선상에서 에밀 뒤르켕은 그가 살던 시대를 과도기적 상황으로 진단하여 이른바 '아노미(anomie)' 사회에 처한 것으로 인식하였다. 기존의 전통사회의 규범과 질서가 무너지고 그를 대신할 새로운 것이 자리 잡지 못한 상태에서 사회구성원의 가치혼란에 따른 사회 무질서를 아노미적 상황이라고 보았던 것이다.

이들 프랑스 학자들처럼 비슷한 시기에 독일 학자들 역시 그들이 사는 시대에 대한 치열한 분석을 시도하였다. 예컨대, 페르디난드 퇴니스는 자신이 태어날 당시의 사회가 게마인샤프트(gemeinschaft)이었는데 점점 게젤샤프트(gesellschaft)로 이행해간다고 보았다. 전통농경사회의 목가적인 분위기가 팽배한 공동체적인 마을이었던 곳이 산업화와 도시화의 진척에 영향을 받아서 이익중심의 인간관계가 지배적인 이질적인 도읍지로 변모해가는 현상을 기술하였다. 칼 맑스의 경우는 자본론을 집필하면서 자신이 살던 시대를 자본주의 시대로 진단하였고, 그 구성원리와 진화과정을 면밀히 따져보고 심지어 과학적 법칙성을 찾고자 하였다. 그의 시대진단은 하나의 학문적 이론화를 넘어서서 현실사회에서 엄청난 변화 추동력으로 작용하였다. 사회주의와 공산주의 이론과 실천은 그의 이러한 시대진단에 영향 받은 부산물이라고 해도 과언이 아닐 성싶다. 20세기 들어서면서 최고의 사회과학자인 막스 베버 역시 칼 맑스가 남긴 지적 유령과의 싸움에서 얻은 전리품이 그의 시대진단이라고 할 수 있다. 베버는 맑스의 유물론적 자본주의 발생사를 보완하는 의미에서 자본주의 정신의 기원과 그 전개과정을 규명하기 위해 분발하였다. 그리하여 인류사회 전체를 관통하는 경제사의 정립을 시도하였고, 그 과정에서 나온 학문적 성과가 바로 현대사회는 합법적 권력체제로서의 관료제가 지배함으로써 인간의 운명이 '쇠로 만든 새장(an iron cage)'에 갇힌 꼴이 되었다는 시대진단인 것이다.

이렇게 보면, 사회학이 성립되던 당시에 고전적인 사회학자들은 하나같이 자신이 살던 시대에 대한 진단을 외면하지 않았음을 알 수 있다. 오늘날 사회학자들도 정도의 차이는 있지만 우리가 살고 있는 시대의 특성을 밝히고 그 문제점과 해결책에 대한 성찰을 결코 회피하지 않는다고 본다.[04] 여기서는 대표적인 학자들 가운데 구미학계에서 주목받은 이들을 중심으로 다루고자 한다.[05]

서구 학자들의 시대진단 작업에서 등장하는 준거 틀은 크게 세 가지로 범주화해볼 수 있다. 〈표〉에서 보듯이, 과학기술발달, 인간이성한계, 사회관계변질, 이렇게 세 가지 범주로 정리 가능하다. 물론 이러한 범주화는 예시된 학자들의 논의를 과도하게 단순화함으로써 일련의 이론으로 구성된 해당 논리의 복잡성과 주장의 연계성을 간과하는 잘못을 범

04 특히 동양사회사상학회는 우리나라에서 인문사회과학자들이 주축이 된 '시대진단'과 처방책을 함께 탐구하는 학술적 모임이라고 볼 수 있다. 이 글에서는 논점을 명료하게 제시하려는 의도에서 구미학계의 동향을 검토하는 선에서 정리한다.

05 서구 학자들의 선정은 아르민 퐁스가 편작한 두 권의 저술에 많이 의존하였다. 퐁스는 주로 유럽에서 활동하는 학자들 중심으로 선정하였기에, 본 연구자는 여기에 주로 미국학계에서 활약하는 마누엘 카스텔스와 제러미 리프킨과 더불어 학자가 아닌 저널리스트이지만 토마스 프리드만을 추가하였다. 아무튼 인물선정은 시대구분만큼 연구자의 자의성을 배제하기 힘들다는 점을 밝혀둔다.

할 수 있다. 여기서는 개별 논의의 복합성보다는 의도적으로 각 견해의 간결성에 우선 주목하는 것이 이해에 더 도움이 된다는 가정 아래 시도해본 것이다.[06]

〈표〉 서구 학자들의 시대진단 준거틀

시대진단 준거틀	주요 개념	대표 학자와 주장
과학기술발달	시공간 압축, 첨단정보통신기술, 인터넷확산, 지식정보산업 관련종사자 증가, 세계화	• Scott Lash의 '정보사회'(중) • Helmut Willke의 '지식사회'(중) • Gianni Vattimo의 '투명사회'(중) • Thomas Friedman의 '평평한 세계'(낙)
인간이성한계	관리능력부족, 상상력 고갈, 정보과잉, 의사소통불능, 신뢰상실, 해체, 과도한 선택 가능성	• Ulrich Beck의 '위험사회'(비) • Neil Postman의 '미디어사회'(비) • Wilhelm Heitmeyer의 '해체사회'(비) • Peter Gross의 '다중선택사회'(중)
사회관계변질	자율과 책임, 소외감증대, 경쟁과 효율, 일자리상실, 다문화, 유연성, 독신자, 긴장과 갈등, 네트워크, 인정투쟁, 세계화	• Amitai Etzioni의 '책임사회'(낙) • Manuel Castells의 '네트워크사회'(중) • Claus Offe의 '노동사회'(비) • Jeremy Rifkin의 '공감시대(2009)' 및 '공유경제' 사회(2014)(낙) • Claus Leggewie의 '다문화사회'(낙) • Richard Sennett의 '유연한 사회'(비) • Gerhard Schulze의 '체험사회'(중) • Renate Mayntz의 '다이내믹사회'(중) • Stefan Hradil의 '독신자사회'(중) • Axel Honneth의 '균열사회'(중)

주) ( )안의 글자 의미: 비; 비관적, 중; 중립적, 낙; 낙관적

먼저 과학기술발달을 시대진단 준거 틀로 삼은 이들로는 Scott Lash, Helmut Willke, Gianni Vattimo, Thomas Friedman을 들 수 있다. 스콧 래시는 정보의 생산, 분배, 평가에 관한 업무를 수행하거나 정보지향적 직종에서 종사하는 사람들이 증가하는 현상에 주목하여

06 특히 세계화론자들의 시대진단은 과학기술발달, 인간이성한계, 사회관계변질의 세 가지 준거 틀을 적절히 혼합하여 체계화하고 있는데, 일부는 비관적으로 또 다른 일부는 낙관적으로 현실을 조망하는 성향이 두드러지게 나타난다.

오늘날 시대를 정보사회로 진단하였다. 헬무트 빌케에 의하면, 기술발전이 가속화하는 과정에서 지식사회가 등장하였는데, 이 사회의 대부분 기능이 지식의존적일 뿐만 아니라 새로운 지식의 생산에 의존하는 사회이다. 사회에 대한 지식은 이제 시작일 따름이라는 주장을 폈다. 지안니 바티모는 시청각적 정보형태와 커뮤니케이션의 확산과 다양화로 인해 정보교환이 확대됨으로써 투명한 사회가 등장한 것으로 본다. 하지만, 기술발전으로 인해 정보교환이 쉽고, 빠르고, 늘어났으나 오히려 정보가 다양하고 복잡해져서 불투명한 영역도 생기는 모순을 지적하고 있다. 토마스 프리드만은 세계화가 버전 1, 2, 3단계로 진행되어 왔는데, 오늘날은 인터넷 덕분에 개인이 변화의 주체로 등장한 버전 3단계로서 물리적으로나 심리적으로 평평한 세계가 형성된 것으로 본다.

다음으로, 인간이성한계에 주목한 학자들로서는 Ulrich Beck, Neil Postman, Wilhelm Heitmeyer, 그리고 Peter Gross가 대표적이다. 울리히 벡은 인간이성으로 구축한 현대 과학문명은 자기파괴적인 잠재력을 동시에 키워왔다고 보고, 이런 현실은 개인 삶의 자유와 확장가능성에 대한 반대급부로서 위험을 감수하는 사회를 구축했다는 것이다. 닐 포스트만은 오락방송이 중요한 공공 담론의 형성을 방해할 정도로 탈정보화를 진행시키고 말아, 정보의 능동적 창출력이 감퇴하는 점을 강조하였다. 그리하여 비판능력과 행동력을 키우는 데 필요한 의사소통적 교환이 불가능한 사회가 되어가는 점을 우려하였다. 빌헬름 하이트마이어에 따르면, 오늘날 우리 인간은 세계와 자신에 대한 믿음을 상실해버린 것으로 진단하고, 어떤 유의미한 가능성도 배제해버리는 해체사회로 접어들었음을 주장한다. 피터 그로스는 다중의무사회에서 다중선택사회로 이행하는 시대라고 진단하고 있다. 기술과 경제의 지속적 발전으로 전통질서가 약화되면서 뜻밖의 많은 가능성을 선사받았다. 전통적 의무와 확신의 상실은 새로운 생활영역과 실존차원에서의 실험공간을 열었다. 하지만 개인은 많은 기대에 들떠 동요하고 의심할 뿐만 아니라, 압축된 시간 안에 과도한 선택의 가능성을 성취해야 하는 불안감과 중압감에 빠진다고 본다.

마지막으로 사회관계변질을 시대진단 준거 틀로 제시한 학자들이 대부분인데, Amitai Etzioni, Manuel Castells, Claus Offe, Jeremy Rifkin, Claus Leggewie, Richard Sennett, Gerhard Schulze, Renate Mayntz, Stefan Hradil, Axel Honneth 등을 들 수 있다. 아미타이 에치오니는 개인의 권리 신장과 더불어 사회적 의무감도 형성되기를 기대하면서, 개인 자율성과 사회질서 간의 균형 잡힌 관계를 형성하는 일이 중요하다고 본다. 그래서 책임사회로의 전환을 강조한다. 마누엘 카스텔스는 정보기술혁명에 의한 지구적 네트워킹에 주목하여 개인, 기업, 문화, 도시공간과 시간의 사회적 의미 변화를 주목하였다. 그래서 이러한 시대적 특징에 근거하여 네트워크 사회가 등장한 것으로 진단하였다. 클라우스 오페는 더 이상 모든 구성원들에게 일자리를 제공할 수 있는 시대는 아니라고 진단하고 노동사회에 대한 허구와 결별할 것과 더불어 새로운 대안 찾기에 진지하게 고심할 때라고 단언한다. 제러미 리프킨에 따르면, 적자생존과 부의 집중 등 이기적이고 물질중심주의인 경쟁의 문명이 끝나고 이제는 오픈소스와 협력을 이끄는 공감의 문명이 등장한 시대이다. 그리하여 호모 엠파티쿠스(공감하는 인간)의 탄생과 함께 세계경제 체제도 변화하여, 공유경제 사회가 자본주의 경제영역과 공존하는 단계로 들어섰다고 진단한다. 클라우스 레게비는 오늘날 국가간·지역간 이주의 보편화와 이주민 수용의 투명성 증대로 인하여 다문화사회로 진입한 것으로 진단한다. 리처드 세네트는 자본주의 경제의 불확실성 증대는 사람들로 하여금 계속해서 새로운 과제를 설정하고 새로 주어진 상황에 적응하도록 강제하고 있다. 이러한 유연성이 증대한 자본주의적 경제질서가 사람들이 오랫동안 지녀온 저마다의 개성을 파괴할 뿐만 아니라 인간 스스로의 인생에 대한 자기 통제권을 상실한다고 보았다. 유연성 증대가 사회적 인간관계마저 회피하게 만든다고 우려할 정도인데, 이 시대의 표어가 "계속 움직여라, 어떤 관계도 깊이 맺지 마라. 그리고 결코 손해 보면서 남에게 호의를 베풀지 마라"는 것이다.[07] 게르하르트 슐츠는 생산력의 급격한 증가덕분에 과거 결핍사회에서 과잉사회로 이행한 결과, 지금은 사용가치보다는 체험가치가 더 중요한 시대라고 파악하고 체험사회로 진단하였다. 레나테 마인츠는 오늘날 사회가 경쟁과 협력이 되풀이 되면서 긴장과 갈등을 낳기도 하지만 사회적 역동성을 낳는다고 본다. 서로 중첩되고 밀접하게 연관된 행위체계들이 사회체계의 중심으로 자리 잡은 다이내믹 사회라는 것이다. 스테판 라딜은 지금 시대에 독신으로 살아가는 경향이 증가하는 현상을 주목하여 독신자사회라고 진단한다. 가족 영역 바깥에서 삶의 핵심을 추구하는 사람들이 점점 더 많은 사회에서 자유 추구라는 새로운 기회도 주어졌지만, 집합의식 상실과 더불어 구속의 두려움은 근대화의 문제를 알리는 지진계일 수 있다고 본다. 악셀 호네트에 따르면, 사회는 구성원들 간의 상호 인정과정을 통해 구성되는데, 감정적 차원의 친밀성, 법적 차원의 보호, 사회적 차원의 가치평가에 의해서 개인한테 상호 주관적인 보호 기제를 형성해준다고 본다. 모든 형태의 인정은 상대방에 대한 경멸이라는 형태와 대립을 이루기 때문에, 각 주체들이 당연히 인정받을 권리가 있는데 이것이 무시될 경우 사회적 불의를 경험하게 되어 인정을 위한 투쟁을 전개하는 바, 이러한 균열이 사회변동의 원동력이라고 본다.

지금까지 다소 무리를 범하면서 주마간산 식으로 구미학자 가운데 시대진단 관련 주장을 간략하게 살펴보았다. 서구 학자들의 시대진단

07 Pongs(2000), 339쪽.

이 지닌 공통적인 한계점은 오늘날 사회추이나 시대이행을 불가역적으로 판단하고 있다는 점이다. 과학기술발달의 폐해를 잘 알지만 그렇다고 과학기술을 폐기하는 일은 불가능하다. 인간이성한계를 두루 알고 있으나 더 이상 인간이성에 대한 신뢰 회복을 기대하기는 어렵다. 사회관계가 변질하여 공동체가 위기에 처한 현실이지만, 전통적인 자족적인 마을공동체처럼 과거로의 회귀는 비현실적인 발상이다. 결국 개인적인 이기주의가 만연한 오늘날 사회는 인간이성과 과학기술에 근거한 사회관계 구축으로써는, 순환논법의 함정에 빠져 새로운 돌파구를 찾기가 힘든 것이다.[08] 이원론적 인식방법과 기계론적 세계관이 주도해온 근세 서양 문명은 이처럼 더 나은 사회로의 전환을 담보하지 못한 인상을 풍긴다. 구미학자들의 시대진단 틀 안에서는 문제해결을 위한 뚜렷한 대책이 부재하다는 사실 앞에, 잠정적인 새로운 대안 찾기의 시도로서 이 글은 노장사상에 주목하고자 하는 것이다.

지금까지 서구 학계에서 전개한 시대진단 작업은 시대구분을 전제로 한 진화론적 관점을 탈피하지 못하기 때문에, 현대사회에서 새로이 발견되는 어느 국면의 특수성을 부각시키거나 아니면 특정 분석 단위들 간의 비교를 통하여 새로운 특성을 짚어내는 방식을 취한다. 이러한 분석적 방법론은 인류사회 전체를 통째로 이해하거나 사회실체의 본질을 파악하는 데 충분한 통찰력을 얻기 어렵다는 아쉬움을 주고 있다. 비유하자면, 나무 하나하나에 대한 분석에 치중한 나머지 숲 전체를 아우르는 특징을 포착하지 못한다는 것이다.

노장사상은 이러한 한계를 극복하고서 기존의 시대진단 작업에서 미흡했던 부분을 보완하는 데 도움이 된다고 본다.

---

08 이동일(2015)에 따르면, 인간 이성과 사회 진보에 대한 믿음, 이에 동반한 자연에 대한 지배력은 또 다른 문제를 야기한다는 점에서 서양 주도의 근대화 공정은 그 '태생적 한계'를 지닌다고 본다.

Ⅲ. 시대진단용 노장사상

1) 노장사상의 관점과 활용

왜 지금 시대 진단에 하필이면 노장사상인가? 이 주된 물음을 답하기 이전에 여기서 말하는 노장사상은 어떤 것인가에 관한 간단한 해명이 필요하다.

노장사상이라는 용어는 이미 노자와 장자의 사상이라는 표현을 담고 있는 바[09], 노자의 사상과 장자의 사상은 서로 다른 기반을 갖는다는 점을 간과해서는 곤란하다고 한다(신동준. 2003: 31). 하지만, 여기서는 노자와 장자 사이의 상호 미묘한 차이에 주목하지 않고, 그보다는 하나의 독특한 사유 성향과 고유한 인식체계로 받아들여지면서 흔히 유가사상이나 법가사상 등과 대비하여 일반적으로 사용되어온 통칭을 따르고 있다.

그리고 이 글에서는 노장사상을 사회 분석의 준거도구이자 이른바 '관점'으로서 접수하려고 한다. 왜냐하면, 지식사회학적으로 보면 어떤 지적사유의 구성물을 지식(이 지식들의 짜임을 지식체계)이라고 할 때, 그것은 스스로 배태된 사회적 맥락과 시대적 환경에 대한 존재구속성을 지닌 하나의 관점을 제공하기 때문이다. 그런즉 이 관점은 결코 보편타당할 수 없으며, 성적으로나 계급적으로도 편향성을 배제하기 힘들다.[10]

---

09 노장사상 또는 노장철학이라는 제목으로 집필한 책들 대부분이 노자와 장자에 대한 논의를 따로 구분지어 정리하는 편이다(예로써, 한국도교사상연구회, 1995; 김충렬, 1999). 하지만 해제나 해설 편에서 노자와 장자의 사상을 함께 다루면서 그 특징을 짚어내기도 한다(예컨대, 이강수, 1997; 하치야 구니오, 1999).

10 다행히 노장사상은 성적·계급적 편향성을 상대적으로 적게 드러내는데, 이것은 인간존재와 인식원리에 대한 근원적인 성찰과 본질적인 탐색을 지향하기 때문이라고

따라서 여기서 노장사상을 하나의 관점으로 다루는 것은 임시방편적이다. 도道를 도라고 이름붙이는 순간 더 이상 도가 아니듯이, 노장사상을 여기서 어떤 의미에서의 노장사상이라고 규정하는 순간, 그것은 노장사상이 아니라고 할 것이다.[11] 이는 노장사상에 대한 명확한 정의와 해석을 생략하고서 하나의 관점으로서의 노장사상을 운위하고자 하는 이유이다.[12] 마치 사회학자들이 사회학이나 심지어 사회에 대한 정의를 제대로 내리려는 일 그 자체를 하나의 과제로 남겨둔 채, 나름대로의 사회학적 관점으로 당면한 사회 현안에 대한 분석 연구를 진행하는 이치와 같을 줄 안다.

아무튼 노장사상은 하나의 철학적 사유이자 인식원리에 관한 교훈과 지혜를 담고 있다. 하지만 사회를 분석하는 이론이나 방법론으로 자리잡은 것은 아니다. 그런 만큼 사회현실 분석을 위한 접근방식으로서의 근대이후 서구적인 사회과학적 학문방법론과는 어울리기 힘든 점이 많다. 그럼에도 불구하고, 시대진단을 위한 분석적 관점으로 차용하려는 까닭을 들자면, 노장사상은 인간 존재론적 차원에서 원초적인 인식원리를 제공할 뿐만 아니라 사회 관계론적 차원에서는 본원적인 형성원리를

본다. 이 점이 바로 연구자가 노장사상을 빌러오고자 한 이유이다. 그리하여 사회구성의 본원적 개념과 원초적 인식 문제를 다루는 데 활용하려는 한정적인 의도에서, 즉 사회구성적 측면에서의 제한적 의미 도출을 위해 접근하고자 한다.

11 한 개인이나 사물이 우주의 일원이지만 우주 그 자체가 아니라는 견해에 대하여, 한 개체(심지어 한 티끌) 속에 온 우주를 넣을 수 있다는 견해도 있다(한형조, 2011: 302쪽). 말장난처럼 들릴 수 있겠지만, 여기서 하나의 관점으로 제시하는 노장사상은 물론 노장사상 그 자체는 아니지만, 노장사상의 범주를 내포적으로나 외연적으로 확장하는 구실을 할는지 모른다.

12 노장적 사유방식의 철학이 긴요함을 설파하는 도중에, 박원재(1998)는 다음과 같은 주장을 펴는데, 그 요체는 이 글이 의도하는 바와 맥을 같이 한다. "그래도 노장의 '도'에 대한 충분한 인식이 먼저 선행되어야지, 설익은 채로 현대적 논의에 뛰어드는 것은 아무래도 제대로 된 공부의 순서가 아닐 것 같다는 말은 이제 하지 말아야 한다. 이것은 결코 순서의 문제가 아니라 철학함의 태도에 관한 문제이기 때문이다....(중략) 따라서 '도'를 먼저 보고 우리의 삶을 보아야 한다고 생각한다면, 그것은 노장이 말하는 도가 아니다."(121쪽)

제시하기 때문이다. 이런 까닭에, 이미 현대사회의 위기 진단과 그 처방책 모색을 위해 김영주(2012), 홍승표(2012, 2015), 이동일(2015), 이현지(2015) 등이 노자와 장자를 재해석하는 작업을 진행하고 있는 것이다. 한마디로, 노장사상은 눈앞의 현실에 집착하여 단편적인 사태 파악보다는, 깊고 넓게 보면서 특히 사태의 이면까지 전면적인 인식을 강조하며, 사물과 대상 자체의 성질에 따라 대하고 획일주의를 배격하여 다양성을 포괄하는 조화로운 세계관인 것이다(이강수. 1997).

우리가 노장사상의 관점으로 오늘날 시대를 진단하려는 것은, 노자와 장자가 자신들의 시대를 어떻게 바라보았는지, 즉 그들이 우리한테 남긴 사회에 대한 문제인식과 해결방식을 본받는다는 의미와 다르지 않다. 실로 노자와 장자가 살았던 춘추전국시대는 오늘날 우리 사회만큼 그들에겐 혼란스럽고 복잡한 사회였던 것이다. 노자와 장자는 "자신들의 삶을 얽어매는 현실적 질곡의 정체를 직시하고 나름의 대안을 자기시대를 향해 띄웠던 것이다(박원재. 1998: 118~119쪽)."

춘추전국시대의 현자들이 고심했던 가장 큰 화두는 예전과 크게 다르게 전개되는 세계 속에서 인간은 어떤 존재이어야 하는지, 그리고 그러한 사람들이 함께 살아가는 사회는 어떠해야 하는지에 대한 의문이었다. 새로운 질서 구축에 관한 문제에 관해서 나름대로 체계적인 대응을 한 사람들이 이른바 제자백가라고 알려진 것이다.

노자와 장자는 이처럼 사회가 혼란스럽고 지배층의 착취가 극심하여 전쟁이 끊이지 않던 시대를 살았다. 혼란을 야기한 요인을 세 가지로 정리하면, 첫째로 당시의 세계관이라고 할 수 있는 천하관이 무너졌다. 천자의 절대적 지배 아래 제후국들이 유기적인 관련을 맺으며 유지되던 세상에서 패권에 도전하는 영웅호걸의 등장으로 난세에 처했던 것이다. 그리하여 이상국가理想國家와 지배체제에 대한 다양한 논의가 등장하였다. 둘째는 전란의 피해를 수시로 입게 되면서 인간 존재 가치와 삶의 방식에 대한 인문주의적 성찰이 이루어지게 되었는데, 이는 인간 세상에 대한 절대적 지배자였던 하늘(天)의 보편성과 신통한 능력에 의존했던 이른바 '천명관'을 의심하게 되었다. 셋째로는 기존 피지배계층에서 일부가 부와 권력을 형성하게 되자, 기성 지배층과 피지배층 사이의 동요가 생겨나면서 새로운 사회관계 정립의 요구가 나타났던 것이다(최진석, 2001).

이처럼 노장사상의 등장배경에서 알 수 있듯이, 노장사상의 관점은 결국 공동체의 와해로 야기된 사회 불평등에 대한 인식원리를 제공해주기 때문에, 사회학적 시대진단으로 활용할 수 있다고 본다.

노자는 춘추시대 말기에 농업생산력의 비약적 발전으로 부의 집중으로 인해 그리고 철법徹法의 가혹함으로 인해,[13] 귀족들은 호사스러운 생활을 하는 반면에 인민들은 굶주림으로 고통 받고 있는 현실을 체험한 결과, 피치자를 외면한 치자 계층을 비판하고 있다.[14] 즉 사회혼란의 원인을 이처럼 빈부격차라는 인간사회의 모순 구조에서 찾게 된 것이다. 즉 노자의 사상이 담긴 『도덕경』은 자신이 살았던 당시의 상황을 '위기와 격동의 시대'로 인식하고 그 난세를 구하기 위하여 치열하게 고뇌한 결과물이다. 특히 노자는 그 시대의 격동과 혼란의 원인을 '과잉된 인

---

13 『道德經』79장. "有德司契, 無德司徹."이 구절의 해석을 최진석(2001)은 "덕이 있는 사람은 계약서를 따지고 덕이 없는 사람은 행적을 따진다"(533쪽)로, 그리고 장석주(2005)는 "덕 있는 자는 신표를 맡고 덕 없는 자는 현물을 맡는다"(387쪽)로 하고 있는데, 필자의 견해로는 〔일을 처리함에 있어서〕 "덕 있는 사람은 상호 계약에 맡기고 덕 없는 사람은 당시의 철법徹法에 맡긴다"고 해석하고 싶다. 다시 말하면, 덕 있는 사람은 국가가 정한 법대로 하자는 방식보다는 서로 여태까지 사적 모임을 통해 쌓은 신뢰와 약속에 따라 관계를 유지한다는 뜻이다. 참고로, 철법은 그 당시 경작자가 수확량의 10분의 1을 정부에 세금으로 내는 제도였는데, 나중에 정부의 재정이 부족해지자 10분 2를 세금으로 거두게 되어 인민들이 감당하기 어려웠던 것이다. 이 제도는 종신경작뿐만 아니라 교환매매가 가능하여 오늘날 사유제와 유사한 점을 지닌다고 본다(신동준, 2003: 72쪽).

14 『道德經』53장. "朝甚除 田甚無 倉甚虛 服文綵 帶利劍 厭飲食 財貨有餘 是謂盜夸 非道也哉"를 참조.

위人爲'에서 찾았는데, 이점이 바로 우리가 오늘날의 위기를 진단하는 데 필요한 단초를 제공한다고 본다(신동준, 2003). 장자는 전국시대를 살았는데, 곧 전쟁에 의한 살육과 권모술수가 소용돌이치는 불안과 절망의 시대를 살았다. 특히 장자의 고향으로 간주되는 송나라는 사방으로부터 전화가 집중된 전란의 중심고장이었다. 약소국이라서 약자의 비애와 고통, 모욕과 굴욕, 기아와 유망 등 가혹한 현실을 살았던 장자는 이런 극한상황 속에서 인간의 자유와 해방을 꿈꾼 것이다(안동림 역주. 1993: 13쪽).

물론 노장사상의 관점에서 새로운 이상적인 공동체의 형성을 위해 노력한다고 해서, 반드시 공동체의 위기가 극복될 수 있다고 볼 수는 없다. 이는 노장사상이 후대에 중국사회에 끼친 영향을 추적해보더라도 짐작할 수 있는 일이다. 예컨대, 남조南朝 초엽에 이르러 노장사상의 주된 담지자들은 그 시대 특권층이었다. 이들은 자신들의 폐쇄적인 귀족적 생활양식을 유지하면서, 정신적 해방을 추구하는 근거로 노장사상을 추종하였다. 그리하여 자신들만의 유유자적하는 도원향의 전설에 도취하였는데, 이는 노자의 소국과민의 이상과 장자의 무하유지향의 소사회를 현실화하고자 한 것이었다(하치야 구니오. 1999: 152~153쪽). 하지만 오히려 일반인과는 거리를 둔 자신들만의 폐쇄적인 소사회에 그치고 말아 진정한 지역공동체를 형성하지 못하였다. 이러한 한계는 공동체의 핵심 구성요소인 사회 불평등 해소의 원리를 간과한 탓에 기인한 문제인 것 같다.

2) 노장사상에서의 사회 불평등의 근원: 평가評價

노자 사상의 핵심을 흔히 무위자연無爲自然이라고 한다. 장자 역시 이러한 논지를 바탕으로 하고 있음에 이설이 없다.[15] 이 무위자연의 의미는 그 상대적인 입장인 인위적 통치와 곧잘 대비된다. 『장자』의 내·외편에 많이 등장하는 공자와 그 추종자에 대한 신랄한 비판은 이런 맥락에서 이해될 수 있다. 『도덕경』에서 무위에 대한 입장을 드러낸 대목을 하나 들면, "나는 이런 이치로 무위가 얼마나 유익한 것인지를 안다(최진석. 2001: 345쪽)." "말하지 않고 가르치는 것과 무위의 유익함은 세상에서 이를 따를 만한 것이 없다(장석주. 2005: 211쪽)."[16]

이동일(2015)에 따르면, 현대사회의 인간들이 일상적으로 경험하는 소외, 경쟁, 소유는 공동체의 위기를 제대로 상징한다. 그리하여 대안공동체를 이러한 현대사회의 위기에 대처하는 대안으로 등장한 사회적 형식으로 볼 수 있지만, 많은 사람들이 대안공동체에 머물다 떠나는 것도 숨길 수 없는 현실이다. 그러나 이러한 대안공동체의 실패를 극복하는 방안의 하나로서, 무위자연의 사상은 오늘날 혼탁한 세상에서 공동체를 구성하는 원리로 주목할 만하다.

오늘날 우리는 서구사상과 서양문명에 함몰되어서 공동체 형성을 '인위'에 바탕을 두고 있는 것 같다.[17] 지인들이 계모임을 구성하더라도 규

---

15 노자와 장자의 무위자연 개념에서 내용상 차이가 없지는 않다. 노자의 무위는 외물外物을 대상으로 하여 처세보민處世保民에 대한 관심을 갖고서 현실세계에서의 성공을 바라는 처세적 경향이 남아 있다. 반면에 장자의 무위는 내심內心의 문제로 파악하여 인간 사회에서 일체의 속박으로부터 벗어난 절대 자유의 정신을 찾아 자연과 하나가 되는 경지이라고 본다(안동림 역주, 1993: 20쪽). 리우샤오간(1990)에 따르면, 장자의 무위는 안명安命무위인데, 이는 그냥 외물에 그대로 따르는 것이 아니라, 부득이한 데 맡기는 식의 피동적인 태도이기는 하지만 달관의 경지에 이른 무위를 의미하는 것인 성싶다(146~152쪽).

16 『道德經』43장. "吳是以知無爲之有益 不言之教 無爲之益 天下希及之."

17 새삼 강조할 것도 없이, 공동체라는 개념은 서구인들의 일상경험을 바탕으로 형성된 학술용어이다. 그런데 Clark(1973)이나 Kirkpatrick(1986)이 인정하듯이, 공동체라는 말은 학자에 따라 90여개의 다른 의미로 사용될 정도로, 공동체 개념 정의를 이론적으로나 실천적으로 정립하는 일이 결코 용이하지 않다. 그 주된 까닭은 공동체라고 지칭할 수 있는 대상들이 외형적 다양성뿐만 아니라 내부적 다원성을 지니고 있어서, 그것을 언술하는 사람의 기의가 소통 맥락에 따라 달라질 수밖에 없

약이나 회칙, 심지어 정관을 마련하는 일부터 서두르는 면을 볼 수 있다. 지역공동체나 학술공동체, 심지어 종교적 공동체에서도 자발적인 모임, 자율적인 운영, 민주적인 절차 등 좋은 의도와 목적을 수사하는 용어들을 현실적으로 담아내고자 할 때 각종 인위적인 제도화를 아무런 저항 없이 받아들여야 한다고 믿고 있기조차 하다.

이러한 상황에서 무위자연을 공동체 형성과 연결하는 것은 엉뚱한 발상이 아닐 수 없을 터이다. 노자의 가르침 가운데 여기서 주목할 만한 것이 물아일체物我一體 관점이다. 이는 기계론적이고 이원론적인 관점과 다르게, 개인과 집단(사회)을 분별하지 않고 있다. 개인 없는 집단 없고 집단이 없는 개인은 없다는 생각이다. 장일순의 해석에 따르면, 흔히들 고장 난 것과 병든 것은 서로 다르다고 인식하는데, 다시 말해서 고장 난 물건은 나와 별개일 수 있으나 병든 몸은 나와 별개일 수 없다고 생각하는데, 노자가 보기엔 고장 난 물건도 나와 별개가 아니라는 것이다. 깨달음을 얻은 눈으로 바라보면, 일체중생이 곧 나요, 내가 곧 일체 중생인 것이다.[18] 이러한 물아일체의 관점은 장자에게도 마찬가지로 발견된다. 데카르트의 주체와 객체의 분할에서 잘 나타나듯이 서양의 이원론적 실재론은 논의의 결론에 해당한다고 보면, 대조적으로 장자는 이를 문제의 출발점으로 삼아 그 근원을 따지는 입장으로서 물과 아의 관계 중심으로 접근하고 있다(정용선. 2011: 182쪽).[19]

두말할 것도 없이, 물아일체라고 하여 각자 지닌 본성을 상실해야 한

기 때문이다. 여기서는 잠정적으로 공동체를 '공동의 생활을 하면서 동일한 종류의 성취·수행(fulfillment)을 추구하려는 자결적(self-determining) 성원들의 결합체'로 보고자 한다.

18 이현주(2003), 34쪽.

19 장자는 인간이 습한 곳에 자면 허리병이 생기는데 진흙 속의 미꾸라지보다 가치 있다는 근거는 무엇인지, 그리고 모장毛嬙이나 여희麗姬같은 미녀라도 물고기와 새들은 피하는데 그렇다면 아름다움이란 무엇인지를 반문하면서 인간의 독단적인 가치평가를 근원적으로 회의하고 있다(안동림 역주, 1993: 76쪽).

다는 의미는 아니다. 오히려 노자와 장자는 사람들이 자기의 본성을 잃고 물화物化되어가는 것을 경계하였다. 특히 물질적 소유와 탐욕에 구속당하는 것은 노장사상에서 가장 경원시하는 삶이었다.

노자에 따르면, 성인의 도는 무사無私와 무위無爲이다(이현주, 2003: 724). 그래서 남에게 해를 끼치고 자기 이익을 취하거나 일을 무리하게 하여 다투는 것은 사람의 도리가 아니다.[20] 즉 우리 모두가 다른 사람에 대한 편견을 버리고 '하늘아래 모든 것과 조화를 이루어' 사는 세상을 얘기한다. 노자가 보기에 "성인은 고정된 마음을 갖지 않아 다른 사람의 마음을 잘 알아차린다."[21] 장자 역시, "너는 마음을 담담한 경지에서 노닐게 하고, 너의 기를 고요하게 하여, 사물의 자연스런 본성에 따르게 하되, 사심을 개입시키지 않는다면, 천하는 잘 다스려질 것이다"[22]고 주장한다. 여기서 장자가 말하는 '사심을 개입시키지 않는다면, 천하가 잘 다스려질 것'이라는 의미를 우리의 논지와 연결지어 본다면, 오늘날 사회 구성원들도 자신의 욕심에 기반을 둔 이해관계에서 벗어나서 다른 사람의 마음을 먼저 헤아리는 인간관계를 맺어간다면 하나의 공동체 사회로 살아갈 수 있다는 뜻으로 해석해도 무방하리라고 본다.

이렇게 보면, 노장사상에서는 무위자연의 방식으로 세상 사람들이 살아가면 공동체 안에서 만사형통의 길로 들어설 수 있다.[23] 그렇지 않고 사심과 사욕을 기반으로 하는 인위로써 세상을 살아가는 것은 세상

---

20 『道德經』81장."天之道里而不害 聖人之道爲而不爭."

21 『道德經』49장."聖人無常心 以百姓心爲心"(웨인 다이어(2010)의 번역을 따른 것인데, 참고로, 이강수(1997)의 번역은 "성인은 자기의 고정관념 없이 백성의 마음으로 마음을 삼는다.")

22 『莊子』 應帝王의 "汝遊心於淡, 合氣於漠, 順物自然, 而無容私焉, 而天下治矣"(안동림 역주, 1993: 223쪽).

23 『道德經』37장."不欲以靜 天下將自定"(욕망하지 않은 채 고요하게 있으면 이 세상은 저절로 안정될 것이다: 최진석(2001)의 번역 299쪽).

을 잘 다스리는 의미와는 거리가 먼 것이다.[24] 하늘의 도와 다르게 인간의 도는 부족한 데서 덜어내어 오히려 여유 있는 쪽을 봉양하기에,[25] 바로 사심과 사욕에 의한 인위가 불평등을 조장하여 공동체를 훼손하기에 세상은 혼란에 빠져든다. 공동체를 위기에 빠트리는 인위 가운데 특히 힘 있고 가진 자들이 끊임없이 고귀하게 행세하는 일은 곧바로 "사람이 도의 일에 끼어들면 하늘이 탁해지고 땅은 황폐해지며 균형은 무너지고" 만물을 파멸시키는 짓이 되고 만다.[26]

기실 사회 불평등은 절대무극의 세계가 실제 세상으로 분화하여 만물들이 태생하는 순간에 저절로 생긴 현상이 아니다. 물과 아의 구분이나 남녀노소의 차이만 존재했을 따름이다. 인간들은 서로 다를 뿐이지 누가 높거나 낮은 것이 아니었다. 물아를 포함한 모든 세상존재물을 인식하는 범주로서 개념과 언어가 생겨나고, 그 개념과 언어를 통하여 사회적 관계가 형성유지된 것으로 볼 수 있다. 이런 상태의 인간 사회는 무위자연에 해당한다고 할 것이다.

그런데 다름, 차이, 구분, 구별을 넘어서서 어떤 것들을 서로 비교하여 차별화하고 우열을 가려서 등급을 매기고 서열을 따지게 하는 것이 바로 평가의 작용이다. 유무, 전후, 고하, 난이, 장단, 미추, 선악 등에 대한 판단을 하게 하는 것이 평가이기 때문이다. 이러한 평가에 의하여 계층화 작용이 진행되기 시작함으로써, 무리를 지어 사는 인간들, 곧 공동체 안에 누구는 높은 지위를 차지하고 누구는 낮은 지위로 내몰릴 수밖에 없게 된 것이다. 사회 불평등은 이러한 계층화 현상이 제도적으로 재생산되는 체제이다.

---

24 『道德經』57장. "故聖人云, 我無爲而民自化, 我好靜而民自正, 我無事而民自富, 我無欲而民自樸."

25 『道德經』77장. "天之道, 損有餘而補不足. 人之道, 則不然. 損不足而奉有餘."

26 웨인 다이어(2010), 348쪽(『道德經』39장).

평가 기제에 의한 사회 불평등은 무위자연의 원리에 기초한 인류공동체를 해체하여, 좋은 의미에서는 역동적인 변혁으로 인한 사회진전을 가져다주기도 하였으나 나쁜 의미에서는 분란과 분쟁으로 점철된 사회갈등을 낳기도 하였다.

장자에 따르면, 세상에 존재하는 것은 모두가 서로 '다르다'는 점을 인정하고, 그 '다름'을 평등한 마음으로 바라보는 자세가 필요하다. 있는 그대로의 세상을 아무런 차별을 두지 않는 허심을 회복하는 마음공부가 필요하다는 것이다(정용선. 2011). 사실 우리 인간들이 잣대로 삼고 있는 평가기준의 설정은 '인위의 절대화'와 다름 아니다. 다시 말해서, 평가라는 계층화 작용이야말로 인간세상의 질서유지에 필수불가결한 절대적 요소이라고 착각하는 것이다. 노자는 우리 인간의 가치기준이 매우 허약한 기반에 자리 잡고 있음을 다음과 같이 지적하고 있다. "화여! 복에 의지하여 있는 바요, 복이여! 화가 잠복해 있는 바니, 누가 그 궁극을 알리요. 설마 정상적인 기준이 없을까? 정상은 다시 기이한 것으로 변할 수 있고, 선은 다시 요사스러운 것이 될 수 있다"(이강수. 1997).[27] 여기에 『도덕경』 2장의 잘 알려진 구절을 옮기면 다음과 같다. "세상 사람들이 모두 아름답다고 하는 것을 아름다운 것으로 알면 이는 추하다. 세상 사람들이 모두 좋다고 하는 것을 좋은 것이라고 알면 이는 좋지 않다. 유와 무는 서로 살게 해주고 어려움과 쉬움은 서로 이뤄주며 길고 짧음은 서로 비교하고 높음과 낮음은 서로 기울며 음과 성은 서로 조화를 이루고 앞과 뒤는 서로 따르니 이것이 세계의 항상 그러한 모습이다. 자연의 이런 원칙을 본받아 성인은 무위하는 일을 하며 불언의 가르침을 행한다"(최진석. 2001: 35쪽).[28]

---

27 『道德經』58장."禍兮福之所倚 福兮禍之所伏 孰知其極 其無正 正復爲奇善復爲妖."
28 『道德經』2장."天下皆知美之爲美 斯惡已 皆知善之爲善 斯不善已 有無相生 難易相成 長短相較 高下相傾 音聲相和 前後相隨 恒也 是以聖人處無爲之事 行不言之教."

이렇게 보면, 노장의 인간관은 개인 상호간 평가를 통하여 타율적 규제로 살아야 하는 존재가 아니다. 인간은 사회라는 이름으로 강제적으로 맺은 상호 의존적인 존재가 아니고, 개인 상호간 자율성을 담보하는 관계적 실체로 보는 것이다. 인간은 관계적 실체이기에 사회를 벗어나서는 하나의 실체로 인정받지 못하는 사회적 존재인 것이다. 따라서 물아일체의 연장선에서 인간과 사회는 둘이 아니라 하나이며, 공동체의 기반도 이런 실체적 현실에서 찾아진다. 이와 같이 노장사상의 관점에 바라보면, 너와 나, 자연과 인간, 성과 속 등과 같이 대립적이고 이원화된 인식이 밑바탕을 둔 사회에서는 그 공동체적 기반이 취약한 것은 더 이상 이상한 일이 아님을 알 수 있다.

아무튼 노장사상에서 말하는 '도'에 대해서는 다양한 견해와 복잡한 해석이 있다. 그런데 노자는 무엇이 도가 아닌가에 대해서는 분명히 말한다. 곧 "화려하게 옷 입고, 값비싼 장신구를 하고, 물리도록 먹고 마시며, 쓰고도 남을 재산을 모으는 것은 도둑질과 같은 것이지 결코 도는 아니다"라고 하였다.[29] 이는 어설픈 자기 경험과 판단에 근거한 평가의 기제를 통하여 사회 불평등을 정당화하거나 합리화하는 일에 대한 경종을 울리는 얘기로 들린다.

구본형은 「도란 무엇인가?」에서 노자, 장자, 만년의 공자, 혜능, 마조, 조주 선禪에서 공통적으로 주장하는 바를 한마디로 정리하고 있는데, 이는 머물지 않는 바람처럼 집착에서 벗어남이 문제 자체의 소멸이라고 파악한다는 점이다.[30] 원효 역시 장자의 영향을 받아서 같은 소식을 전하는데, 특히 "사물의 대립이란 그 자체의 실상이 아니라 우리가 부여한 이름의 차이일 뿐"이라고 보고 있다(한형조. 2011: 331쪽). 달

29 『道德經』53장의 일부(원문에는 날카로운 검을 찬다는 표현이지만, 오늘날 모습에서는 값비싼 장신구를 걸친 것으로 보면 될 줄 안다.).

30 웨인 다이어(2010)의 「해제」 중 하나로 494~499쪽에 포함.

라이 라마도 인간사회의 불안과 불행은 인간 상호간에 다름을 너무 강조함으로써 이방인을 포함한 타인들에 대한 불신감과 공포심을 불러일으키는 점을 그 첫 번째 요인으로 지적하고 있다. 인간은 서로 공존하고 의지해야 하는 사회적 존재이고 나아가서는 다른 사람과 자신이 공통성을 지닌 동일 존재로 바라보고 자비를 실행할 때 공동체가 활성화되고 행복을 구가할 수 있다고 한다(달라이 라마·하워드 커틀러, 2012).

이처럼 오늘날 많은 사람들의 불행의 원천인 되어버린 공동체의 위기를 극복하는 일은 이제는 더 이상 몇 사람의 관심거리나 일부 집단의 선택 사항이 아니다. 평가 기제에 의한 사회 불평등 문제는 우리 시대에 들어서 심각하고도 엄중하게 부과된 필수과제이라고 할 것이다.

Ⅳ. 평가사회의 도래

1) 우리는 어떤 세상에 살고 있는가?

우리 인간은 불평등한 상태에서 살아왔다. 불평등 수준의 심각성이나 유지기제의 효과 면에서 정도의 차이만 있을 따름이지, 인간 세상은 늘 불평등한 사회였다. 그렇기에 지금 우리가 사는 시대를 그저 불평등한 사회라고 이름붙일 수는 없다고 본다. 그런데 불평등 수준의 심각성에 대한 판단은 용이하지 않지만, 불평등을 확대재생산하는 유지기제의 특성을 통하여 시대 진단을 할 수 있을 것이다. 이에 주목하여 우리 시대를 평가사회가 도래한 것으로 규정짓고 싶은 것이 본 연구의 요지이다.

요컨대 지금 시대를 평가사회라고 진단하는 것이다.

오늘날 시대에 한 인간이 생명을 얻어 삶을 영위하는 과정을 간략히 살펴보면, 평가 기제에 의해 그 운명이 정해져간다는 사실을 이해할 수 있을 것 같다.

이른바 문명화된 나라에서는 최근 들어 한 인간 생명체가 태어나기 위해서, 부부로서의 짝을 이루는 과정에서부터 평가는 시작된다. 결혼시장은 그러한 평가 행위가 사회적으로 용인된 장치이다. 학력, 재력, 직업 등에 관한 평가기준이 마련되어 결혼 신청자들에 대한 등급이 자동적으로 정해져 있는 경우가 대부분이다. 혼수품의 품질이나 예식장의 품격에 대해서도 등급 매기기는 예외가 아니다. 또한 아이를 낳을 수 있는 건강상태인지, 유전적 결함은 없는지, 아이 출산이후 양육과 교육을 책임질 수 있는지 등 관료적이고 체계적인 평가 단계를 거쳐야 비로소 한 쌍의 부부가 새 생명을 낳을 기회를 갖는다.

새로운 생명체는 단순히 임신여부나 태아건강검진과 같은 형태의 평가뿐만 아니라, 이미 정해진 평가절차에 따라 예방접종에서부터 발육상태를 점검받아 인간으로서의 잠재성장력을 평가받는다. 평가의 결과는 등급이나 점수로써 서열화 가능하다. 각종 지능검사와 평가표의 장치를 빌어, 보육과정 중에 숱한 평가가 이루어지는 것이 오늘날 현실이다. 성급한 부모의 욕심에 의해 구체적인 분과지식들, 예컨대 모국어뿐만 아니라 영어와 같은 외국어를 포함한 언어구사능력, 셈을 헤아리는 것부터 시작하여 산술에 이르는 수리적 사고능력까지 평가의 대상이 된 지 오래다. 피아노레슨을 비롯한 각종 악기를 다루는 훈련, 그림그리기를 위시한 각종 미술 영역에 대한 재능 평가도 이어진다. 이른바 조기교육이라는 이름으로 이루어지고 있는 여러 형태의 아동양육과정은, 이웃집 아이와의 비교라는 단순한 평가에서부터 성장발육과정에 관한 학술적 지식을 기반으로 한 전문적 평가 등, 수준과 방법이 다종다양한 평가들을 제외하고서는 더 이상 성장하기 힘든 실태이다. 지금 노인세대가 유아기 시절 받았던 주먹구구식 육아방식은 오늘날 젊은 부모 세대한테는 마치 가축 방목처럼 방임적인 것으로 인식될 정도이다.

예전 시대에도 물론 인간은 태어나기 이전부터 그리고 인생전반을 통하여, 심지어 사망한 이후에도 평가를 받지 않은 것은 아니다. 한 인간이 다른 인간들에 의하여 평가를 받아 온 것은 인류사회가 시작한 이래 지금까지 이어져왔다. 하나의 예로써, 사회화 과정 자체는 이미 기득권의 위치에 선 사람들이 새로이 참여한 사회구성원들에게 행사해온 평가의 연속과정과 다름이 아닐 줄 안다. 특정 아이한테 무엇이 필요하고, 어떤 식으로 살아가야 하는지를 가르치는 행위의 출발점은 바로 그 아이에 대한 의도적인 평가에서 찾을 수 있다. 또한 평가는 왕권강화와 전쟁수행을 성공적으로 만들기 위하여 인재선발이나 승진기회 등 사회적 보상을 제공하기 위한 수단으로 동원된 것도 사실이다. 하지만 이러한 예전의 평가는 그 대상선정이나 적용시점이 특별하거나 특수한 경우처럼 제한된 범위 안에서 이루어졌다고 할 수 있다. 다시 말해서, 오늘날과는 다르게, 옛날의 평가는 간헐적으로 이루어졌으며, 임시방편적이고 비체계적인 방식이었을 뿐만 아니라, 평가 업무 담당 그 자체만을 위한 국가기구나 사회적 장치가 결여된 상태였다고 볼 수 있다.

반면에 요즘 평가는 개인의 포트폴리오(이력철) 작성을 포함한 입학·취업·승진 제도, 그리고 사업신청서나 업무기획서 제출 등 각종 선정 및 자격 심사, 심지어 정당에서의 선거입후보자에 대한 공천심사 제도에 이르기까지 보편타당한 사회적 장치로서 합리적이며 합의적인 것으로 인정받고 있는 현실이다.

돌이켜 보면, 사회화 과정에서의 평가 의도를 분명히 드러내어 하나의 사회제도로서 체계화한 것은 근대국가의 출범과 더불어 나타난 학교교육의 보편화 과정에서 가장 잘 드러난다. 학생들의 성취도 평가를 위한 각종 시험 시행, 그 결과를 토대로 한 성적등급 부여, 그리고 이러한 평가 업무를 수행하는 교원들에 대한 수업평가 등이 학교교육에서 중요한 제도로 일찍부터 정착하게 되었다. 그리하여 과거 전통사회에서 비정형화한 방식으로 임의적 수준에서 이루어지던 평가 행위가, 점차 교육제도에 대한 국가의 지배력이 강화되면서 특히 관료제적 장치가 확산됨에 따라, 평가는 이제 일상화된 사회적 행위로 자리 잡게 된 것이다. 더군다나 엄밀한 수준의 평가가 동원된 과학적 관리법 등이 민간영역의 기업경영에 도입됨에 따라서, 거의 모든 유형의 업무수행에 관련하여 실적 평가 제도가 사회 전반적으로 확산되고 말아, 평가를 배제한 사회적 관계를 더 이상 찾기 어려운 상황이 전개되기에 이르렀다.

평가評價(evaluation)는 사전적 의미로, '값을 따져 매기는 것'이다. 여기서 값이란 오늘날 용어로는 가격이다. 가격은 다름 아니라, 흔히 돈으로 환산되어진, 화폐에 의해 지불되는 값이다. 하지만 예전시대의 값어치는 돈보다는 쓸모, 즉 교환가치보다는 사용가치와 관련성이 깊은 말이다. 시장적 논리가 팽배해진 현대 자본주의사회에 이르러, 가치는 교환가치를 주로 의미하고 있으며, 이 교환가치는 화폐금액으로 평가되는 것으로 보편화하였다. 예전에는 사람보다도 사물에 대한 값 매기기가 일반적이고, 노예매매에서처럼 사람에 대한 값 매기기는 예외적인 상황에서 나타났다. 대체로 사람에 대한 평가는 교환가치보다는 사용가치에 국한지어 이루어진 셈이었다. 무엇보다도 자신의 사회적 지위에 걸맞은 역할기대 수행능력이나 사교적 행동에서 드러나는 인품을 기준으로 사람의 값어치로 판단하였다. 그리고 실제로 전통사회의 공동체에서는 '일일이 따지는 사람'[31]을 별로 달갑지 않게 생각하였다. 그렇

31 '사사건건 물고 늘어지는 사람'으로 의미가 확장될 수 있는데, 이런 부류의 사람은 전통사회의 공동체에서는 '공공의 적'에 해당하였다. 얼마 오래되지 않은 과거에 심지어 학술대회(전형적인 근대부문)에서조차도 토론자의 역할기대는 좋은 것이 좋다

지만 오늘날 평가는 사물뿐만 아니라 사람을 대상으로 시장적 교환가치를 전제로 하여 이루어지는 것을 별 거부감 없이 수용하고 있다.

사람에 대한 가격 결정 기제가 자본주의 사회에서 노동시장이라는 이름으로 인간 노동력을 구매하는 형태로 제도화된 것은 주지의 사실이다. 더군다나 국가 경쟁력 제고를 위하여 인적 자원 개발이라는 용어 사용도 자연스럽게 확산되어 온 것이다. 따라서 인간 노동력 또는 인적 자원은 오늘날 국정목표달성과 기업이윤창출을 위해서 국가나 민간 영역에서 이에 대한 평가의 제도가 체계적으로 정비되기에 이르렀다. 심지어 시민사회 영역인 시민단체와 사립대학을 포함한 민간기관을 대상으로 평가 전담 기구가 존재하는 세상이 되었다. 각종 지표를 통하여 성과를 분석하고 비교하여 평가 대상 기관들을 등급화하거나 서열화하는 일이 다반사가 된 것이다.

잘 알다시피 시장원리는 경쟁과 효율에 기반을 두고 있다. 이러한 시장원리를 기반으로 한 자본주의 경제체제에서 승자독식이라는 불평등 기제가 자리 잡을 수 있는 근거도 역시 평가에서 찾을 수 있다. 투입 대비 성과라는 잣대를 전가의 보도처럼 평가를 개인과 집단, 기관과 단체, 가리지 않고 적용하는 것이다. 평가의 위력은 엄정한 룰에 따른 공정한 게임이라는 사회적 승인이 확실할수록 더 발휘되는 특성을 지닌다. 왜냐하면, 승패의 결과는 그 과정의 합법성에 의해 정당성을 확보하기 때문이다. 승자는 당당하고 패자는 소침해야 하는 이유이기도 하다. 여기서 이른바 '갑'과 '을'의 사회적 관계가 배태되는 바, 갑이 승자이고 을이 패자라는 사회적 승인은 그 평가 과정의 공정함과 더불어 평가 결과의 엄정함에 기인하는 것이다.

우리 사회의 공동체 의식이 위기에 처한 구체적 현실적 사례가 바로

는 식으로 대충 넘어가야한다는 학문공동체 의식이 팽배했었다.

'갑질 논란'과 '헬조선'이다. '흙수저, 금수저' 얘기 역시 사회 불평등 구조의 심화라는 공동체 위기를 드러낸다. 이처럼 최근 들어 우리 사회는 평가라는 '인위'가 끼친 부정적인 작태가 봇물처럼 터져 나오기 시작한 것이다. 달리 말하면, 지금 우리나라는 평가 기제를 바탕으로 사회 불평등 구조가 제도적으로 체계화한 평가사회로 진입한 것이다.[32]

이렇게 보면, 오늘날 사회의 불평등은 사회 각 영역마다 기득권 확보와 유지를 위하여 평가 기제를 일방적으로 선점한 결과이다. 그로 인하여 '평가사회'가 도래한 것이며, 이러한 평가사회에서의 평가 기제의 편향적인 작동이 결국 지금까지의 사회 공동체의 여러 존립기반들을 허물고 있다고 진단할 수 있는 것이다.

2) 평가의 공동체 파괴

평가의 이름으로 자행되는 일들이 오늘날 우리 사회의 공동체를 와해시켜온 사례를 몇 가지 짚어보는 일은 지금까지의 추상적인 논의를 좀 더 가시적으로 받아들일 것으로 기대한다. 여기서 공동체의 구체적 범주는 가족, 학교, 복지기관, 종교집단으로 한정하여 언급하기로 한다.

최근 자주 보도되는 아동학대는 공동체 위기의 조짐이 아닐 수 없다

32 우리나라가 구체적으로 어느 시점부터 평가사회로 진입하였는가는 실증적인 분석을 필요로 하는 새로운 연구문제이다. 필자의 잠정적인 소견으로, 우리나라가 본격적인 평가사회로 전환하게 된 계기는 1997년의 외환위기 사태로 인하여 IMF로부터 구제금융 조치를 받게 된 사건이라고 본다. 구조조정이라는 칼날 아래, 기업들은 사업축소와 인원감축을 하지 않을 수 없었는데, 조직과 개인의 사활이 걸린 심각하고 중대한 결정이 사회적 합의보다는 일방적으로 강요당한 평가체제에 기초하여 진행된 것으로 보고 있다. 이 시점 전후로, 사회변화에 상대적으로 무풍지대에 놓여 있던 대학기관마저도 학과통폐합 등의 시도와 더불어 정부로부터의 지원을 받기 위해서는 대학개혁의 성과수준에 대한 기관평가를 감내할 수밖에 없었던 것이다.

고 본다. 원초적 사회화의 주체인 부모와 선생님한테 받은 학대의 충격은 타인에 대한 불신감과 공포심을 자아내기에 앞으로 공동체의 일원으로 활약해가는 데 큰 애로가 생길 터이기 때문이다.

자본주의 초기에 아동은 노동의 대상으로 인식하여 아동이 사망하더라도 그 배상은 상실된 노동가치에 준하는 금액에 한정되었다. 입양을 희망하는 양부모도 어린 아이보다는 노동력을 제공할 만큼 제법 성장한 아동을 더 선호하였다. 그러다가 아동을 당장 부려먹을 노동의 대상이 아니라 조금 더 훈련이 필요한 교육의 대상으로 인식하면서 사회적인 보호를 받아야 하는 존재로 인식하였다. 지금은 아동이 불의의 사고를 당하더라도 부모의 감정적인 상처까지 고려하는 보상이 이루어지는 상황이다(Zelizer. 1985). 이처럼 원래 값을 매길 수 없는 영역에 대하여 우리 인간들은 평가를 통하여 거래 가능한 대상으로 삼고 있다. 생명보험이 처음 도입될 때, 인간의 목숨을 돈으로 환산할 수 있다는 그 개념 자체에 대한 거부감이 강하였다고 한다. 인간 장기에 대한 가격흥정 역시 마찬가지로 혐오스러운 일이었다. 이런 거부감은 장례식 비용 보조, 생명연장에 대한 사례라는 인식전환을 통해 완화되어 비로소 제도화의 길을 걸어왔다(Zelizer. 1979). 다시 말해, 과거나 지금이나 여전히 평가는 이루어지는데 그에 대한 합리화의 기제가 발달하게 된 것이다.

20세기 말부터 신자유주의적 시장경제체제가 세계화 3.0시대를 맞이하여 전 지구적으로 확산함에 따라, 과거에는 상상조차 할 수 없던 분야와 영역에까지 평가체제가 구축되고 있다. 교육 분야와 복지 영역이 그 대표적인 사례이다. 옳고 그름을 떠나서, 종교인들의 수입에 대한 소득세를 징수하려는 움직임도 평가에 기초를 둔 발상이 아닐 수 없다. 한 마디로, 학교공동체, 복지공동체, 종교공동체에서의 평가제도 도입은 그 공동체적 속성을 해치는 영향을 미치고 있다.

먼저 대학교육 영역에서 들 수 있는 대표적인 사례는 교수업적평가, 강의평가제도, 대학구조개혁 추진 등이다. 학문의 자율성, 전문성, 창의성이 각종 평가의 제도화에 의해 여지없이 억눌리는 현상이 나타난 것이다. 실용기술 위주의 지적재산권 제도 역시 상업적 가치를 기준으로 시행되는 전문지식에 대한 평가이며 그 결과로 전공별 지식 그 자체의 우열이 가려지고 있다는 우려를 낳고 있다. 시장원리인 경쟁과 효율의 가치가 대학교육의 교과과정과 대학운영의 학사구조를 개편시키는 데 위력을 떨치고 있는 것이다.

우리나라 대학의 경우, 교수업적 평가를 도입하려고 시도한 것은 약 20년 전의 일이다. 그 당시 전공분야가 다 다른데 하나의 잣대로 모든 교수들을 평가한다는 생각 자체에 대하여 조롱을 할 정도로 반대가 심했다. 오늘에 이르러서는 교수업적 평가는 당연한 일이고 그 등급에 근거하여 성과급을 차등지급하는 일마저 수용하는 현실이다. 그리고 이제는 다양한 전공과 상이한 여건과 특성을 지닌 대학들을 서열화하는 평가들이 수시로 진행되고 있다. BK 사업, SSK 사업, CK 사업, CORE 사업, PRIME 사업 등과 같은 일정 영역에 대한 대학평가뿐만 아니라, 마침내 대학구조개혁 평가 사업에 의해서 전체 대학들이 등급화의 길로 들어서게 된 것이다. 경쟁력 강화와 효율성 제고라는 명분은 평가 주체에게 합법적 권력을 부여하고 있으며, 피평가자한테는 적어도 '눈치보기'와 같은 주눅이 들게 하는 상황이 전개되고 있다.[33] 이처럼 일단 평가의 프레임에 갇히게 된 경우엔 지성인의 전당인 대학마저도 예외 없이 평가의 전횡에 대항할 능력을 상실한 처지이다. 그 결과, 학생, 교수, 직

---

33 과거 1980년대까지 대학에 대한 독재정권의 정당한 간섭이라도 대학인들은 민주화라는 대의명분으로 저항을 넘어 투쟁을 할 수 있었던 것은 그만큼 사회적 지지를 획득했기 때문이었다. 그러나 1990년대 들어서면서 정부의 부당한 간섭마저 대학개혁의 기치 아래 여하한 반대도 '철밥통 지키는 짓'으로 매도당해왔다. 그만큼 우리 사회는 '평가사회'로 진입한 것이다.

원 등 구성원 집단 내부에서나 집단 상호 간에 공동체 의식은 점점 사라지고 서로가 경쟁의 대상으로 전락해가고 있다.

복지부문에서도 평가의 잣대가 적용되고 있는 현실이다. 복지 영역은 과거 시혜적인 차원에서 베푸는 사람이나 기관의 임의적 잣대에 따라 수급 대상자와 그 수혜의 정도가 정해졌다고 볼 수 있다. 하지만 복지제도가 국가정책 시행의 장치로 자리 잡을수록, 예산배분에서부터 복지프로그램 사업평가, 해당 기관평가, 수급자 등급결정에 이르기까지 여러 가지 평가 장치가 작동하게 된 것이다. 복지업무를 일상적으로 수행하는 복지부문 종사자마저 평가 대상에서 예외가 아니다. 복지는 자선이나 동정에 의한 의타적인 자원봉사가 더 이상 아니고, 하나의 직업인의 책무로서 제공되는 사회적 서비스라는 인식이 그 평가를 당연시하는 밑바탕에 있다. 게다가 국가재정의 압박으로 인하여 복지 부문에 대한 지출 축소 또는 효율적 예산집행이라는 명분으로 평가는 더욱 기승을 부리는 실정이다. 이에 개별 복지기관은 수익창출을 통한 재정확충을 위해 복지수혜자의 기여활동을 평가 대상으로 삼는 경우도 없지 않다. 과거 사회사업이라는 용어가 지닌 부정적 의미가 더 강화된 '복지산업'이라는 용어가 등장하고 있을 정도로 전통적 의미의 공동체적 성격을 상실한 것이다.

종교적 행위 역시 과거에는 신봉의 대상이자 신성불가침의 영역이었다. 감히 평가의 잣대를 일상적으로 내세운다는 것은 불경죄에 속했다. 예컨대, 기독교에서는 오로지 창조주 신만이 평가의 주체이기에 인간에 대한 심판을 주관하는 절대적 존재로 받아들여졌다. 불교에서는 수도자의 수행에 의해서 그 결과의 평가가 하나의 업보로서 자연스럽게 나타난다고 보았다. 타인을 판단하고 평가하는 행위 자체를 결코 바람직스럽지 않다고 여겼던 것이다. 그런데 오늘날 종교에서는 선교 실적, 성금 모금, 의례참여정도, 심지어 사회적 지위에 이르기까지 평가가 뿌리를 내리고 있다. 심지어 목회자나 성직자의 설교와 강론에 대한 신도와 신자의 평가를 교체의 명분으로 삼은 곳도 없지 않다.

오늘날 이처럼 평가제도가 뿌리 깊게 널리 확산되어 평가의 보편화, 체계화가 등장한 것은 역설적으로 평가의 결과로서의 사회 불평등이 더 심화되고 있는 현상과 불가분의 연관성을 갖는다고 볼 수 있다. 사실 평가의 결과는, 의도했던 하지 않았던 간에, 이해당사자들 사이에 등급화를 기정사실화하고 있다. 한정된 자원에 대한 접근 정도를, 평가라는 장치를 통해서 교묘하고도 세밀하게 판정함으로써 사회 불평등의 확대재생산을 일상화하고 있다. 그러므로 능력과 실적에 따른 사회적 보상이라는 신화는, 결국 평가라는 불평등재생산 기제에 의하여 그 지속성을 담보하고 있는 것이다.

3) 평가권의 공유와 공동체 활성화

막강한 위력으로 공동체를 와해하는 평가에 대한 대응이 필요하다. 즉 이 시대를 평가사회로 진단하였다면, 그 처방은 무엇인가에 대한 답 찾는 시도를 할 차례이다.

먼저 이 절에서 말하는 공동체는 현실에 존재해온 현실태를 지칭하는 것이 아니고 다가올 미래에서의 바람직한 가능태를 지칭하는 것임을 미리 밝혀둔다.[34] 그래서 소박한 의미에서 평가라는 인위의 작용이 억제되어져서 적어도 구성원 각자가 저마다의 능력과 처지를 인정받고 그에

34 현실 사회에서 각종 공동체는 구성원의 개별적 욕구 실현보다는 해당 집단 전체의 안녕과 질서유지라는 명목으로 개인의 인권이나 복지를 오히려 억압하는 사례들이 많기 때문에, '공동체주의'의 폐해를 망각할 수는 없다고 보는데, 이에 대한 논의는 여기서 다루려는 사안과는 별도로 필요하다.

적합한 보상을 담보하는 사회구성체를 공동체로 보고자 한다. 이러한 공동체를 활성화하는 길은 무위자연의 원리를 실천 수행하는 사람들이 많아지도록 하는 것이라고 본다.[35] 지역사회니 세계사회니 하는 규모의 범주에 근거하여 공동체를 정의하기보다는, 상호배려와 존중 등 규율의 정도와 작동방식을 준거로 삼아 공동체를 규정하는 것이다. 특히 여기서 규율이라는 것은 평가 기제의 성격과 수준을 의미하는 바, 이에 따라 해당 공동체 사회의 불평등에 관한 이해도 달라질 수 있는 일이다.

사회 불평등에 관한 사회학적 논의의 초기에는 주로 불평등의 기원을 중심으로 이루어졌고, 특히 사유재산제도의 출현과 성립에서 그 답을 찾고자 하였다. 이는 사적 소유권(private ownership)의 유무를 판별 기준으로 삼아 계급관계를 설정하는 데까지 나아갔다. 이와 같이 불평등 문제를 계급의 문제로 접근한 것은 현실 정치에서나 학술적 논의에서 큰 영향의 족적을 남겼다. 실제로 칼 맑스의 계급론을 극복하는 과정에서 결국 막스 베버나 탈콧 파슨즈의 영향권 아래 계층론적 실증분석이 지금까지 주류를 형성해온 것이다.

그런데 삐에르 부르디외의 문화자본론은 이러한 흐름에서 새로운 전기를 마련한 셈이다. 계급에 기초한 심미적 가치와 취향에 따라 계급간 구별뿐만 아니라 계급 재생산이 이루어지는 형태로 현대사회의 불평등 구조가 자리 잡아간다는 인식은, 이 글에서 주목하고자 하는 평가 기제의 성격과 위력을 감지하게 하는 데 도움을 준다(Bourdieu, 1984).

오늘날 사회 불평등을 유지시키고 확대 재생산하는 주요 기제는 평가이고, 이 기제가 사회 각 영역에서 제도화하면서 해당 공동체는 와해의 길로 들어서고 있다는 이 글의 요지임을 밝혔다. 그런 만큼 이러한

---

35 이는 노장사상을 신봉하는 도교적 집단을 의미하는 것이 전혀 아니고, 오로지 외물의 변화에 의존하기보다는 내심의 변혁이 토대가 된 인간사회를 전제로 한다는 의미이기도 하다.

평가 기제의 작동을 제한하고, 그러한 기제의 작동을 주관하는 주체의 권한을 억제하는 노력이 필요한 일이다. 평가사회를 지속화하는 평가제도의 혁신을 추구하는 노력도 중요하다. 하지만 이는 평가의 전횡 정도를 축소 조정하는 데 그칠 가능성이 높다. 무엇보다 중요한 것은 기존의 강고한 평가체제의 헤게모니를 대체할 수 있는 대항헤게모니의 구축이 요청되는 시점이다. 이는 기존 평가제도의 확대재생산을 방지할 수 있는 평가체제가 현실적으로 가능한지에 대한 고민이 필요한 대목이다. 현대인은 평가사회라는 호랑이 등에 올라탄 형국인데, 과연 아무 탈 없이 내려올 수 있는가? 오늘날 평가체제는 Cubitt의 treadmill처럼 징벌(punishment)의 장치인지 아니면 사회발전을 위한 동력(power)을 제공하는 장치인지, 성찰이 필요한 것이다.[36]

이 지점에서, 공동체 위기와 연관된 사회 불평등의 기제에 관한 학술적 의제를 소유권 중심에서 평가권評價權 중심으로 이동시킬 것을 제안하고 싶다. 왜냐하면 오늘날 소유권이 갖는 의미가 중요하지 않다는 것이 아니라 그에 못지않게 평가권에 대한 관심과 논의가 거의 부재한 상태이기 때문이다. 여기서 평가권이라고 하는 것은, 자기이해의 증식을 위해 관련된 가치판단의 기준을 선점하여 사용하는 권한을 말한다. 노자와 장자가 비판적으로 성찰한, 시비, 고하, 미추, 성패, 우열, 전후, 장단 등 일체의 가치판단을 일방적으로 적용하는 힘이 평가권이다. 이 평가권이야말로 오늘날 인위의 대표적 자리를 차지하고 있는 것이다.

이렇게 보면, 소유권의 독과점 체제에 의한 불공정과 부당함으로 공동체가 위기에 들어선 것과 마찬가지로 평가권의 독과점 체제가 구축됨으로써 공동체는 위기에서 빠져나올 수 없는 현실임을 알 수 있다. 다

36 이러한 성찰을 위해서 제안할 수 있는 것 가운데 하나가 '평가의 사회학'을 정립하여 교수하는 일이다.

행한 점은 소유권보다도 평가권은 쌍방향으로 작용할 수 있으며 공유 가능한 힘이다. 적어도 일방이 행사하는 평가권에 대한 견제나 저항이 용이한 면이 있는데, 그 이유는 소유권을 보호하는 법적 제도적 장치는 역사가 오래된 만큼 공고한 편이지만 평가권의 경우에는 그렇지 못하기 때문이다.

따라서 공동체의 위기를 당장 막고자 한다면, 사회 불평등 구조에 변화를 일으키길 원한다면, 나아가서는 세상을 바꾸고 싶다면, 평가를 바꾸면 될 일이다. 이때, 바꾸는 방식과 절차가 반드시 거창하게 혁명적이거나 투쟁적일 필요는 없다고 본다. 지금의 사회적 합의를 도출하는 방식과 민주적 절차를 지키는 선에서 가능한 일이다. 다만 누가 무엇을 어떻게 왜 평가하는지에 대한 성찰을 공개적으로 또 항상적으로 요청하는 일이 필요하다. 평가의 주체, 평가의 목표와 의도, 평가의 기준과 척도, 평가의 방법과 절차, 평가의 내용, 평가 결과의 활용 방안을 바꾸면, 세상을 바꿀 수 있다. 가능하다면, 여태까지 평가에서의 '갑'과 '을'을 바꾸는 일이야말로 과히 혁명적이다.[37] 진정 '을'의 위치에 있는 평가 대상으로 하여금 스스로 자신의 운명을 결정하는 과정에 참여하게 하는 일이야말로 실질적인 민주화의 길이다. 한 마디로, 모든 분야와 영역에서 평가 대상의 평가 주체화, 곧 평가권의 공유가 시대 변화의 실마리를 제공할 수 있다고 본다.[38] 구성원 누구든지 활약하게 하는 장치로서의 평가권 공유 체제의 확립이 오늘날의 공동체 위기를 극복하는 방안이라고 판단하는 것이다.

---

37 예를 들면, 선거'혁명'인데, 20대 총선과정에서 이른바 '진박 감별사'의 평가 '갑질'에 대하여 늘 '을'의 위치에 있던 유권자들이 투표행위로써 평가에 참여한 결과, 정치지형 변화를 도모하는 데 기여한 편이다.

38 대학사회에서 과거에는 교수가 일방적으로 학생을 평가하였으나, 최근들어 성적이의 신청제도와 강의평가제도의 정착으로 인해 쌍방향 평가가 이루어짐으로써 강의질 개선에 기여하는 추세이다.

V. 나오면서

병신년 3월에 이세돌 프로기사와 알파고의 바둑 대결이 세간의 화제가 되었다. 알파고의 4:1 승리는 인간이 처음 달에 착륙했던 지난 세기의 과학적 성취에 비교될 정도로 인류사에 한 획을 긋는 사건이 된 듯하다. 이 사건이 우리의 주제인 시대진단 문제와 무관하지 않다는 생각이 든다.

알파고, 왓슨 등의 인공지능이 급속하게 발달하면서 사회의 많은 분야에서 인간이 상상할 수 없을 정도로 인간능력을 초월하는 시점에 이른 것이다. 비근한 예로 불확실성이 높은 주식투자뿐만 아니라 빅데이터를 활용하여 개별 소비자의 기호와 취향, 소득수준 등을 고려한 맞춤형 광고에 이르기까지 인공지능의 활용이 확산일로에 있다. 사실 사회트렌드 분석은 일종의 시대진단 작업에 속한다. 다만 이론적 체계성을 갖추지 않은 점에서 하나의 학술적 이론으로 수용되지 못할 뿐이지, 그 방법론적 실용성은 저널리즘과 마케팅 비즈니스 업계에서는 이미 인정받고 있는 현실임을 부인하기 힘들다.

좀 더 이런 경향성을 과장·확대하여 해석하자면, 사회현상의 복잡성을 이해하는 데 있어서 인간이성이 지닌 한계성을 절감한 나머지 이를 극복하는 방안으로써 인공지능을 사회분석 기제로 동원해내는 것으로 볼 수 있다. 근세의 문예부흥기 이전에 초월적 신을 통하여 인간사회의 복잡성을 이해하려고 시도하다가, 인간이성의 재발견을 통하여 자연세계뿐만 아니라 인간사회의 원리까지 규명하려고 애써온 것이 지금까지의 학문체계였다고 할 수 있는데, 이제는 더 이상 인간이성에 대한 확신을 지탱할 수 없다는 지적 허무주의와 진리 해체주의의 득세로 인하여 새로운 신탁의 형태로 등장한 것이 인공지능일는지 모를 일이다. 새로운 초월적 존재로서의 인공지능에 의탁하여 우리 인간들이 모든 판단과 통제를 그에 위임해버리는 순간, 인간사회는 이른바 '빅브라더'의 현존을 목격할는지 모른다.

따지고 보면, 인공지능은 인간이 만든 '알고리즘'을 구현할 따름이다. 일단 '알고리즘'이 만들어지면 누가 만들었는지는 더 이상 중요하지 않지만, 그 알고리즘을 만드는 과정과 원리는 끊임없는 '평가 선택'의 연쇄 작용이라는 프레임을 벗어나는 일이 아니다. 그런즉, 알고리즘이라는 '평가 선택'을 구성하는 가치판단과 논리정향은 인간적인 요소로 간직하는 것이 중요하다고 본다. 이러한 가치판단과 논리정향마저 인공지능에 위임하고 위탁하는 짓은 현대판 신탁통치의 길을 열어주는 셈이다. 중세이전의 신탁통치와는 다르다고 항변하면 적어도 근세이후의 식민정복에 해당하는 사안이다. 왜냐하면 인간고유의 의사결정능력을 인공지능에게 위탁하여 오히려 기계 대상을 통제하지 못하고 거꾸로 기계의 통제를 받게 되는 처지로 전락하기 때문이다. 마치 식민지 백성이 제국주의 통치자에게 강제로 당했던 것처럼 미추, 선악, 대소 등에 관한 차등적·차별적 가치 부여, 곧 평가행위를 양도하게 되면, 그 인공지능의 권력은 어떠한 전제군주나 절대왕정보다도 가혹하게 행사될 터이다.

평가사회의 진전으로 상상해볼 수 있는 사례를 하나 더 들면서 글을 마무리하고자 한다. 뇌파측정, 심리검사, DNA 지도완성을 통한 유전자 평가, 이 모든 것을 포함하여 빅데이터 활용에 의한 생활습관분석 등, 이제는 인공지능프로그램을 확장 적용하는 일이 가능하지 않은 영역이 별로 남지 않은 시대가 되었다. 이런 기술을 활용하여 고령화 사회의 큰 부담으로 등장한 노인 장수 문제를 해결해본다고 가정해보자. 사회적 비용을 줄이려는 신자유주의적 시장논리로 접근하면, 정례화한 건강검진을 통하여 출산, 입학, 결혼, 취업, 승진, 입원, 사망 등 주요 인생주기마다 '질병·질환'으로 진단된 부분을 강제적으로 시술 또는 치료하는 일이 정부의 할 일처럼 될 수 있다.[39] 개인적 불행이나 사회적 부담을 미연에 방지·감소한다는 명분으로 이러한 평가체제의 구축을 위해 얼마든지 법제화할 수 있는 것이다. 이는 마치 지금 국민의 생명보호를 위한다는 구실로 안전벨트착용을 의무화하고 위반적발 시에 벌금을 매기는 일처럼 결코 불가능한 일이 아닐 줄 안다. 이미 우리 인간 역사에서 공동체의 번영을 앞세우고 사회질서의 안정을 내세우면서 개인의 생명, 자유, 행복 등을 자의적으로 평가하고 작위적으로 제한하려는 시도 그 자체가 없었던 일이 아니기 때문이다.[40] 노장사상에서 경고하는 분별과 등급 매기기를 발전 또는 통치의 이름으로 합법적으로 제도화해온 서양의 문명이 그 역사적 실례라 할 것이다.

참고문헌

김규원. 2005.「지식정보사회의 교육혁신」.『21세기 한국 사회의 구조적 변동』. 김성국 외 지음. 정보통신정책연구원 편. 민음사. 192-233쪽.

김영주. 2012.「노자의 성인지도와 치세지도로 본 마음수양」.『동양사회사상』제26집. 81-116쪽.

김충렬. 1999.『노장철학강의』. 예문서원.

39 정신상태 평가를 통해 정신병원 병동에 강제 구금하는 일이 더 이상 사적인 일탈이 아니라 제도적 폭력으로 자리 잡을 수 있다는 우려마저 든다.

40 테러방지라는 미명으로, 이용자를 위한 공항의 보안검색은 벌써 당연한 일처럼 만들었고, 이제는 예비검속 차원에서 무차별적인 개인정보검색 등 사생활침해까지 당연시하려는 시대이다.

달라이 라마·하워드 커틀러 저. 2012.『당신은 행복한가』. 류시화 역. 문학의숲.

리우샤오간 저. 1990.『莊子哲學』. 최진석 역. 소나무.

박원재. 1998.「도가·제자철학: 아웃사이더의 현실과 책임」.『오늘의 동양사상』 창간호. 예문동양사상연구원. 103-121쪽.

신동준. 2003.『덕치, 인치, 법치: 노자, 공자, 한비자의 정치사상』. 예문서원.

안동림 역주. 1993.『莊子』. 현암사.

웨인 다이어 저. 2010.『서양이 동양에게 삶을 묻다: 웨인 다이어의 노자읽기』. 신종윤 역. 구본형 해제. 나무생각.

이강수. 1997.『노자와 장자: 무위와 소요의 철학』. 길.

이동일. 2015.「현대사회의 위기와 대안공동체」.『사회사상과 문화』 18권 4호. 95-126쪽.

이현주(이아무개) 대담·정리. 2003.『무위당 장일순의 노자이야기』. 삼인.

이현지. 2015.「노자사상과 '잘 사는 삶'」.『사회사상과 문화』 18권 1호. 1-28쪽.

장석주. 2005.『느림과 비움: 노자를 벗하여 시골에 살다』. 뿌리와 이파리.

정용선. 2011.『장자: 마음을 열어주는 위대한 우화』. 간장.

정호진. 2013.『우리의학 이야기』. 생명누리.

천병준. 2010.「노자철학에서의 무(無)의 생성론과 기능의 철학적 고찰: 노자의『도덕경』을 중심으로」.『동서사상』 제8집. 경북대학교 동서사상연구소. 133-160쪽.

최진석. 2001.『노자의 목소리로 듣는 도덕경』. 소나무

하치야 구니오 저. 1999.『중국사상이란 무엇인가』. 한예원 역. 학고재.

한국도교사상연구회. 1995. 『노장사상과 동양문화』. 아세아문화사.

한형조. 2011. 『붓다의 치명적 농담: 한형조 교수의 금강경 별기』. 문학동네.

홍승표. 2012. 「노자의 도(道)와 마음공부」. 『동양사회사상』 제26집. 59-80쪽.

______. 2015. 「노자와 탈현대사회의 비전」. 『사회사상과 문화』 18권 2호. 97-115쪽.

황원밍. 2010. 「세 가지 도교 경제윤리」. 『동서사상』 제8집. 경북대학교 동서사상연구소. 237-254쪽.

Bourdieu, Pierre. 1984. *Distinction: A Social Critique of the Judgement of Taste*. Harvard University Press.

Castells, Manuel. 2000. *The Rise of the Network Society*. Blackwell Publishers.

Clark, David B. 1973. "The Concept of Community: A Re-Examination." *The Sociological Review* 21(3) : 397-416.

Dahrendorf, Ralf. 1968. *Essays in the Theory of Society*. Stanford University Press.

Friedman, Thomas. 2006. *The World is Flat: A Brief History of the Twenty-First Century*. Updated and Expanded Ed. New York : Farrar, Straus and Giroux.

Kirkpatrick, Frank G. 1986. *Community: A Trinity of Models*. Eugene, Oregon : Wipf & Stock Publishers.

Pongs, Armin.(Ed.) 1999. *In Welcher Gesellschaft leben wir eigentlich?: Gesellschaftskonzepte im Vergleich, Band 1*. Dilemma Verlag.(김희봉·이홍균 옮김. 2003. 『당신은 어

떤 세계에 살고 있는가?』1. 한울.)

Pongs, Armin.(Ed.) 2000. *In Welcher Gesellschaft leben wir eigentlich?: Gesellschaftskonzepte im Vergleich, Band 2*. Dilemma Verlag.(윤도현 옮김. 2003. 『당신은 어떤 세계에 살고 있는가?』 2. 한울.)

Rifkin, Jeremy. 2009. *The Empathic Civilization: The Race to Global Consciousness in a World Crisis*. Penguin Group.(이경남 옮김. 2010. 『공감의 시대』. 민음사.)

______. 2014. The Zero Marginal Society: *The Internet of Things, the Collaborative Commons, and the Eclipse of Capitalism*.(안진환 옮김. 2014. 『한계비용 제로 사회: 사물인터넷과 공유경제의 부상』. 민음사.)

Zelizer, Viviana. 1979. *Morals and Markets: The Development of Life Insurance in the United States*. New York : Columbia University Press.

______. 1985. *Pricing the Priceless Child: The Changing Social Value of Children*. New York : Basic Books.

동양사상의 시대 진단과 비전

주역과 인류의 스승으로서의 자연

| 홍 승 표

주역과 인류의 스승으로서의 자연

—

홍 승 표

1. 왜 주역의 자연관인가

자연이란 무엇인가? 자연이란 인간보다 하찮은 것으로서 인간이 자신의 욕망 충족을 위해 마음껏 이용·지배·착취해도 무방한 대상인가? 아니면 인간이 외경심을 갖고 대해야하는 인류의 스승인가? 이 질문에 대한 대답은 인간관과 직결되어 있다.

현대사회에서는 인간을 '시공간적으로 자신을 둘러싸고 있는 세계로부터 분리된 고립적인 개체'〔에고〕[01]라고 본다. 에고는 인류가 문명을 형성하면서, 다시 말하자면 자연의 일부였던 인간이 자연으로부터 벗어나면서 형성되었다. 그리고 현대사회에 접어들면서 에고는 더욱 견고해졌다. 에고로서의 인간은 이성, 감정, 욕망이라는 측면에서 자연물보다 훨씬 우월한 능력을 갖게 되었다.

인간을 에고라고 생각하고, 에고의 측면에서 자연을 바라본다면, 어

---

01 에고의 개념 사용에 직접 도움을 준 글은 C. G. Jung의 에고의 개념을 정리한 L. M. Von Franz의 「個性化 過程」(집문당, 1983)과 E. Tolle의 『Now』(양문, 2008)와 『지금 이 순간을 살아라』(조화로운 삶, 2008)이다. 에고에 대한 개념 정의는 홍승표의 『동양 사상과 탈현대적 삶』(계명대학교출판부, 2011)과 「동양 사상과 새로운 소외론」. 『동양사회사상』 23집. 동양사회사상학회. 221-248쪽에 상세히 설명되어 있다.

떤 자연관이 성립할까? 자연은 인간처럼 생각하고, 감정을 느끼며, 욕망할 수 없다. 즉, 자연은 인간에 비해 열등한 존재이다. 그래서 인간은 자신의 욕망 충족을 위해 마음대로 자연을 이용하고, 지배하며, 착취해도 된다는 생각이 도출된다. 그리고 현대사회에는 에고로서의 인간관과 이에 따른 자연관이 팽배해 있다. 생태계의 붕괴, 환경오염, 자연고갈 등 인류문명 발달의 결과로 야기된 자연 파괴는 바로 이런 현대 인간관과 자연관의 필연적인 귀결이다.

현대 인간관과 대립하는 인간관이 있다. 우리는 인간을 '영원한 시간과 무한한 공간을 자신 안에 품고 있는 우주적인 존재'〔참나〕[02]라고 생각할 수 있다. '참나'로서의 나에 대한 인식은 동서양의 위대한 종교전통 속에서 풍부하게 관찰된다. 또한 이것은 탈현대 인간관이기도 하다. '참나'에 이르기 위해 기울이는 노력을 수행이라고 한다. '참나'로서의 인간관을 갖게 되면, '참나'의 실현이 삶의 궁극적인 목적이 되고, 수행은 바로 그런 목적을 달성하는 방편이 된다.

수행의 핵심은 에고를 깨뜨리는 것이다. 자연에게는 에고가 없다. 그러므로 '참나'로서의 인간관을 가졌을 경우, 자연은 인류의 스승이 될 수 있다. 탈현대 인간관은 결과적으로 자연에 대한 외경심을 회복시킴으로써 현대사회에서 파괴된 인간과 자연의 관계를 창조적으로 복원시키는 바탕을 제공할 수 있다.

다른 모든 동양사상과 마찬가지로 『주역周易』에는 '참나'로서의 인간관이 풍부하게 내장되어 있다. 이에 따라서, 에고가 없는 자연을 바라보면서 자신의 '참나'를 깨우쳐가는 수행의 과정 역시 풍부하게 서술되어 있다. 즉, 인류의 스승으로서의 자연관이 풍부하게 내장되어 있는 것이다. 『주역』에 포함되어 있는 인류의 스승으로서의 자연관을 발굴하고

---

02 이런 탈현대 인간관을 이 글에서는 '참나'라고 명명한다.

조명함을 통해서, 인간과 자연간의 창조적인 어울림을 회복하는 데 기여하는 것이 바로 이 글의 목표이다.

2. 현대 자연관과 환경문제의 심화

요즘은 봄이 되면 날씨보다 미세먼지농도를 먼저 확인하게 된다. 전현대인 누구도 인간이 하늘을 오염시킬 것이라고 생각하지 못했지만, 인류는 하늘도 땅도 바다도 오염시켰다. 뿐만 아니라 현대문명의 횡포로 인해 지구상의 모든 생명체들이 병들고 죽어가고 있다. 생태계 붕괴, 환경오염, 자원고갈로 압축되는 환경문제는 명백히 현대문명 발전의 필연적인 소산이다. 현대문명이 이런 환경문제의 심화를 가져온 근원은 무엇일까? 바로 현대가 자연을 바라보는 기괴한 관점, 즉 현대 자연관이다.

현대 자연관의 뿌리는 고대 서구 자연관으로까지 소급된다. 「성경」 창세기 1장 27-28절에는 이렇게 기재되어 있다.

> 하느님께서는 이렇게 당신의 모습으로 사람을 창조하셨다. 하느님의 모습으로 사람을 창조하시되 남자와 여자로 그들을 창조하셨다. 하느님께서 그들에게 복을 내리며 말씀하셨다. "자식을 많이 낳고 번성하여 땅을 가득 채우고 지배하여라. 그리고 바다의 물고기와 하늘의 새와 땅을 기어 다니는 온갖 생물을

다스려라."[03]

『성경』의 이 구절에 의하면, 지구상의 모든 생명체 중에서 인간만이 하느님의 모습으로 만들어졌다. 즉, 인간은 아주 특별한 생명체인 것이다. 인간은 다른 생명체들보다 우월하며, 또한 다른 생명체들을 지배하고 다스릴 수 있는 특별한 권한이 부여된 존재이다.

이것은 장자莊子의 「제물론齊物論」에 나타나는 절대 평등의 세계와 극명하게 대조를 이룬다. 또한 노자老子가 '도법자연道法自然'이라고 말했을 때와 같이, 인류의 스승으로서의 자연관과도 대조된다.

인간이 자연물보다 위대한 존재라는 생각은 르네상스 휴머니즘을 통해 강화된다. 르네상스 휴머니즘은 중세 신본주의에 대한 반발로 형성된 인본주의 사상이다. 신본주의가 지배하던 중세사회에서 인간이 갖고 있는 특징은 불완전한 것으로 간주되었고, 그래서 억압되었다. 중세사회에서의 인간 억압은 전면적인 것이어서, 인간의 육체, 욕망, 이성, 감정 등 모든 인간적인 특징에 대한 비하가 이루어졌다.

르네상스 휴머니즘은 바로 이런 신본주의 사회에서의 인간 억압에 대한 반발로 등장한 사상이다. 중세 시대 신이 차지했던 자리를 인간이 대신하는 것이다. 이것은 중세 서구의 존재의 위계에서 가장 높은 곳에 위치하고 있는 신을 지우고, 거기에 인간을 위치시킨 것이다. 이제 인간은 전지전능한 존재로 간주되었고, 자연은 이성, 감정, 욕망을 갖고 있지 못한 열등한 존재로 인식되었다. 인간의 자연에 대한 군림이 정당화된 것이다. 이렇듯, 인간의 자연에 대한 오만과 횡포는 현대의 여명기에 이미 시작되었다.

현대 과학의 아버지라고 칭해지는 프랜시스 베이컨(Francis Bacon,

---

03 주교회의 성서위원회 편. 2006.「성경」「창세기」1장 27-28절.

1561-1626)에 의해 현대 자연관은 완성된다. 베이컨은 인간의 욕망 충족을 위해 지배·이용·착취가 허용되는 수단과 도구로서의 자연이라고 하는 현대 자연관을 확립한다. 그가 쓴 학문 3부작의 하나인 『신기관』의 부제는 「자연의 해석과 인간의 자연 지배에 관한 잠언」이다. 이 부제에는 현대 자연관이 적나라하게 표출되어 있다.

'아는 것이 힘이다.'는 베이컨의 말 중 가장 회자되는 것이며, 이 말은 『신기관』에서 서술되고 있고, 또한 『신기관』에서 말하고자 하는 핵심이기도 하다. 여기서 '아는 것'이란 무엇인가? 실험, 관찰, 비교의 방법을 통해서 자연이 작동하는 법칙을 알아내는 것이 '아는 것'의 의미이다. 여기서 '힘'이란 무엇인가? 자연을 지배할 수 있는 '힘'이다. 즉, '아는 것'이란 과학적인 활동을 통해 획득된 자연에 대한 지식이고, 과학적인 활동의 목적은 인간의 욕망 충족을 위해 자연을 지배하는 것이다.

이것이 오늘날에 이르기까지 과학 일반이 갖고 있는 자연관임과 동시에 현대사회에 팽배해 있는 자연관이기도 하다. 르네상스 휴머니즘에서부터 시작된 인간중심주의는 오늘날에 이르기까지 굳건하게 견지되고 있으며, 현대는 인간의 욕망 충족을 위한 수단과 도구로서의 자연이라고 하는 현대 자연관에 예속되어 있다.

문명의 관점에서 보면, 현대문명은 비약적인 발전을 이루었다. 하지만, 자연의 측면에서 보면, 현대문명은 참담한 파괴를 거듭해 왔고, 마침내 인류의 자연파괴는 역으로 인류문명의 존속을 위협하는 지경에 이르렀다.

46억 년 전 지구가 탄생했고, 38억 년 전 지구상에 생명체가 출현했다. 이후 수십 억 년에 걸쳐 아름답고 신비로운 지구생태계가 형성되고 발전해왔다. 인류의 출현은 겨우 3백만 년 전, 문명의 출현은 불과 1만 년 전, 현대문명의 출현은 불과 3백 년 전, 길게 보아도 불과 3백 년에 지나지 않는 현대문명이 수십 억 년 동안 형성된 지구생태계를 급속히 파괴해버린 것이다.

어떻게 이런 일이 가능했을까? 현대 자연관의 결과가 바로 오늘날 인류가 직면하고 있는 환경문제이다. 환경오염, 생태계의 붕괴, 자연자원의 고갈 등은 환경문제의 주요 양상들이다. 현대 자연관의 필연적인 귀결인 환경문제는 현대문명이 지속 불가능한 문명임을 분명히 보여주고 있다.

현대 환경문제를 해결하고 인류 문명이 지속하기 위한 중요한 전제는 자연관의 혁명적인 전환이다. 이런 시대적인 요청에 부응해서, 이 글은 『주역周易』에서 탈현대문명의 기초가 될 수 있는 새로운 자연관을 발굴해보고자 한다.

3. 주역과 자연을 스승으로 삼는 수행

자연에는 기필하고자 하는 마음이 없다. 자연은 자신이 처한 상황에 대해 불평하지 않는다. 자연에게는 사사로운 마음이 없다. 자연에게는 우월감도 열등감도 없다. 자연은 칭찬이나 비난에 흔들리지 않는다. 자연은 과거에 대한 회한도 미래에 대한 희망도 없다. 자연은 '나다' 또는 '내가 했다'라고 하는 생각이 없다. 자연이 갖고 있는 이 모든 특징은 자연에는 에고가 없기 때문에 가능한 것이다.

수행이란 '참나'에 도달하기 위해 기울이는 노력을 말한다. '참나'에 도달하는 방법은 '참나'의 태양을 가리고 있는 에고의 구름을 걷어내는 것이다. 그런데 자연에는 에고가 없다. 자연은 도道와 하나인 것이다. 그래서 인간은 수행을 함에 있어서 자연을 스승으로 삼을 수 있다.

바로 이런 이유에서 동양사상 일반에는 자연을 스승으로 삼는 수행이 보편적으로 나타난다. 『주역』 역시 마찬가지이다. 『주역』 64괘를 구성하는 팔괘는 하늘(天), 땅(地), 우레(雷), 바람(風), 물(水), 불(火), 산(山), 연못(澤) 등 모두 자연물을 상징한다. 즉, 자연을 관찰해서 이를 본받고자 하는 정신이 『주역』의 일관된 관점인 것이다. 이 글에서는 『주역』에 나타난 자연을 스승으로 하는 수행의 양태를 살펴보기로 하겠다.

1) 하늘은 쉬지 않는다

자연은 잠시도 쉬지 않는다. 『주역』 「건괘乾卦」 대상전大象傳에서는 이런 자연의 모습을 "하늘의 운행은 굳건하다."[04]라고 묘사한다. 자연은 지구가 생겨난 이래 수십 억 년 동안 한 번도 운행을 멈춘 적이 없다. 낮과 밤의 주기도 사계절의 순환도 한결같다.

자연은 어떻게 그럴 수 있을까? 수십 억 년 동안, 수백 억 년 동안, 어찌 잠시도 멈추지 않고 운행을 계속할 수 있는 것일까? 그러면서도 어떻게 피곤함이 없는 것일까? '자연에게는 사사로움이 없기 때문'이라는 것은 바로 그 답이다. 어버이가 자녀를 사랑하는 마음이 잠시도 멈추지 않지만, 이로 인해 어버이가 피곤하지 않듯이, 턱낫한 스님이 중생을 끊임없이 사랑하지만 이로 인해 지치지 않듯이, 하늘도 끊임없이 운행하지만 피로하지 않은 것이다.

사사로운 마음으로 행하는 일은 굳건할 수 없다. 이태석 신부님의 톤즈 사람들에 대한 사랑은 굳건한 것이며 한결같은 것이다. 그러나 세상 남녀들은 어제는 사랑했는데 오늘은 사랑하지 않는다고 말한다. 그래

04 『周易』(乾卦): 天行健.

서 공자는 "사람들은 도를 따라 행하다가 중도에서 그만두는데 나는 그리할 수 없다."[05]라고 말씀하셨다.

사사로움에 빠져 굳건함을 잃어버린 사람은 하늘을 본받아 수행할 수 있다. 그래서 「건괘」 대상전에서는 "군자가 이를 본받아서 스스로 굳세어 쉬지 않는다."[06]라고 했다. 『중용』에서 말하는 '지성무식至誠無息(지극한 정성으로 쉬지 않음)'을 행하는 것이다.

2) 땅은 만물을 싣는다

땅은 어떤 것이 자신에게 다가와도 거부하지 않으며, 이 세상 만물을 실어준다. 땅은 한없이 너그럽고, 부드럽다. 「곤괘坤卦」 단전彖傳에서는 이런 땅의 덕을 다음과 같이 찬양한다. "곤이 두터워 만물을 실음이 덕이 지경이 없는 데 합하며, 머금으며 넓으며 빛나며 커서 품물이 다 형통한다."[07]

에고가 주체가 되어 살아가는 현대인은 어떠한가? 에고는 취사선택을 한다. 좋은 것은 받아들이지만, 나쁜 것은 배척한다. 패배, 파산, 질병, 외모의 훼손, 늙음, 죽음 등 자신이 싫어하는 일에 마주치면, 현대인은 이를 거부하며 저항한다. 저항하면 저항할수록, 이미 발생한 나쁜 일은 더욱 큰 힘을 발휘하면서 그를 지배하고 파괴한다.

우리는 만물을 품어주는 땅을 스승으로 삼아 수행할 수 있다. 그래서 「곤괘」 대상전에서는 "군자가 (땅을) 본받아서 두터운 덕으로 만물

---

05 『中庸』(11장): 君子 遵道而行 半途而廢 吳弗能已矣.
06 『周易』(乾卦): 君子以自强不息.
07 『周易』(坤卦): 坤厚載物 德合无疆 含弘光大 品物咸亨.

을 싣는다."[08]라고 말했다. 이미 닥친 나쁜 일도 그리고 자신이 싫어하거나 미워하는 사람도 땅을 본받아 품어주는 연습을 한다. 상처입고 힘겨운 삶을 살아가는 사람들을 부드럽게 품어주는 연습을 한다. 연습이 진행되면서 만물을 품어줄 수 있는 덕이 커지면, 우리는 이전에 우리를 고통스럽게 했던 모든 일로부터 자유로워지게 된다. 뿐만 아니라 그 이전에는 증오밖에는 줄 수 없었던 우리가 싫어하는 사람들에게 용서와 사랑을 선물할 수 있게 된다.

3) 낮은 땅 아래 있는 높은 산

「지산겸괘地山謙卦」의 괘상卦象을 보면, 높은 산이 땅 아래에 위치하고 있다. 이를 대상전에서 "땅 속에 산이 있는 것이 겸이다."[09]라고 표현했다. 산은 높은 것이고, 땅은 낮은 것이어서, 산은 언제나 땅 위에 있는데, 왜 『주역』의 저자는 '높은 산이 낮은 땅 아래 있다.'고 말했을까? 이것은 산의 바깥 모습을 표현한 것이 아니라 산의 마음을 형상화한 것이다. 산은 우뚝 솟아있지만, 산에게는 '내가 높다'라고 하는 우쭐되는 생각이 없다. 그래서 '산이 땅 아래 있다'고 말한 것이다.

현대인은 어떠한가? 현대인은 높이 올라가는 것을 추구한다. 이런 현대적인 삶을 필자는 '자아확장투쟁으로서의 삶'이라고 명명했다[10]. 현대인은 죽을힘을 다해 성공과 승리의 사닥다리의 꼭대기에 도달하려고 애쓴다. 조금이라도 성취를 거둔 사람은 어떤가? 그는 우쭐해서 오만방

---

08 『周易』(坤卦): 君子以厚德載物.
09 『周易』(謙卦): 地中有山 謙.
10 홍승표·홍선미. 2012.「마음의 주체 - 에고와 셀프」.『원불교사상과 종교문화』52집. 원광대학교 원불교사상연구원. 2장 1절 자아확장투쟁으로서의 삶을 참조할 것.

자한 행동을 서슴지 않는다. 그의 이런 행동은 스스로를 비인간화시키고, 세상에 고통을 준다.

높이 솟아있지만 '내가 높다'는 생각이 없는 산은 현대인의 수행을 위한 좋은 스승이 될 수 있다. 산은 높은데 어떻게 높다는 생각이 없는 것일까? 산에게는 에고가 없기 때문이다. 에고를 벗어나서 보면, '이 세상에 낮은 것, 하찮은 것'이란 없다. 미물을 포함해서 이 세상 모든 것은 도道를 품고 있는 위대한 존재이다. 이것이 '참나'가 바라본 세상의 실상이다. 그러므로 우리는 산을 본받아 겸손한 사람으로 거듭날 수 있다.

4) 성품에 맞게 만물을 기른다

「천뢰무망괘天雷无妄卦」의 괘상을 보면, 하늘 아래 우레가 친다. 비가 내리니 만물이 소생하고 자란다. 그러나 하늘과 우레는 자신이 하고자 하는 대로 만물을 키우는 것이 아니라 각각의 생명의 성품에 맞게 키워준다. 이를 대상전에서는 "하늘 아래 우레가 행해서 물건마다 망령됨이 없음을 준다."[11] 어떻게 그럴 수 있는가? 하늘에게는 사사로운 마음이 없기 때문이다.

현대인은 어떻게 하는가? 현대교육을 보면, 자신의 사사로운 마음으로 상대편을 재단해서, 결국 키워주는 것이 아니라 죽임을 행하는 경우가 많다. 많은 현대의 부모들도 자녀를 키울 때 동일한 우를 범한다. 부모 스스로가 자녀가 어떻게 자라는 것이 옳은 것인지를 정하고, 이에 따라 양육하는 경우를 많이 본다. 교육이 아이의 성품을 거스를 경우,

---

11 『周易』(无妄卦): 天下雷行 物與无妄.

이것은 고통을 낳는다.

그러므로 어떻게 해야겠는가? 마땅히 하늘과 우뢰를 스승으로 삼고, 만물을 그 성품에 따라 양육해야 한다. 그래서 대상전에서는 이렇게 말했다. "선왕이 이(하늘과 우레)를 본받아서 성하게 때를 대해서 만물을 기른다."[12] 이 구절을 주자朱子는 다음과 같이 해석했다. "때에 맞춰 만물을 기르되, 그 성품에 따라서 하고 사사롭게 하지 않는다."[13]

5) 물은 끊임없이 흘러간다

물은 끊임없이 흘러간다. 그래서 썩지 않으며 늘 새롭다. 끊임없이 흘러가는 물을 바라보고 있으면, 고인물이 되지 말아야겠다는 각성을 얻을 수 있다. 『대학大學』에는 이런 구절이 있다. "탕왕의 반명盤銘에 이르기를 진실로 날로 새롭거든, 나날이 새롭게 하고, 또 나날이 새롭게 하라."[14] 무엇을 새롭게 한다는 말인가? 백성들을 위하는 마음을 새롭게 하는 것이며, 근원적으로 말하자면 '참나'를 늘 새롭게 각성하는 것이다.

그래서 「중수감괘重水坎卦」 대상전에서는 이렇게 말한다. "군자가 이를 본받아서 덕행을 항상하게 하고 가르치는 일을 계속한다."[15] 물이 끊임없이 흘러 늘 새롭듯이, 자신을 늘 새롭게 하여야 함을 말하는 것이다.

부부관계를 예로 들어 설명해보겠다. 신혼시절에는 특별히 노력하지 않더라도 모든 것을 새롭게 느낀다. 하지만 수년 수십 년의 세월이 흐

---

12 『周易』(无妄卦): 先王以茂對時育萬物.
13 『周易』(无妄卦 朱子本義): 以對時育物 因其所性而不爲私焉.
14 『大學』(2장): 湯之盤銘曰 苟日新 日日新 又日新.
15 『周易』(坎卦): 君子以常德行 習教事.

르고 나면, 부부관계는 고인물이 되기 십상이다. 그래서 상대편을 새롭게 느끼지 못하고, 상대편의 존재에 깊은 감사를 느끼지도 못하며, 마치 익숙한 가구처럼 상대편의 존재 자체를 망각하는 경우도 흔히 발생한다. 상대편에 대해 잠들어버리는 것이다. 이것은 불행한 일이다.

만일 우리들이 끊임없이 흘러가는 물을 본받아서, 상대편의 존재를 늘 새롭게 느낄 수 있다면, 놀라운 변화가 일어날 것이다. 깊은 관심과 사랑을 받은 배우자는 생생한 활력을 되찾고 꽃처럼 피어날 것이다. 부부간의 사랑과 믿음, 존경심은 세월과 더불어 더욱 깊어갈 것이다. 외관상 아무 것도 달라진 것이 없는 부부생활에 모든 것이 달라진 멋진 경험을 하게 될 것이다.

6) 불은 사방을 비춘다

어두운 방에 촛불을 켜면, 불은 사방을 비추어 어둠을 몰아내고 밝게 한다. 불은 자기가 예뻐하는 공간만을 선택적으로 밝히지 않는다. 이런 불의 모습을 보면 우린 '어떻게 살아야할까?'하는 질문에 답을 찾을 수 있다. 그래서 두 개의 불이 겹친 「중화리괘重火離卦」 대상전에서는 이렇게 말한다. "밝음이 두 번 함이 리를 만드니, 대인이 본받아서 밝음을 이어 사방을 비춘다."

현대를 열어갈 무렵, 대인이란 누구일까? 현대의 눈으로 보았을 때, 중세는 어둠에 가득 찬 암흑시대였다. 빈곤, 무지와 미신, 전염병과 같은 자연재해, 온갖 비합리적인 사회제도와 관행들은 그 대표적인 예이다. 이성의 빛으로 무지몽매했던 봉건사회를 비춘 이들이 그 시대의 대인이었다. 루소나 볼테르 같은 계몽사상가, 뉴턴이나 갈릴레오 같은 과학자들이 그 시대의 전형적인 대인이라고 하겠다.

탈현대를 열어가야 하는 현 시점에서 보면, 대인이란 누구일까? 탈현대의 눈으로 보았을 때, 현대는 어둠에 가득 찬 암흑시대이다. 상대편에 대한 증오와 적대, 경쟁과 갈등, 좌절감과 우울증, 인간 소외, 환경문제의 심화 등은 현대의 어둠을 대표하는 예들이다. 사랑의 빛으로 현대의 어둠을 밝힐 이들이 바로 우리 시대의 대인이다. 에크하르트 톨레, 김기태, 프란치스코 교황, 틱낫한 스님 같은 분들이 바로 우리 시대의 전형적인 대인이라고 하겠다.

7) 산 위에 못이 있다

산 위에 못이 있으니, 우린 이를 산정호수라고 부른다. 산 위에 어떻게 호수가 있을 수 있을까? 그것은 산꼭대기가 텅 비어있기 때문이다. 이런 자연의 모습을 관찰하고 배워서 우리는 수인受人의 도道를 터득할 수 있다. 그래서 「택산함괘澤山咸卦」 대상전에서는 이렇게 쓰고 있다. "산 위에 못이 있는 것이 함이니, 군자가 본받아서 비움으로 사람을 받아들인다."[16]

현대인은 사람을 잘 받아들이지 못한다. 마음이 나로 가득 차 있기 때문이다. 상대편을 헤아려서 내 생각, 주장, 견해에 부합한 사람만을 받아들이고, 나머지는 내치려한다. 이것은 진정한 수인受人이 아니다. 현대인은 배우자, 친구, 직장동료 등 대상을 가리지 않고 이 원칙을 고수한다. 그래서 내 안에는 너의 쉴 곳이 없고, 네 안에는 나의 쉴 곳이 없다. 결국 연못과 연못바닥의 흙처럼 우린 사랑할 수 없으며, 모두 외로워진다.

---

16 『周易』(咸卦): 山上有澤 咸 君子以虛受人.

수행을 통해 '참나'를 자각한 탈현대인은 상대편을 받아들임에 어떤 기준도 없다. 상대편의 부족한 능력도, 모난 성격도, 나쁜 습관도 가리지 않고, 있는 그대로의 너를 받아준다. 그래서 나는 너 속에서 편안하고, 너는 내 속에서 편안하다. 우리는 상대편의 단점을 그 사람의 아픈 상처로 볼 수 있는 능력을 갖고 있다. 그래서 너의 어떤 단점도 내가 너를 거부할 이유가 되지 않으며, 더 깊이 사랑해야할 까닭이 될 뿐이다. 그래서 너와 나는 깊은 사랑으로 결합하며, 행복하다.

8) 땅 속에서 나무가 자란다

대지에 귀를 대고 가만히 들어보면, 땅 속에서 나무가 자라고 있는 소리를 들을 수 있다. 작은 씨앗이 대지의 온기와 수분을 흡수해서, 최선을 다해 움을 틔우기 위해 노력을 기울인다. 씨앗에서 지표면까지의 거리는 1센티미터… 나무는 조금씩 지표면을 향해 나아간다. 처음에는 1센티미터 높이의 나무가 된다. 백년 후에 보면, 그 나무는 10미터의 높이로 우뚝 솟아있다.

「승괘升卦」 대상전에서는 이렇게 말한다. "땅 속에 나무가 생하는 것이 승이니, 군자가 본받아서 덕을 순히 해서 적은 것을 쌓음으로써 높고 크게 한다."[17] 나무가 조금씩 쌓아서 마침내 커다란 나무로 성장하는 것을 본받아, 작은 덕을 쌓고 또 쌓아 마침내 대덕大德이 될 수 있음을 배운다는 것이다.

우리는 지금 씨앗과 같이 작은 존재이지만, '큰 나무의 꿈'을 갖고 있다. 그러나 씨앗이 일순간에 거목이 될 수 없는 것과 마찬가지로, 우린

---

17 『周易』(咸卦): 地中生木 升 君子 以 順德 積小以高大.

일시에 큰 사람이 될 수 없다. 씨앗이 현재 속에서 최선을 다하듯이, 우리가 현재 속에서 최선을 다하는 삶을 살아갈 때, 씨앗이 어느 순간에 보면 거목이 되어 있는 자신을 발견하듯이, 우린 어느 순간에 보면 큰 사람이 되어 있는 자신을 발견할 것이다.

9) 연이어 있는 연못이 서로를 풍부하게 한다

「중택태괘重澤兌卦」의 괘상을 보면, 연못 두 개가 연이어 있다. 이 모습을 일컬어 『주역』에서는 이택麗澤이라고 했다. 연못 두 개가 연이어 있으니, 가뭄이 와도 서로를 도와 물이 마르지 않게 하고, 홍수가 나도 서로에게 물을 흘리며 범람하지 않는다.

「태괘」 대상전에서는 이렇게 말한다. "군자가 이를 본받아서 벗들과 강습한다."[18] 연못이 연이어 있어 서로를 풍부하게 하는 모습을 본받아서, 벗들과 함께 강습하며 서로를 풍부하게 하는 것이다. 사람 인人자의 모습이 말해주듯이, 사람이 혼자서 할 수 있는 일은 그리 많지 않으며, 문명을 형성하고 발전시키는 것은 애초에 불가능하다.

배움의 장에서는 더욱 그러하다. 함께 하니 배움이 더욱 즐겁고, 서로를 일깨워주니 모두에게 유익하다. 혼자서는 떠올릴 수 없는 창조적인 생각도 함께 하면 쑥쑥 떠오른다. 여자와 남자도 부부가 되어 함께 하니 행복하고, 어려운 일이 닥쳐도 친구들이 도와주니 걱정 없다.

---

18 『周易』(兌卦): 君子以朋友講習.

10) 지나치면 차서 넘친다

「수택절괘水澤節卦」의 괘상을 보면, 연못 위에 또 물이 있다. 연못에는 이미 물이 가득 차 있는데, 비가 계속내리니, 연못은 결국 넘치게 된다. 자연의 이런 모습은 우리에게 아무리 좋은 것이라고 하더라도 지나쳐서는 안 된다는 교훈을 준다. 그래서 괘의 이름도 절節이 되었다.

화초에게 사랑한다며 계속 물을 주면, 결국 화초는 썩어버리듯이, 자녀에게 사랑한다며 계속 관심과 사랑을 퍼부으면, 결국 자녀는 썩고 만다. 어느 부모인들 자녀를 사랑하는 마음이 넘쳐나지만, 자녀를 건강하게 양육하는 방법은 사랑하는 마음을 절제하는 것이다.

모든 일에는 적도가 있다. 넘치면 폐해가 생겨난다. 요즘 대학가에는 '나 홀로 족'이 있다. 그들은 취업을 위해 모든 학과행사나 친구와의 회합 등에 불참한다. 밥도 혼자서 먹는다. 과연 기업체 사장은 그런 학생을 채용할까? 난 아니라고 본다.

4. 주역과 탈현대 자연관

현대사회에서 인간은 자연을 자신보다 열등한 것으로 간주하고, 자연을 이용·지배·착취하고자 해왔다. 그러나 『주역』에서는 자연을 인간의 스승으로 간주하고, 자연에 대한 외경심을 표현한다. 자연에 대한 태도에 있어서, 왜 이런 극단적인 차이가 나타난 것일까? 그것은 각각의 세계상이 자연관에 영향을 주었기 때문이다.

현대 세계상의 핵심은 '시간적으로 그리고 공간적으로 모든 존재들의 근원적인 분리'라는 것이다. 현대 세계상에 따르면, 돌멩이는 돌멩이이고, 잠자리는 잠자리이며, 인간은 인간일 따름이다. 현대 세계상은 형식논리학에서의 동일률, 모순율, 배중률이 적용되는 세계인 것이다.

이때, 돌멩이는 잠자리처럼 호흡을 할 수도, 감각적인 인지를 할 수도, 운동을 할 수도 없다. 그래서 돌멩이는 잠자리보다 열등한 존재이며, 잠자리는 돌멩이보다 우월한 존재로 평가된다. 또한 잠자리는 인간처럼 생각을 할 수도 없고, 감정을 느낄 수도 없으며, 미래에 대한 희망이나 두려움을 경험할 수도 없다. 그래서 잠자리는 인간보다 열등한 존재이며, 인간은 잠자리보다 우월한 존재로 평가된다.

이렇듯, 현대 세계상에 따르면, 이 세계는 원천적으로 불평등한 세계이다. 불평등한 세계에서, 우월한 존재의 열등한 존재에 대한 지배와 착취는 자연의 질서로 인지된다. 현대 세계상에 따르면, 인간은 지구상의 모든 생명체보다 우월한 존재이다. 그러므로 현대 세계상이 지배하는 현대사회에서 인간이 자연을 바라보는 시각인 현대 자연관이 형성되는 것이다. 현대 자연관의 자연을 바라보는 시각의 핵심은 자연을 '하찮게' 여기는 것이다.

그렇다면, 『주역』은 인간이 자연물보다 우월하다고 생각하지 않는가? 그렇게 생각하지 않는다. 『주역』에서도 인간이 자연물보다 우월하다고 간주한다. 그러나 이 우월함의 의미가 무엇일까? 현대 세계상에서는 이 우월함이 모든 것이라고 생각하지만, 『주역』에서는 아무 것도 아니라고 생각한다.

『주역』에서는 왜 개체가 갖고 있는 우월함이나 열등함이 아무 것도 아니라고 생각하는 것일까? 그 이유는 모든 존재는 그 개체성(우월함이나 열등함)을 훨씬 넘어있는 존재라고 생각하기 때문이다. 『주역』의 관점에서 보면, 모든 존재는 '영원한 시간과 무한한 공간을 자신 안에 내재하고 있는 우주적인 존재'이다. 다른 말로 하면, 모든 존재는 자신

안에 도道를 품고 있는 존재이다. 그러므로 모든 존재는 위대하며, 이런 의미에서 절대적으로 평등하다. 『주역』이 바라보는 세계의 모습, 이것이 바로 탈현대 세계상이다.

탈현대 세계상에 따르면, 개체가 갖고 있는 우월함이나 열등함은 결코 상대편을 하찮게 여기거나 우러러보는 이유가 되지 못한다. 바로 여기에서 「지산겸괘地山謙卦」의 괘상에서 보는 바와 같은 겸謙의 당위성이 생겨나게 된다. 높은 산(우월함을 갖고 있는 존재)은 낮은 땅(열등함을 갖고 있는 존재) 아래 위치하고, 낮은 땅(열등함을 갖고 있는 존재)은 높은 산(우월함을 갖고 있는 존재) 위에 위치한다.

지구상의 모든 존재들 중에서 인간의 위치는 어떠한가? 가장 높은 산이다. 그렇다면 인간은 다른 자연물을 어떻게 대해야 마땅하겠는가? 낮은 땅(다른 자연물)의 아래에 위치함이 마땅하다. 자연물에 대한 외경심을 갖고 그들을 대하며, 그들을 스승으로 삼아 배움이 마땅하다. 이것이 바로 이 글의 주제이기도 한 '『주역』에 나타난 인류의 스승으로서의 자연에 대한 태도'인 것이다.

『주역』의 관점에서 볼 때, 인간의 위대함의 극치는 무엇이겠는가? 그것은 바로 '모든 존재가 존귀함'을 자각할 수 있다는 점이다. 모든 존재는 존귀하지만, 모든 존재의 존귀함을 자각할 수 있는 것은 인간뿐이다. 이런 자각을 이룬 존재를 『주역』에서는 대인大人이라고 한다. 대인의 역할은 무엇일까? 도와 하나가 되어, 천지만물의 화육에 참여하는 것이다.

천지의 화육에 참여하는 삶은 구체적으로 어떤 것일까? 그것은 운전을 할 때 상대편 운전자의 기분을 좋게 하는 운전을 하는 것이다. 그것은 언제나 웃을 준비를 하고 있다가 만나는 수위, 청소부, 친구를 향해 만면에 웃음을 지으며 반갑게 인사하는 것이며, 더 좋은 것은 자신을 향해 웃어주는 것이다. 그것은 부모님께 깊은 감사를 느끼는 것이다. 그것은 자녀를 자유롭게 키우는 것이다. 그것은 화초에 정성스럽게 물을 주는 것이다. 다시 말하면, 천지화육에 참여하는 삶이란 모든 존재를 존중하고 존경하는 가운데, 각각의 존재가 자신의 삶을 윤택하게 누릴 수 있도록 도움을 베푸는 것이다.

『주역』에 나타난 인류의 스승으로서의 자연관이 확산될 때, 어떤 일이 벌어질까? 인간과 자연은 조화로운 공존을 할 수 있을 것이다. 인간은 자연의 번창에 도움을 주며, 자연은 인간이 윤택한 삶을 누릴 수 있는 터전을 제공해 줄 것이다. 인간과 자연의 조화가 이루어진 그곳, 거기가 바로 우리가 꿈꾸는 탈현대사회이다.

참고문헌

『周易』

『中庸』

『大學』

『老子』

『莊子』

주교회의 성서위원회 편. 2006.「성경」. 한국천주교중앙협의회.

Bacon, Fransis. 2001.『신기관 - 자연의 해석과 인간의 자연지배에 대한 잠언』. 진석용 옮김. 한길사.

Tolle, Eckhart. 2008.『지금 이 순간을 살아라』. 노혜숙·유영일 옮김. 양문.

______. 2008.『Now』. 류시화 옮김. 조화로운 삶.

Von Franz, M. L.. 1983.『人間과 無意識의 象徵』. 이부영 외 옮김. 집문당.

홍승표. 2011.『동양사상과 탈현대적 삶』. 계명대학교출판부.

______. 2011.「동양사상과 새로운 소외론」.『동양사회사상』 23: 221-248.

홍승표·홍선미. 2012.「마음의 주체 - 에고와 셀프」.『원불교사상과 종교문화』 52집: 217-244.

동양사상의 시대 진단과 비전

동양법사상과 생명윤리

| 이 재 룡

동양법사상과 생명윤리

—

이 재 룡

I. 이끔말

급변하는 지구의 환경과 과학의 무지막지한 발달이 초래한 예측할 수 없는 미래에 봉착한 오늘날의 인류는 붕괴되고 있는 종래의 가치로 인해 불안하고 동요된 삶을 살고 있다. 끝 모를 듯 나아가는 새로운 문명의 전진은 이제 인간 생명에 대한 경외의 엄숙함 마저 퇴색시키고 있다. 이렇듯 생명윤리의 문제는 과학적 결실의 향유와 규제의 영역에서 진자처럼 흔들리고 있는 인간의 위상을 대변하고 있다. 이는 더 긴 생을 살고자하는 인간의 욕구와 그로인해 야기되는 전체사회 균형추의 흔들림 어간에 놓여있는 절차적 과정의 사태라는 생각마저 들게 한다. 결국 인류는 초과학의 시대로 진입할 것이 분명하니 말이다.

생명윤리의 문제는 분명 과학이 낳은 이 시대의 산물이다. 그것도 자연의 엄정한 법칙의 순리를 파헤쳐 이를 조작하고 재배치함으로써 인간 욕망의 극한을 충족시키려는 한없는 이기심의 피력인 것이다. 그러나 인간이 사회적 존재인 한 더불어 이 땅에 영속적으로 공존해야만 한다는 엄연한 사실 앞에 윤리적 사회가치의 메스는 과학의 완급을 조절할 수 있어야만 한다. 생명윤리의 문제는 이렇듯 이리저리 솟구치는 과학에 대한 순치를 자임하고 나선 새로운 학문이다. 생명윤리학은 사회적 규범

가치인 윤리가 객관적 사실분석의 과학과 만나야만 한다는 난제를 안고 시작된 비운의 학문이다.

왜 이러한 학문이 난제를 안고 있는가? 숭고하고 덕스러운 인간의 문화세계를 추구해온 서구의 정신사는 이와 별개의 영역에서 낮은 자세로 몰두해온 과학의 엄청난 발달을 외면해 왔고 과학은 이제 바야흐로 다시 되돌아와 인문세계에 손을 내밀고 있는 것이다. 그러나 양 천년을 일관되게 견지해 온 서구의 정신사는 이와 조우할 수 있는 개방성을 준비하지 못했다. 이는 중세 천년의 종교적 정신사와 이를 대신한 인간 정신의 고유한 가치는 애초부터 정신과 물질, 가치와 존재를 엄격히 구별하던 오래된 관성에서 벗어날 수 없기 때문이다.

의료 과학 분야에서 비롯된 생명윤리문제는 과학의 영역에서 윤리학에 요구한 보편적 기준설정의 정당화문제지만 이제는 환경생태학과 자원고갈의 문제 등 지구의 미래로까지 영역을 넓혀가고 있다. 현대학문은 이에 답할 수 있는 준거를 마련할 수 있는가? 진·선·미의 가치는 그 자신에 의해서만 정당화된다는 공준에 근거하고 있는 서구철학은 모든 현상을 객관적 과학성으로 설명하고 논증하는 현대과학에 심각한 위기의식을 느끼고 있다. 심지어 인간만의 고유한 정신적 경계라고 자부해 온 도덕성조차 과학으로 설명하려는 사회생물학에 격렬한 감정적 반응을 보이기까지 한다.

이제 자연이 허용하는 만큼만 행복을 누리며 자연이 질타하는 견책을 기꺼이 받아들이고 자연의 뜰을 벗어나지 않는 삶만이 나에게 주어진 온전한 삶이라고 가르치는 동양사상이 이에 답할 차례가 온 것은 아닐까? 이하에서는 소략하나마 서구사상에서 잉태된 생명윤리의 역정을 살펴보고 동양사상의 특질이 반영된 법제도가 이러한 물음에 어떻게 답할 수 있는지를 엿보기로 한다.

Ⅱ. 생명윤리의 유래와 의미

1. 생명윤리개념의 유래

윤리는 도덕과 구별되는 개념으로 사용된다. 윤리(ethic)는 그리스어의 에토스(ethos)에서 유래되었고 도덕(morality)은 라틴어의 모레스(mores)에서 유래되었다.[01] 윤리가 한 사회 전체의 습관화된 선善에의 지향성을 갖는다면 도덕은 개별자 한 사람의 행동에 대한 규율을 의미한다. 그러므로 도덕은 윤리의 넓은 지평에 자리하는 부분적 존재이다. 한 사회의 윤리적 태도나 성격은 그 사회의 도덕을 이해하는 토대가 된다. 아리스토텔레스는 모든 존재가 본래 타고난 자연의 본성과 능력을 통해 완전한 성취에로 나아감에 선한 생존의 원칙, 즉 로고스에 순응함으로써 더 완전한 본질구현에로 나아가게 된다고 보았다. 이성적 존재인 인간 상호간에도 역시 그러한 삶의 방식이 반복되어 일반적 습관이 됨으로써 사회 전체의 에토스가 자리 잡게 됨을 말하고 있다.[02] 즉 윤리는 사회 전체에 일반화된 선한 가치를 의미하며 문화적 속성을 지니고 있다는 것이다. 윤리는 선으로도 나아갈 수 있고 악으로도 나아갈 수 있는 인간만의 항상적인 경향성이라는 점에서 일시적인 경향성에 불과한 격정적 파토스(pathos)와 구별된다. 또한 바로 그 점 때문에 윤리는 인간만의 고유한 사회가치로 인식되고 있다. 다시 말해서 동물과 기타 만물이 공존적 조화와 균형 상태를 이루어가는 항상성을 에토스라고 말할 수는 없다. 윤리는 철저히 인간사회의 공존과 영속을

---

01 박이문. 1990.『자비의 윤리학』. 철학과 현실사. 10쪽.

02 Aristoteles. Nicomacheia. 1987.『윤리학』. 최명관 역. 성창출판사. 41쪽 이하.

보장하는 문화적 구성 원리요 내면의 행위 가치인 것이다. 사회적 가치를 담지하고 있는 윤리개념이 어떻게 객관적이고 가치로부터 자유로운(wertfrei) 생명현상과 결합할 수 있는가?

2. 생명윤리학

'생명윤리'라는 용어는 인문과학 분야에서 제기된 용어가 아니다. 더욱이 이 용어는 생명을 경시하는 사회 전반의 윤리적 문제에 봉착하여 사회운동의 일환으로 대두된 용어도 아니다. 생명윤리라는 용어는 미국 의학계에서 과학의 발전에 따라 예기치 않게 발생한 의료사태에 직면하여 탄생된 배경을 갖고 있다.[03] 원래 의학은 그리스의 히포크라테스 이래로 종교적 어둠에서 벗어나 경험과 관찰을 바탕으로 최선의 치료를 추구하는 과학의 길을 걷게 되었다. 환자의 의사에 대한 신뢰가 치료의 중요한 요인으로 인식되면서 윤리성 또한 강조되었던 것이다.[04] 미국에서 의료윤리가 생명윤리의 영역으로 확대된 것은 부족한 신장투석기의

---

03 김상득. 2014.「생명윤리학의 탄생」.『대동철학』67. 231쪽.

04 히포크라테스 선서. "내 능력과 판단에 따라, 나는 환자에게 도움이 된다고 생각한 처방을 따를 뿐 환자에게 해를 끼칠 수 있는 처방은 절대로 따르지 않겠다. 나는 어떤 요청을 받더라도 치명적인 의약품을 아무에게도 투여하지 않을 뿐만 아니라, 그렇게 하도록 권고하지도 않겠다. 또한 마찬가지로 나는 어떤 여성에게도 낙태시킬 수 있는 질 좌약을 주지 않겠다. 나는 내 일생 동안 나의 의술을 순수하고 경건하게 펼쳐 나가겠다. 나는 결석을 앓는 환자에게 절제수술을 하지 않겠지만, 이 분야의 전문의들이 그러한 절제수술을 하는 행위는 인정하겠다. 내가 어떤 집을 방문하든지 오로지 환자를 돕는 일에만 힘쓸 따름이고, 고의로 어떤 형태의 비행을 일삼거나 피해를 끼치는 일은 절대로 저지르지 않겠으며, 특히 노예든 자유민이든 신분을 가리지 않을 뿐만 아니라 남자이든 여자이든 성별을 구분하지 않고, 모든 환자의 신체를 능욕하는 일이 없도록 하겠다. 나의 직무 수행과 관련된 일이든 전혀 관련이 없는 일이든 관계없이, 내가 보거나 듣는 바로서 그 사실이 절대로 세상에 알려져서는 안 되는 경우에, 나는 일체의 비밀을 결코 누설하지 않겠다."(http://terms.naver.com/entry.nhn?docId=1720375&cid=47336&categoryId=47336)

혜택을 누구에게 우선적으로 부여할 것인가의 결정에 일반인들의 의사를 반영함으로써 의료판단에 의사 이외의 일반인을 참여시킨 것이 계기가 되었다고 한다. 즉 의료시술의 판단에 일반인들의 윤리적 결정을 정당화의 근거로 삼으려 한 데서 '의료윤리'는 '생명윤리'에로 발걸음을 내딛게 되었다. 이 밖에 새로운 시약의 효과를 실험할 때 사전에 피실험자의 동의를 구해야 한다는 문제와 장기이식이 시작되면서 장기공여자에 대한 뇌사판정의 정당성을 어떻게 구할 것인가의 문제로 의료분야 이외의 영역에 물음을 구하게 된 것이다.[05] 이러한 일련의 사태를 겪으면서 포터(Van Rensselaer Potter)에 의해 '생명윤리학(bioethics)'이라는 명칭이 탄생되었다. 포터는 "생물학 및 생명과학 일반으로부터 발생하는, 그리고 인간 복지와 직간접적으로 연관된 도덕적, 사회적, 정치적 물음들을 탐구하는 학문"으로 생명윤리학을 정의했다.[06] 이는 의료과학의 발달에 따라 의료문제는 더 이상 의료 전문 집단만의 판단에 따라 해결될 수 있는 영역을 넘어서고 있어서 궁극적으로는 사회 전체의 윤리적 공감대에 따라 기준을 마련해야 한다는 시대적 요청에서 생겨난 새로운 학문분야인 셈이다.

의료행위의 윤리성에서 비롯된 생명윤리의 문제는 생명과 윤리라는 용어의 결합이 과연 가능한 조합인가에 대한 회의에도 불구하고 이제는 보편적인 용어로 정착된 개념이다. 과학적이고 객관적인 탐구의 대상인 '생명'현상과 문화적 역사적 조건에 따라 상대적으로 규정되는 '윤리'라는 사회적 규범적 개념이 함께 결합될 수 있기에는 판단기준의 상대성을 쉽사리 극복할 수 없을 것이라는 우려가 작용하고 있다. 이 때문에 의학계일반에서는 '생명윤리'를 '생명의료윤리'의 줄임말 정도로 제한적

05 김상득. 앞의 글. 232쪽.
06 김상득. 앞의 글. 232쪽 재인용.

으로 사용하고 있기도 하다. 즉 "생명과학 및 보건 의료영역의 도덕적 차원을 다양한 윤리적 방법을 동원하여 학제적인 배경 하에서 체계적으로 연구하는 학문"으로 정의하기도 한다.[07]

그러나 인간의 생명은 지금 이 자리에서의 찰나적인 생명의 보존만이 문제되는 것은 아니다. 생명은 불가피하게 주변과 연계되어 있으며 미래를 향해 계속되어야하는 시간적 공간적 위상에서 영속성과 번성이 보장되어야 한다. 그 때문에 생명윤리의 문제는 필연적으로 인간을 둘러싸고 있는 주변 환경, 즉 사회환경, 정치 교육 문화적 환경, 나아가 전 지구적 생태환경에까지 연결되어야 온전한 이해와 자리매김이 가능하게 된다. 생명윤리학이 생태학적 미래상과 연결되어야 하는 이유이다.

3. 생명윤리와 '책임의 원칙'

생명윤리학의 개념을 정립한 포터도 후에 전 지구적 생명윤리학에의 길을 제시하고 있지만 이에 대해 심도 있게 논의를 전개시킨 사람은 한스 요나스(Hans Jonas)다. 생명 체계는 불변의 존재(Sein)개념이 아니라 생성됨(Werden)의 개념이고 폐쇄되어 있는 예정조화의 개념이 아니라 자생적인 평형과 조절의 개념이며, 안정성의 개념보다는 유동성의 개념으로 진화하고 있는 과정의 개념이다.[08] 이는 흡사 아리스토텔레스의 목적론적 형이상학의 입장에서 진화론적 입장을 수용하고 있는 태도와 유사하다. 아리스토텔레스는 사물의 형상과 질료의 일원적 관계에 주시했다. 사물의 형상인은 그것의 목적인이기도 하다. 즉 한 종種에 속하는

---

07 김상득. 앞의 글. 239쪽.

08 김문정. 2014. 「H. 요나스의 생명철학과 '생명에의 윤리'」. 『생명윤리』 15-1. 한국생명윤리학회. 62쪽.

개별자는 그 종의 종적 형상을 가능한 한 완벽하게 구현하려고 본성적으로 노력하기 때문에 형상에 대한 본성적 갈망은 목적인과 형상인 그리고 작용인이 종종 동일하다는 것을 의미한다. 그러므로 유기체의 내적 목적은 개별자가 종적 형상을 구현하는 것이기 때문에 목적인이기도 하다. 예를 들면 도토리는 그것이 완전히 자란 나무로 발전하는 전 과정을 통해서 그 목적인의 완전한 실현을 지향하고 있는 것이다.[09]

요나스의 생명에 대한 이해는 여기서 더 나아가 목적 실현을 위한 주체적인 자유와 실존성이라는 의미가 강조되고 있는데 이는 달리 보면 생명체의 실존적 고유가치성을 긍정하고 있는 것으로 이해된다.[10] 바로 이 점에서 그는 생명에 대한 인간의 책임을 거론하고 있다. 본래 책임은 의지의 자유를 지닌 인간이 이성적 판단을 통해 야기한 행위결과에 대한 행위주체의 전속성을 의미한다. 이는 달리 행위 할 수도 있었다는 권력의 담지자로서의 자기긍정의 힘이다. 그러나 요나스는 인간의 목적정립행위에 이미 주변사물을 끌어들이고 있으므로 그의 목적 실현에 수반되는 주변생명의 실존에도 책임을 져야한다는 입론을 펴고 있다.[11] 즉 인간은 자신의 실존을 위해서도 주변 생명체의 실존을 긍정하고 이를 방해하지 말아야 한다는 책임이 주어진다는 것이다. 이는 인간이 한정된 지구에서 영속하기 위한 필수불가결의 원칙인 셈이다.

이는 말할 것도 없이 인간의 실존은 찰나적인 편린인 '현재'에만 요구되는 것이 아니라 먼 '미래'로 열려 있어야 되는 개방성 때문이기도 하다. 다시 말해서 인간은 주변 환경과 공존할 때에만 영속할 수 있다는

---

09 F. Copleston. A Histiry of Philosophy: Volume 1. 1998. 『그리스 로마 철학사』. 김보현 옮김. 철학과 현실사. 425쪽.

10 Hans Jonas. 1989. Das Prinzip Verantwortung. Suhrkamp Verlag. S29. 『책임의 원칙-기술시대의 생태학적 윤리』. 이진우 역. 1994. 서광사. 36쪽 참조.

11 김문정. 앞의 글. 64쪽.

총체적이고 역사적인 미래에의 책임을 떠안아야만 한다.[12] 이러한 '책임의 원칙'은 고삐 풀린 현대과학의 발전이 낳고 있는 인류 전체에 대한 가없는 공포와 억압이 강하면 강할수록 더욱 더 강하게 요구되어야 하는 전 인류의 책임임을 잊지 말아야 한다.[13]

4. 생명, 윤리 그리고 미래에의 책임이 지니는 어려움

주지하듯이 서양 사상은 자유의지를 지닌 이성적 인간들로 이루어진 인간사회와 동물적 본성에 의해 법칙적으로 전개될 뿐인 자연을 엄격히 구별하는 철저한 인간중심적 사상이다. 이러한 구별은 멀리 플라톤의 이원론적 형이상학 패러다임을 원용해 비 과학적 특성의 종교를 과학화 학문화시킨 아우구스티누스의 신학체계에 뿌리를 두고 있다. 창조신과 유일신의 개념을 전혀 모르던 유럽인들의 기존의 철학과 논리체계를 깨고 기독교가 철두철미 진입할 수 있었던 까닭은 인간적인 일체의 모든 사유방식과 논리체계 등을 거부하고 절대자가 베풀어주시는 구원의 우연성과 오로지 믿음을 통한 하나님에의 영접으로 정당화시키면서 이제 유럽인들의 사고에서는 천사와 악마, 천국과 지옥, 신의 나라와 세속적 인간의 국가, 선과 악, 정신과 육체 혹은 물질, 인간과 대상인 자연 등등 모든 것이 철저하게 구분되어 사유되었고 이 또한 상하로 배치되어 수직 복종의 위계질서로 편입되었다. 중세 천년의 서구역사를 문화적 암흑기라고 스스로 일컫는 데에는 그만한 이유가 있기 때문이었다. 문제는 르네상스 이후, 즉 학문의 세계에서 신의 존재가 추방되고 인간

---

12 Hans Jonas. Ibid. S208. 번역본 202쪽 참조.
13 Hans Jonas. Ibid. S221. 번역본 215쪽 참조.

정신의 자유와 가치가 높이 구가되던 근대 합리주의적 이성주의 시대에 이르러서도 이러한 이분법적 사유구조는 그대로 지속되고 있었다는 점이다. 이제 중세의 절대자인 신의 자리를 대신해서 합리적 사고와 판단을 가능하게 해 주는 합리적 이성 혹은 자유의지의 인간 정신이 그 자리를 대신하게 되었다.

인간만이 도구를 사용해 문화를 발전시킬 수 있으며 도덕과 가치의 의미를 이해할 있고 실천할 수 있으며 더 높은 이상을 향해 삶을 개척하고 변화를 추구하는 목적적 존재다. 인간 이외의 동 식물들은 오로지 자연이 허용해 준 범위 내에서 법칙에 따라 생존을 영위할 뿐 그 어떤 생명에의 목적이나 창조적 능력 혹은 가치 의미를 모른다. 그러므로 자연은 인간이 문화적 발전과 더 낳은 삶을 위해 행사하는 막강한 인간 전속적 권리의 이용대상일 뿐이요 인간에게 철저히 종속되어 있는 객체일 뿐이다. 즉 자연의 법칙에 그 생존과 번식을 저당 잡힌 각각의 생명은 윤리적 가치를 내재할 수 없는 단순한 대상일 뿐이며 더욱이 미래에의 생존과 번식의 책임을 인간에게 부과하고 가중시키는 주체일 수는 없다.

서구 전통 사상에서 제기되는 이러한 문제는 이 글의 주제인 '생명'·'윤리'와 '미래에의 책임'이라는 상관성 전체에 골고루 연계되어 있는 문제이다. 생명윤리학의 영역에는 문화적 상대주의와 윤리적 딜레마로 인해 이를 분류하고 조정할 수 있는 명쾌한 규범이론이 없다는 점이 최대의 난제로 등장하고 있다.[14] 이는 공동체주의와 자유주의 간의 해묵은 논쟁만큼이나 결코 해결할 수 없는 개인 간 도덕신념에 대한 불일치에서 비롯되는 딜레마다.[15] 이를 해결할 수 있는 방법은 오직 두 가

14 이을상. 2006.「생명윤리학의 접근방법과 도덕적 정당화를 위한 규범이론적 근거의 모색」.『철학논총』46. 새한철학회. 273쪽.

15 이을상. 앞의 글. 294쪽.

지 길 뿐이다. 하나는 이러한 주장의 논리적 추론관계의 모순, 즉 가치상대주의와 문화적 상대주의를 근거로 생명윤리학의 윤리학적 논의를 중도폐기하거나,[16] 아니면 서양 사상의 유구한 전통이 만든 사유구조의 불합리를 지적해 이를 새로운 시대에 상응하는 새로운 사유방식으로 일신하는 방법이 그것이다. 전자의 방법은 전 지구적 환경문제를 안고 있는 현실의 경험에 비추어 볼 때 이미 되돌아갈 수 없는 깊은 강 너머의 문제로 자리 잡았기에 물러설 수 없는 길을 접어들었고, 후자의 방안은 유구한 서구철학사의 고착화된 인간정신 제일주의의 이분법적 사유태도에서는 동의하기 어려운 아집의 병폐를 보이고 있어 쉽사리 주장할 수 있는 것도 아니다. 누가 개인주의적 자유주의의 숭고한 이념적 가치의 정신에 감히 메스를 댈 수 있단 말인가?

이와 달리 중국철학은 과학의 시대가 아닌 목가적인 전통사회의 삶을 기반으로 정립된 철학적 사유태도이다. 그러므로 중국철학이 생명윤리에 대해 제시할 수 있는 철학적 토대는 매우 제한적일 수밖에 없다. 그럼에도 우리가 중국 전통 철학에 귀를 기울여야 되는 이유는 동양의 고대인들이 자연의 원리에 상응하는 삶을 추구하였고 일체의 사회제도의 원리와 운용에서 이러한 근본태도를 견지한 삶을 살아왔기 때문에 완만구족完滿具足한 자연의 특성을 본받으려는 노력을 기울여 왔다는 점을 부인할 수 없기 때문이다.

---

16 생명윤리학사전(Encyclopedia of Bioethics)에는 "생명과학 및 보건의료영역의 도덕적 차원을 다양한 윤리적 방법을 동원하여 학제적인 배경 하에서 체계적으로 연구하는 학문"으로 정의하고 있다. 오늘날의 생명윤리학은 생명의료윤리학으로 제한적으로 사용되는 추세이다. 김상득. 앞의 글. 239쪽.

Ⅲ. 동양사상의 생명관

중국 상고시대에 시작된 중국문화는 하夏나라로 대표되는 농경문화적 속성과 은殷의 유목문화적 속성의 회통을 통해 그 전형이 형성되었다. 농경문화는 실제 삶의 경험을 통해 소박한 자연주의를 낳고 자연주의는 합리적인 윤리문화로 발전했으며, 유목문화는 관념적으로 의장적意匠的 신귀神鬼사상을 설정, 초월적인 조상신 숭배의 종교문화를 구축해 갔다. 농경문화가 생기주의적生氣主義的 생성관을 갖는다면 유목문화는 영혼숭배의 길흉관을 갖는다.[17] 은의 종교적 귀의처인 상제上帝는 주대에 와서 천天의 소박한 합리적인 도덕적 이상주의, 즉 인간 중심적 인문주의로 나아갔다. 중국철학의 역사적 연변을 통해 이처럼 다양한 문화와 정신세계가 상호 침투 창신創新되면서 필요한 만큼 정신적이고 현실적인 모습으로 형성되어 갔다. 중국 철학적 특질을 다음과 같이 간략히 요약해 보자.

1. 총체적 생기적 우주관

우리가 몸담고 있는 세계는 시간의 흐름을 타고 끊임없이 공간구조가 변해가는 변화와 항상성의 무대다. 여기에 물질이 있고 이를 둘러싸고 전개되는 뭇 생명들이 더불어 함께 요동친다. 우宇란 공간 구조의 배열이요 주宙는 영원 시간의 지속성이다. 천天이 무한히 흘러가는 시간 개념이라면 지地는 그에 상응하여 체현되는 현상 공간의 배열이요 건곤乾

17 김충렬. 1994. 『중국철학사』. 예문서원. 27쪽.

坤은 이것이 생성 원천의 공용功用으로 파악된 개념이다[18]. 도道는 현상계의 사물처럼 환원될 수 없는 그 어떤 궁극적인 근원의 실체이기 때문에 현상계가 지니고 있는 시공의 한계성 이면에 존재하는 일체 사물의 본원이다. 즉 현상계의 사물은 스스로 본질을 현상화 할 수 있는 궁극적 근본 원리인 도를 자체 내에 갖추고 있다. 그러나 중국의 선철들은 만물의 변화상을 일률적인 규율성으로 보지 않는다. 동일한 류의 사물일지라도 각각의 사물 개체가 공간적 시간적 환경 속에서 도의 근원적 원리에 따라 가장 이상적인 모습으로 스스로를 이루어 나가는 현상에 주목한 것이다. 이것을 창조적 변화 즉 창진創進이라 한다.[19] 이처럼 영원한 항상성 속에서 보편적인 도에 따라 개개 사물의 생명이 완성되어 가는 능동성이 바로 덕德이다.[20] 천도에 한 치의 어긋남도 없이 개체 생명 본래의 진면목을 훌륭하게 완성시키는 현상, 또는 그러한 결과를 야기시키는 동인을 선善이라 한다.[21] 즉 선악의 가치판단은 주관적이기 쉬운 인간의 이성적 판단이 아니라 천지 법도를 척도로 한 판단이었다. 이처럼 천도는 선한 덕의 가치를 내함하고 있기에 우주 질서는 곧 도덕 가치가 충만한 이상적인 가치의 영역으로 이해될 수 있었다. 완전무결한 천도의 운행 속에서 인문 세계를 이루어야 하는 인간은 바로 이와 같은

---

18 이 부분은 이재룡. 1997.「법, 자연과 인간의 가교」.『중국철학』5. 260쪽에서 수정 인용함.『尸子』. 卷下. "天地四方曰宇, 往古來今曰宙".『莊子』雜篇「庚桑楚」"有實而無乎處,有長而無乎本剽; 有所出而無竅者有實, 有實而無乎處者, 宇也; 有長而無本剽者, 宙也."『文子要詮』.「自然」. "老子曰; 樸至大者無形狀, 道至大者無度量. 故天圓不中規, 地方不中矩; 往古來今謂之宙, 四方上下謂之宇; 道在其中而莫知其所."『周易』. 王弼 注.「乾彖」. 天地者形之名也, 健也者用形者也." 같은 책.「坤彖」. "地也者形之名也, 坤也者用形者也."

19 方東美. 民國 71.『中國人生哲學』. 123쪽. 臺北 黎明文化事業公司 . "生命的元體在創進中顯其大用." 같은 책. 95쪽. "自然全體瀰漫生命, 這種盎然生意化爲創造衝力向前推進.

20『老子』. 51章. "道生之, 德畜之, 物形之, 勢成之. 是以萬物莫不尊道而貴德."『管子』.「心術上」. "虛無無形謂之道, 化育萬物謂之德."

21『周易』.「繫辭上」. "一陰一陽之謂道, 繼之者善也, 成之者性也."

천도를 그들 사유의 척도로 삼고 있다.

2. 본성의 발현과 생명가치

맹자는 다음과 같이 논하고 있다.

> "우주 만물의 이치가 모두 내 몸 속에 갖추어져 있다. 그러므로 언제나 나 자신의 행실을 반성하고 성실하게 살피면 (세상의 이치를 깨달을 수 있게 되니) 이보다 더 즐거울 수는 없을 것이다. 그러므로 충서忠恕의 도리를 힘써 행해야 하니 이는 인仁의 도道를 구하는 데에 그보다 더 가까이 갈 수 있는 방법은 없기 때문이다."[22]

인간의 몸에 우주의 원리가 모두 구비되어 있다. 그 때문에 인간을 소우주라고 한다. 자연 본능적인 측면은 물론이고 정신적 가치적 측면 또한 마찬가지이다.[23] 인간은 자연으로부터 받은 본성을 그대로 구비하고 있다.

대자연은 각각의 생명이 그 본성을 다하며 전체로서는 조화와 균형을 유지하는 대화해大和諧의 장場이다. 생명의 발랄함이 끊임없이 표출되는 인간의 내면에도 우주의 조화와 균형의 섭리는 언제나 내재해 있다. 그러므로 인간 각자가 자신의 본래적인 모습을 회복하는 일(반신反身)

---

22 『孟子』「盡心上」"孟子曰, "萬物皆備於我矣. 反身而誠, 樂莫大焉. 强恕而行, 求仁莫近焉."

23 『禮記』「禮運」"人者, 其天地之德, 陰陽之交, 鬼神之會, 伍行之秀氣也."

에 잠시도 게을러서는 안되며(성誠) 그러한 성찰을 통해 깨달은 바람직한 상호간의 관계모습을 힘써 실천하면(강서이행强恕而行) 이상적인 사회가(인仁) 세워질 수 있음을 맹자는 말하고 있는 것이다. 이점은 유교 사회철학의 종지인 인仁의 개념에서 명확히 표현되고 있다. 사회정의가 실현된 인의 사회는 상호간의 관계형식에 대한 올바른 이해를 통해서 맺어진 사회를 말한다. 그러므로 이상적인 상호관계의 정립은 결국 하늘로부터 부여받은 인간의 순수한 본성이 그대로 표현되는 관계인 것이다. 공자는 인에 대해 다음과 같이 말하고 있다.

> "자신의 욕망을 잘 조절하여 예禮를 행하게 되면 이는 곧 인仁을 행하는 셈이다. 하루라도 이를 잘 실행하면 천하가 모두 인으로 돌아올 수 있다. 인을 행하는 것은 자기 자신으로부터 비롯되는 것인데 어떻게 이를 타인으로부터 비롯되는 것이라고 할 수 있겠는가?"[24]

여기서 인이 본래는 인간사회의 공존의 원리, 즉 사회적 인간인의 공존에 합당한 덕목을 의미한다는 것을 알 수 있다. 사랑의 마음이라든가 단순한 어진 덕성에 그치는 의미가 아니라 필요할 경우 타인을 제압하거나 적절한 행위를 요구할 수도 있는 공존의 인간적 덕목이다. 이 경우 그 척도가 되는 것이 다름 아닌 예禮다. 이러한 인仁은 인간의 본래적 특성이기 때문에 인人의 의미로도 사용되었다.[25]

---

24 『論語』「顏淵」"顏淵問仁. 子曰, "克己復禮爲仁. 一日克己復禮, 天下歸仁焉. 爲仁由己, 而由人乎哉?"

25 『中庸』19章 "仁者人也 親親爲大 義者宜也 尊賢爲大 親親之殺 尊賢之等 禮所生也."

3. 우주질서와 사회질서의 생명관

천지의 만물은 음과 양이 서로를 맞이하는 대대관계待對關係로 정위定位되어 상합상성相合相成함으로써 생생화육生生化育의 생기질서가 전개된다. 천지지도는 부부지도요 천지의 공용에 의해 만물을 생성화육하는 끊임없이 낳고 낳는 생생불이生生不已의 영원성은 제가齊家의 도리를 보여주고 있다. 여기서 가정윤리인 부부관계, 부모 자식 관계 그리고 형제자매 관계는 인간의 본래적인 성정에 기초해 형성되는 상호관계라는 것을 알 수 있게 된다. 즉 부부화순夫婦和順, 부자자효父慈子孝, 그리고 형제우애는 불인인지심不忍人之心한 인간 성정에서 비롯되는 행위 유형이다. 중국의 전통 사회를 지탱해 온 종법제는 바로 이러한 행위 관계가 혈연적으로 가까운 이는 가깝게 대하는 친친親親을 근본원리로 하고 있다. 불인인지심한 인애의 본성이 충서忠恕의 상호성을 원리로 하여 파급 확대된 것이 곧 사회윤리인 군신 관계와 붕우관계朋友關係 그리고 장유관계長幼關係이다. 예禮란 바로 이와 같은 관계의 근본원리가 잘 발양되도록 행위에 절제와 구획을 지은 행위 지침이다[26].

예는 하늘의 항상적인 이치와 땅의 한결같은 마땅함을 본받아 이루어진 인도人道이다.[27] 이미 인간 심성에서 확인된 내재천內在天의 속성 즉 불인인지심한 인애仁愛의 충서지도에 의해 의義의 가치에 맞게 행위에 절제를 가한 것이 예이다. 즉 의를 내재적 한계로 하는 합당한 리理의 절목화節目化가 바로 예이다. 그러므로 도덕격률을 대체로 삼고 있는 예는 상호간의 신뢰 속에 자신을 미루어 나가는 충신忠信을 근본으로 하면서

---

26 『中庸』 二十章 "仁者, 人也; 親親爲大. 義者, 宜也; 存賢爲大. 親親之殺, 存賢之等, 禮所生也."

27 『春秋左傳』 昭公 25 "簡子曰: 敢問何謂禮? (子大叔)對曰: 吉也! 聞諸先大夫子産曰: 夫禮, 天之經也, 地之義也, 民之行也. 天之經, 而民實則之……乃能協於天地之性, 是以長久."

반드시 마땅함에 합치하는 의리를 절문節文으로 삼아야 한다.

Ⅳ. 동양법사상의 생명관

중국의 법제도는 바로 이와 같은 철학적 토대 위에서 예의 사회제도를 보완하고 강화하는 수단으로 작용했다. 예주형보禮主刑補의 원칙은 전국시대 이후 법가의 법치가 실질적 공효를 인정받은 이후에도 언제나 강조되는 국가통치의 근본원리였다. 그러므로 성문법제도가 잘 완비된 당대唐代에조차 생명의 본래적 진면목을 중시하는 중국철학의 근본정신은 결코 흔들림이 없이 법제도에 수용되어 국가권력에 의해 관철력을 확보할 수 있었다. 이러한 원리에 의해 제도화된 중국의 법제도를 살펴보자.

1. 종법제宗法制와 오복五服제도

종법제는 서주 시대에 정착된 제도로서 혈연적 친소원근親疏遠近의 차등에 따라 가족관계를 대종大宗과 소종小宗으로 구분하여 혈통의 영속과 친속의 외연관계를 규율한 사회제도이다. 한 개인의 사망 시 종법제에 따라 각기 상이한 상복을 입고 장례에 참여하게 된다. 이러한 친속간의 혈연적 관계는 그대로 법제도에 수용되어 동일한 범죄일 지라도 가해자와 피해자의 혈연관계에 따라 형벌이 차등 적용된다. 여기서 특기할 만한 것은 나(기己)를 기점으로 혈연적으로 직계 존속에 대해서는 가장 극진한 예우를 요구하며 반대로 비속에 대해서는 직계보다 방계에 대한 엄격한 태도를 요구하고 있다는 점이다. 이를테면 연장자에 대한 구타의 경우 직계존속에 대한 구타는 엄한 형벌에 처하지만 방계존속에 대해서는 촌수가 멀어짐에 따라 그에 상응하여 형벌이 완화되고 있다. 반대로 직계비속에 대한 범죄보다 오히려 방계비속에 대한 범죄의 형벌이 더 무겁게 되어 있다. 직계존속에 대한 형벌이 무거운 것은 효의 지극한 원리가 반영된 때문이고 직계비속에 대한 범죄의 형량을 완화한 것은 자식에 대한 부모의 애정이 생래적인 것이라 굳이 법으로 강요할 성질의 것이 아니라는 의도가 반영된 때문이다. 이는 효를 강조하는 그 대상이 대체로 자식을 둔 사람이 연로한 부모를 모시고 살아가는 경우를 대상으로 하고 있는 것을 보아도 알 수 있는 사실이다. 자식에 대한 부모의 사랑은 본래적인 것이라 천륜에 따라도 무방하나 부모에 대한 공경스런 태도는 자식에 대한 애정에 비해 소홀히 할 수 있는 여지가 많기 때문이다. 이는 효의 덕목으로 '군자는 자기 자식을 품에 안지 않는다(君子不抱子)'라는 전통윤리의 덕목을 보아도 잘 알 수 있다. 이러한 법제도는 인간 본연의 생래적인 정서와 심리를 토대로 정립된 제도라는 점을 확인 할 수 있다.

2. 부부관계

주역 계사전繫辭傳에는 다음과 같은 구절이 나온다.

> "하늘은 높고 땅은 낮으니 건괘乾卦와 곤괘坤卦가 정해진다. 낮은 것과 높은 것이 펼쳐지니 귀한 효(爻)와 천한 효(六爻)가 자리를 잡는다. (중략) 건乾의 도에

의해 남성이 이루어지며 곤坤의 도에 의해 여성이 이루어진다. 건의 도는 모든 것이 그것에서 비롯되는 창생蒼生의 시원임을 보여주니 곤의 도는 건의 도에 따라 모든 만물을 이루어 내는구나."[28]

하늘의 이치에서 사회제도의 정당화 근거를 모색한 중국적 사유방식은 남녀의 결합인 부부관계에서도 이러한 원리를 잘 반영하고 있다. 부부의 결합은 이성적 판단에 따른 계약의 산물이 아니라 하늘이 맺어준 지극한 연분이다. 그러므로 종신토록 변함없이 부부관계를 잘 유지하기 위해 서로 상응하는 노력을 해야 한다.[29] 그러나 고대사회의 일반적 현상인 부계중심, 혹은 남성중심 사회관은 법제도에도 그대로 반영되어 있다. 이 중 돋보이는 것은 칠거지악七去之惡인데 그렇다고 함부로 아내를 축출할 수 있는 것은 아니었다. 칠거지악에 우선하는 삼불거三不去의 원칙이 이러한 불합리를 견제하고 있다.[30] 당률에는 삼불거의 이유가 있음에도 출처出妻한 경우 장형 80에 처한다고 규정되어 있다.[31] 남성중심이 보편화된 고대사회에서 약자인 아내를 보호하기 위한 규정으로 작용하고 있다. 이 밖에 합의이혼과 혼인무효 혹은 강제이혼 등의 규정들이 상세하게 규정되어 있는데 대체로 개인의 혼인의사를 존중하되 도

---

28 『周易』. 繫辭上. "天尊地卑, 乾坤定矣. 卑高以陳, 貴賤位矣. ……乾道成男, 坤道成女. 乾知大始, 坤作成物."

29 『小學』. 「明倫」. "信事人也, 信婦德也. 一與之齊, 終身不改."

30 『大明律』. 「戶婚」. 出處 "凡妻无应出及义绝之状, 而出之者杖八十, 虽犯七出, 有三不去, 而出之者减二等. 追还完聚" 『大戴禮記』. 「本命」. 第八十 "婦有七去:不順父母去 , 無子去 , 淫去 , 妒去 , 有惡疾去 , 多言去 , 竊盜去°不順父母. ……婦有三不去:有所取無所歸 , 不去 ; 與更三年喪 , 不去 ; 前貧賤後富貴 , 不去°"

31 『唐律疏議』 戶婚 189조 "諸妻無七出及義絕之狀 , 而出之者 , 徒一年半 ; 雖犯七出 , 有三不去 , 而出之者 , 杖一百°追還合°若犯惡疾及姦者 , 不用此律°" 김택민. 2008. 『동양법의 일반원칙』. 아카넷. 261쪽.

의와 보편적 사회윤리에 심하게 위반된 경우에 그에 상응하여 처리되었다.[32]

이 밖에 전통 사회에서는 결혼이 사인간의 일임에도 불구하고 이를 국가적 차원서 세심하게 규제하면서 한편으로는 적령기에 찬 남녀의 결혼을 독려하기도 했다. 결혼을 못한 사람에 대한 관공서의 시책이 법전에 규정된 것은 아니지만 각종 행정을 통해 지방관들에게 수시로 독려되었다. 이는 국가의 통치행위는 천지자연의 이치를 대신해 이를 인문세계에 펼쳐나가야 한다는 근본정신에서 비롯된 것이라고 하겠다. 국가는 백성에 대한 권력적 지배자가 아니라 천도의 대행자, 즉 본래 자연스럽게 펼쳐져야할 백성들의 삶을 조화롭게 조정하고 관리해야 한다는 믿음에서 비롯된 시책이다.

3. 효 개념의 법제화와 그 의미

맹자에는 다음과 같은 말이 나온다. "불효가 셋이 있는데 그 가운데 자손을 못 낳아 조상의 대를 끊기게 하는 것이 제일 크다."[33] 효는 부모님의 낳아 기른 깊은 정을 부모에게로 되돌리는 보본반시報本返始의 정감이다. 이는 사람됨의 근본이니 유가에서 인仁의 근본은 다름 아닌 효라고 강조한 것은 시간의 연속선상에서 끊임없이 이어져 가야하는 인간 생존의 토대이기 때문이다. 그 때문에 효경孝經은 "오형五刑에 속하는 죄목이 수천가지나 되지만 그중에서도 불효보다 더 큰 죄가 없다"고 할

32 김택민. 앞의 책. 261쪽 이하.

33 『孟子』. 「離婁」. "孟子曰, 不孝有三, 無後爲大. 舜不告而娶, 爲無後也, 君子以爲猶告也."

정도이다.[34] 부모에게 효도를 다하는 마음가짐은 그대로 존장자에 대한 예의로 나타나게 되고 형제간에 우애를 보장하며 자식에 대한 자애로움을 다하는 태도를 심어준다. 효경에 효의 시작은 부모로부터 받은 신체를 온전히 간수하는 데서 비롯하여 세상에 훌륭한 이름을 날리는 것이 효의 끝이라는 말에서 보듯이[35], 효는 부자간의 바람직한 혈연적 관계에서 더 나아가 사회적 인격체로 성장해 훌륭한 삶을 살아가는 완성된 인간상을 보장한다. 그러므로 효는 만행의 근본이라고 하는 것이다. 즉 효는 자기충실에서 부모봉양 그리고 여력을 사회에 돌려 많은 사람에게 봉사하고 마지막으로 완성된 사람이 되는 것을 말한다.[36]

동양의 전통사회는 효를 가장 중요한 덕목을 여겼다. 이는 단순히 도덕적 차원에서 자율적인 준수를 기대하는 데서 머물지 않고 국가적 차원에서 이를 장려하고 교육시켰으며 엄한 형벌로 효의 준수를 촉구하기 까지 했다. 당률과 대명률에 규정된 열 가지 중대한 범죄행위(십악十惡)에 효에 관한 항목이 들어있는 있는 것이 그래서이다.[37]

중국 전통사회에서는 농사에 지장을 주지 않기 위해 형벌집행은 농한기에 행해졌다. 추분에서부터 춘분까지의 기간이 형벌을 집행할 수 있는 기간인데 십악은 사안의 엄중성으로 인해 이러한 원칙이 적용되지 않는 예외적인 경우에 해당한다. 이를 부대시不待時형벌이라 한다. 십악 중 효를 중심으로 하는 가정윤리에 관한 항목이 세 가지나 들어있다. 이는

---

34 『孝經』. 「五刑」. "伍刑之屬三千, 罪莫大於不孝."

35 『孝經』. 「開宗明義」. "身體髮膚受之父母不敢毁傷孝之始也. 立身行道揚名於後世以顯父母孝之終也."

36 김충렬. 1988. 『중국철학산고 I』. 온누리. 89쪽.

37 『唐律疏議』. 「名例」. "四曰惡逆°謂毆及謀殺祖父母´父母, 殺伯叔父母´姑´兄姊´外祖父母´夫´夫之祖父母´父母°". 같은 곳. "七曰不孝°謂告言´詛詈祖父母父母, 及祖父母父母在, 別籍´異財, 若供養有闕; 居父母喪, 身自嫁娶, 若作樂, 釋服從吉; 聞祖父母父母喪, 匿不擧哀, 詐稱祖父母父母死°" 같은 곳. "八曰不睦°謂謀殺及賣緦麻以上親, 毆告夫及大功以上尊長´小功尊屬°"

국가가 사적 집단인 가정 내의 문제에 깊이 간여하려는 권력남용의 모습이 아니라 천지자연의 숭고한 이치가 잘 구현되도록 관리하고 조절하는 것이 통치자가 하늘로부터 부여받은 임무라는 통치철학이 담겨있는 제도다.

4. 사회윤리, 공과 사의 일원적 연계성

사회윤리에 대한 국가의 권고와 규제도 같은 이유에서 이해가능하다. 맹자의 오륜五倫은 가정윤리의 확대된 모습이 사회윤리요 국가윤리임을 말하고 있다. 대학의 충서忠恕의 도와 혈구絜矩의 도, 충신忠信의 원리, 그리고 중용의 신독愼獨 또한 자유와 권리를 향유하는 독립된 주체로서의 인간상을 염두에 두고 강조되는 것이 아니다. 동양 사회에서의 인간은 철저히 사회적 관계적 존재로서의 인간이요 이 또한 하늘로부터 부여받은 본성을 온전하게 잘 발양시켜 뭇 사람들과 더불어 공존공영共存共榮할 수 있는 삶을 구현해야할 존재다. 그러므로 사私의 영역은 공公의 세계로 열려있고 공의 영역 내에 허용 가능한 사의 자리가 보장된다.[38] 요컨대 모든 인간은 그가 차지하고 있는 사회적 위상에 따라서 공과 사의 영역이 매 상황에 따라 부단히 변하면서 주변상황과 적절히 조화를 이루면서 살아가고 있는 것이다.[39] 이는 사회적 계약의 산물이 아니요 오랜 세월 인류가 사회를 이루고 살아오면서 터득한 사회구성의 원리다. 그러므로 이러한 동양사회에서의 윤리규범은 누구나 쉽게 깨달아 편안하게 실천할 수 있는 용이성을 특징으로 한다. 국가권력에 의해 관

---

38 『宋元學案』「伊川學案」上 "公則一, 私則萬殊. 至當歸一, 精義無二. 人心不同如面, 正是私心."

39 이재룡. 2002.「유교사회사상에서의 자유와 평등」.『법철학연구』5-2. 177쪽.

철되는 법규범도 이러한 기본적 특성에서 크게 벗어나지 않는다.[40] 그러므로 자손이 조부모나 부모의 명령에 위반한 경우 장형 일백에 처해진다는 규정이 당연시되었다.[41]

V. 국가통치질서의 생명중심사상

중용은 세상의 이치를 깨달은 성인聖人의 위대한 통치를 다음과 같이 장엄하게 토로하고 있다.

> "성인이 갖추신 덕성과 지혜와 교화는 너무나 깊고 넓어서 그 위력이 닿지 않는 곳이 없을 정도이다. 마치 깊은 연못과 같이 심원하고 넓은 바다와 같이 광대하니 성인의 덕은 하늘의 덕과 일치한다. 성인의 덕이 발현하면 백성들은 모두 그를 존경하여 가지런해지기를 원하고 언어와 문자로써 교화하면 백성들은 그를 하늘처럼 믿으며, 행동으로 백성들에게 베푸시면 백성들은 마치 단비를 맞이한 듯 기뻐한다. 그의 영향력은 한 가정에서 부터, 마을·고을·국가를 넘어

40 이를테면 현대형법에서 책임조각사유로 인정되는 친족상도에 대한 대명률의 규정은 이와 매우 다르다. 엄연한 범죄로 취급하고 있다. 『大明律』「刑律」 親屬相盜 "凡各居親屬相盜財物者期親減凡人伍等大功減四等小功減三等緦麻減二等無服之親減一等並免刺若行強盜者尊長犯卑幼亦各依上減罪卑幼犯尊長以凡人論若有殺傷者各依殺傷尊長卑幼本律從重論."

41 『大明律』「刑律」子孫違犯教令 "凡子孫違犯祖父母父母教令, 及奉養有缺者杖一百."

> 서 사방 천지의 먼 미개국에 까지 전파되어 모두를 포용한다. 배와 수레가 이르는 곳 어디든지, 사람의 발길이 다다르는 곳, 하늘이 덮고 땅이 만물을 담고 있는 천지지간, 해와 달이 비치는 곳, 이슬과 서리가 내리는 곳 어디에서든 무릇 혈기와 생명을 지닌 것 어느 하나 서로 친애하고 어우러져서 생을 구가하지 않음이 없으니, 이것이 곧 성스러운 덕이 하늘의 덕과 짝을 이루었다고 하는 배천配天의 지극한 경지이다."[42]

지혜와 덕성을 온전히 갖춘 성인聖人이 임하는 국가통치의 성스런 모습이 이와 같다. 아무리 현실이 암담하고 불합리해도 국가가 이런 경지를 이룰 수 있다는 희망을 결코 저버리지 않은 채 일관되게 고집하고 관철시키려는 국가철학이 인류역사상 그렇게 흔한 일인가?

중국철학의 이러한 기저는 각종 법제도에도 반영되어 나타난다. 주례周禮는 산천초목의 모든 동식물들을 잘 관리해야 백성들이 풍족한 삶을 누리고 살 수 있으며 그런 삶의 환경이 조성되어야 인애와 도의를 행할 수 있는 사회 환경이 이루어질 수 있음을 말하고 있다.[43]

---

42 『中庸』30章 "唯天下至聖, …… 溥博淵泉, 而時出之. 溥博如天, 淵泉如淵. 見而民莫不敬, 言而民莫不信, 行而民莫不說. 是以聲名洋溢乎中國, 施及蠻貊; 舟車所至, 人力所通; 天之所覆, 地之所載, 日月所照, 霜露所隊; 凡有血氣者, 莫不尊親, 故曰配天."

43 『周禮』「地官司徒」第二 "以土會之法辨伍地之物生一曰山林其動物宜毛物其植物宜早物其民毛而方二曰川澤其動物宜鱗物其植物宜膏物其民黑而津三曰丘陵其動物宜羽物其植物宜覈物其民專而長四曰墳衍其動物宜介物其植物宜莢物其民晳而瘠伍曰原隰其動物宜覈物其植物宜叢物其民豐肉而庳. 因此伍物者民之常而施十有二教焉."

Ⅵ. 맺음말-동양의 생명중심사상과 현대 생명윤리의 문제

생명윤리의 문제는 생명의료윤리의 영역에서든 아니면 전 지구적인 환경윤리 혹은 생태윤리의 영역에서든 인간중심적 사유구조에서는 해결의 실마리를 찾기 어려워 보인다. 이는 주관적이고 감성적인 인간의 주체적 판단이 문화적 의미에서든 가치와 관련해서든 상대주의적 경향을 벗어날 수 없기 때문이다. 이 때문에 누구나 수긍할 수 있는 객관적 기준의 확보는 내용의 정당성 문제가 아니라 합의에 이르는 절차적 정의의 문제로 환원된다. 합의에 이르는 과정에는 현실적으로 다양한 변수가 작용하기 때문에 이러한 편차를 최소화하기 위해 매 순간 엄정한 전제조건이 설정되어야 한다. '근원적 지위'나 '무지의 베일'에서 추구하는 '공정의 원칙'이나 '이상적 대화상황'을 통해 확인되는 보편화원칙은 결국 합의에 이르는 절차를 통해 확립된 결과를 내용적으로도 정당한 것으로 추인하려는 도피적 태도이다.[44] 합의에 이르는 절차는 의지의 결단을 통해 확립된 내용적 정당성 보다는 그나마 객관성을 담지하고 있기 때문이다. 이러한 논의의 복잡성과 어려움은 결국 인간의 인간에 대한 회의적 태도 즉 주관적 인간상에서 비롯된다는 점을 의미한다. 이러한 정신사에서 볼 때 현대 생명윤리학이 안고 있는 문제의 해결에는 끊임없는 이의와 항변이 수반될 수밖에 없는 구조를 내재하고 있다. 그렇다면 소략하나마 지금껏 살펴 본 동양사상에 의할 때 어떠한 입론이 가능할 것인가?

대답은 비교적 간단하며 명료하고 더욱이 현실적일 수도 있다. 즉 복잡한 결단이 요구되는 사안에서 판단의 기준을 엄정한 자연의 순리에

---

44 Kurt Sellmann. Rechtphilosophie. 2000. 『법철학』. 윤재왕 역. 길안사. 211쪽.

따라 그에 상응하는 절차에 따라 결정하면 된다. 이를테면 인공기기의 도움으로 생명을 연장하는 환자의 경우 이를 제거하는 것이 살인행위가 아닌가라는 물음에 동양사상은 결코 그렇게 말하지 않는다. 자연에는 인공기기에 의해 생명을 연장하는 현상은 존재하지 않기 때문이다. 장기이식의 문제도 또한 마찬가지로 이해될 수 있다. 타인의 장기를 이식받는 경우 장기공여자는 장기적출 순간에 사망하기 때문에 이 경우에 두 생명 가치의 우열을 논할 수는 없다. 뇌사판정을 받은 자의 생명을 이미 사망한 것으로 볼 경우에만 이러한 행위가 정당화된다. 그러나 이식에 필요한 장기는 분명 살아있어야 의미가 있다. 그러므로 살아있는 장기를 적출해내는 행위는 살인행위가 아니라고 단언할 수는 없을 것이다. 이 때문에 동양사상에서 볼 때 장기이식은 여하한 경우에도 정당화될 수 없다고 본다. 인간의 생명은 하늘이 부여해 준 것이고 마찬가지로 하늘이 거두어 간다는 인명재천人命在天관이 이를 잘 보여주고 있다. 생명권이 최고의 권리인 이면에는 그에 상응하는 죽음을 겸허히 받아들여야 하는 모습 또한 인간이 하늘에 보여야할 마땅한 태도다.[45] 죽음을 나를 보내준 근원으로 다시 되돌아간다는 '돌아가심'으로 표현하는 우리말의 깊은 의미도 그와 같다고 생각된다.

뇌사의 판정은 어떠한가? 동양철학은 오늘날처럼 과학이 광속도로 발전하던 환경에서 형성된 것이 아니니 이에 대해 쉽사리 말할 수는 없다. 동양 고대 사회에서는 자연의 순리에 따라 호흡이 멎고 심장박동이 정지된 상태를 죽음으로 이해했으니 뇌사상태와 같은 세밀한 생과 사의 경계를 논할 수는 없다. 그러나 죽음 후에 며칠의 여유를 두고 유족

---

45 Hans Jonas. Technok, Medizin und Ethik-Zur Praxis des Prinzips Verantwwortung. 2005. 『기술, 의학, 윤리』. 이유택 역. 솔출판사. 252쪽. 저자는 여기서 죽임이 임박한 환자의 고통을 경감시키기 위해 생명 연장 장치를 제거하는 행위는 허용될 뿐만 아니라 그래야 마땅하다고 강조하고 있다.

들이 단계적으로 죽음을 받아들이는 장례절차는 호흡의 정지가 완전한 죽음을 의미한 것이 아닐 수도 있음을 암시하기도 한다. 더욱이 시신을 엄숙하고 정성스레 거두어 안장하는 태도에서 고인의 장기적출을 의미 있는 일로 평가할 수는 없을 것이다.

그렇다면 인공장기 이식의 문제는 어떻게 평가되어야 하는가? 인공장기이식의 문제는 생명윤리분야에서 심각하게 논의되는 사안이 아니다. 이는 마치 빠진 이를 보완하기 위해 인공치아를 넣는 것과 마찬가지로 자신의 노력과 재산으로 행하는 의료행위기에 사회적 문제를 야기할 사안은 아니다. 그러나 이 또한 부를 향유한 자들만의 부정의한 행태라는 비난은 이와는 다른 차원의 문제다. 즉 나의 부를 나를 위해 사용하는 것이 왜 비난 받아야 하는 가라는 항변이, 혹은 너의 부는 사회에서 거두어들인 것이니 사회를 위해 다시 내놓으라는 항변은 또 다른 사회철학 영역에서의 문제다.

인간이 누려야할 최소한도의 산물을 제공받아 삶을 영위해야 한다는 동양사상은 환경생태윤리의 측면에서도 올바른 환경보호원칙을 제공할 수 있다. 번식기에 수렵을 금하는 조치나 그물의 크기를 제한하는 조치, 벌목을 함부로 못하게 하여 산림자원을 보호하려는 시책 등은 동양사회의 전 역사를 통해 유지되어 왔다. 자연은 착취의 대상이 아니요 우리 삶의 터전이며 더 나아가 자연의 뭇 생명들이 조화롭게 생명가치를 드높이는 경개가 아름다운 우리 삶의 모습이며 도와 덕이 온전히 발현되는 인仁의 세계이기 때문이다. 천지자연의 법도에 따라 펼쳐지는 대화해大和諧의 인문세계를 다시 되살릴 수 있는 길은 없는 것인가?

참고문헌

『管子』

『老子』

『論語』

『唐律疏議』

『大明律』

『孟子』

『文子要詮』

『小學』

『宋元學案』

『尸子』

『禮記』

『周易』

『中庸』

『春秋左傳』

김문정. 2014.「H. 요나스의 생명철학과 '생명에의 윤리'」.『생명윤리』 15-1: 57-71.

김상득. 2014.「생명윤리학의 탄생」.『대동철학』 67: 229-248.

김충렬. 1988.『중국철학산고Ⅰ』. 온누리.

김충렬. 1994.『중국철학사』. 예문서원.

김택민. 2008.『동양법의 일반원칙』. 아카넷.

박이문. 1990.『자비의 윤리학』. 철학과 현실사.

方東美. 民國 71.『中國人生哲學』. 臺北 黎明文化事業公司.

이을상. 2006.「생명윤리학의 접근방법과 도덕적 정당화를 위한 규범이론적 근거의 모색」. 『철학논총』 46: 267-293.
이재룡. 1997.「법, 자연과 인간의 가교」. 『중국철학』 5: 239-273.
이재룡. 2002.「유교사회사상에서의 자유와 평등」. 『법철학연구』 5-2: 173-186.
Aristoteles. Nicomacheia. 1987. 『윤리학』. 최명관 역. 성창출판사.
F. Copleston. A Histiry of Philosophy: Volume 1. 1998. 『그리스 로마 철학사』. 김보현 역. 철학과 현실사.
Hans Jonas. 1989. Das Prinzip Verantwortung. Suhrkamp Verlag. S29. 『책임의 원칙-기술시대의 생태학적 윤리』. 이진우 역. 1994. 서광사.
Hans Jonas Technok, Medizin und Ethik-Zur Praxis des Prinzips Verantwwortung. 2005. 『기술, 의학, 윤리』. 이유택 역. 솔출판사.
Kurt Sellmann. Rechtphilosophie. 2000. 『법철학』. 윤재왕 역. 길안사.

동양사상의 시대 진단과 비전

'3수 분화의 세계관(1-3-9-91)'과 삼계三界 조화의 생명사상

| 우 실 하

'3수 분화의 세계관(1-3-9-91)'과 삼계三界 조화의 생명사상

—

우 실 하

I. 글을 시작하며

이 글은 필자가 연구 중인 북방 샤머니즘의 고유한 사유체계인 '3수 분화의 세계관(1-3-9-81)'에서 보이는 생명사상에 대해서 소개하고, 이러한 사유체계가 21세기 신인류에게 어떠한 의미를 제시할 수 있는 지를 검토해보기 위한 것이다.

II. '3수 분화의 세계관'에 대한 간략한 소개

필자는 이미 여러 편의 논문과 책을 통해서 북방 샤머니즘의 사유체계인 '3수 분화의 세계관'에 대해서 소개한 바 있다. 이 글의 논의를 위해서 '3수 분화의 세계관'에 대해 간략히 소개하기로 한다. 아래에는 필자의 『3수 분화의 세계관: 동북아 모태문화, 유라시아 모태문화』의 결

론 부분에서 정리한 것을 다듬고 참고 사진을 덧붙인 것이다.[01]

첫째, '3수 분화의 세계관'을 이루는 가장 핵심적인 논리인 '하나이면서 셋이고 셋이면서 하나'라는 삼일(3.1, Three in one)관념은, 신으로 여겼던 태양太陽神이 3개가 떠오르는 '환일幻日(:Sundog, Mock sun, Parhelion)현상'에서 기원한 것이다.

태양신이 어느 날 3개로 떠오르는 모습에 경악했을 고대인들은, 다음 날 1개의 태양이 떠올라도 "저 안에는 3개가 있다"는 3.1관념을 자연스럽게 가질 수밖에 없었을 것이라고 본다.[02]

〈자료 1〉 환일 현상과 3개의 태양

* 2009년 2월 18일 미국 노스-다코다주(North Dakota) 파고(Fargo)[03]

---

01 우실하. 2012. 『3수 분화의 세계관』. 소나무. 295-297쪽.

02 이에 대해서 상세한 것은 우실하. 2012. 『3수 분화의 세계관』. '제6장, '3수 분화의 세계관'의 기원과 환일현상'을 참조하시오.

03 http://en.wikipedia.org/wiki/Sun_dog 의 사진 자료

둘째, '3수 분화의 세계관'이 최초로 체계화된 것은 80년대 이후 만주 지역에서 새롭게 발견된 요하문명遼河文明의 핵심적인 신석기문화인 홍산문화紅山文化(B.C. 4500-B.C. 3000) 시기 특히 후기(B.C. 3500-B.C. 3000)라고 본다.[04]

셋째, '3수 분화의 세계관'은 기본적으로 우주를 3층 9층으로 나누는 삼계구천설三界九天說과 그 여러 층의 세계들을 연결하는 우주수宇宙樹 관념을 통해서 우주를 이해하고 있다.

넷째, '3수 분화의 세계관'은 '하나이면서 셋이고 셋이면서 하나'라는 3.1관념에 입각한 3.1철학을 본체론本體論으로 지니고 있다.

다섯째, '3수 분화의 세계관'은 3.1관념을 바탕으로 하나에서 셋으로 지속적으로 분화하는 '3수 분화의 프랙탈(fractal) 구조'를 자기 전개의 우주론宇宙論을 지니고 있다.

여섯째, '3수 분화의 세계관'에서는 '3수 분화' 과정에서 생성된 수들 가운데, (1) 3은 '변화의 계기수(Number of Chance for Change)', (2) 9(3×3)는 '변화의 완성수(Number of Completing Change)', (3) 81(9×9)은 '우주적 완성수(Number of Universal Completeness)'라는 상징성을 지닌 성수聖數로 사용된다.

일곱째, '3수 분화의 세계관'은, (1) 동북아시아에서는 선도, 신선사상, 도가, 도교, 풍류도, 대종교, (2) 북유럽에서는 켈트족의 드루이드교(Druidism) 등으로 철학화 혹은 종교화된다.

여덟째, '3수 분화의 세계관'의 핵심 논리인 '하나이면서 셋이고 셋이면서 하나'인 3.1관념은, (1) 동북아시아에서는 삼일태극도三一太極圖로, (2) 북유럽에서는 켈트족과 드루이드교를 중심으로 사용되던 트

---

04 이에 대해서 상세한 것은 우실하. 2016. 『3수 분화의 세계관』. '제7장. 홍산문화와 '3수 분화의 세계관'의 체계화'를 참조하시오.

라이스켈(Triskel), 트리플 스파이럴(Triple spiral), 트라이퀴트라(Triquetra, Triqueta), 오원(Awen), 3잎 크로버 샴록(Shamrock), 트리플-트리플 스파이럴(Triple Triple Spiral) 등으로 도상화 된다.

〈자료 2〉 켈트족의 3.1(Three in one)관념의 상징 도상들[05]

명칭	도형	기원과 의미
트라이퀴트라 Triquetra (Triqueta)		• 세 마리의 물고기가 얽혀 있는 도상 • 켈트족의 3.1신을 상징하던 것이 기독교 유입이후 켈트족 교회에서도 삼위일체의 상징으로 사용됨
오원 (Awen)		• 오원은 3줄기의 빛을 상징하는 3개의 기둥과 그 위의 3개의 점으로 구성 • 고대 켈트족 언어에서 영감(inspiration), 본질(essence) 등을 의미하는 것으로, (1) 좌측 기둥과 점은 여성 에너지, (2) 우측 기둥과 점은 남성 에너지, (3) 가운데 기둥과 점은 둘의 조화를 의미한다. • 또한 (1) 드루이드의 3가지 미덕인 용기(Courage), 형제애(Brotherhood), 헌신적 봉사(Selfless service), (2) 하늘, 땅, 바다, (3) 몸, 마음, 영혼, (4) 사랑, 지혜, 진리 등을 의미하기도 한다.
샴록 (Shamrock)		• 3잎 크로버로 현재 아일랜드의 국장(國章)이기도 하다. • 가장 오래된 켈트족의 도상 가운데 하나로 3.1(Three in one) 관념을 상징하며 악을 물리치는 마력을 지닌 것으로 본다. • 이 도상은, (1) 켈트족의 삼계관인 하늘, 땅, 바다, (2) 삶의 3과정, (3) 드루이드의 3가지 미덕 등을 상징한다.

05 우실하. 2012.『3수 분화의 세계관』. 292쪽 〈자료 9-3〉.

트라이스켈 (Triskel) = 트리플 스파이럴 (Triple spiral) = 셀틱 스파이럴 (Celtic Spiral)		• 동심원 3개가 3가지로 뻗은 도상으로 다양한 모양의 변형문들이 있다. • 켈트족의 드루이드교에서, (1) 땅, 바람, 불, (2) 드루이드의 3가지 미덕인 용기, 형제애, 헌신적 봉사, (3) 삶의 3단계인 시기를 의미하기도 한다.
트리플- 트리플 스파이럴 (Triple Triple Spiral)		• 3가닥으로 회전하는 트리플 스피랄(Triple spiral) 3개가 원 안에 모여 있는 도상 • 트리플 스피랄의 모든 의미를 지니고 있고, 그 의미를 증폭시킨다.

아홉째, '3수 분화의 세계관'은, (1) 홍산문화 시기에 최초로 체계화되어, (2) 북방 샤머니즘 안에 잘 보존되어있으며, (3) 북방 유라시아

초원 루트를 통한 민족과 문화의 이동, 교류, 전파를 통해서 중앙아시아 샤머니즘, 북유럽신화, 고대 켈트족의 드루이드교 등을 통해 이들의 기층문화에 전승되고 있고, (4) 몽골리안 루트를 따라 간헐적으로 이동이 이루어진 남-북 아메리카 지역에서도 전승되고 있으며, (5) 기원전 2000-1500년 대대적인 고대 아리안족의 남방 이동으로 이들이 점령한 인더스 문명 지역에도 일부 전승되고 있으며, (6) 한반도 쪽으로는 내려오면서 선도와 풍류도 그리고 대종교 등 각종 민족종교와 기층문화에 전승되고 있으며, (7) 중원 쪽으로 남하하면서 신선사상, 도가, 황노학, 도교 등과 기층문화에 전승되고 있다.

북방 유라시아 초원 벨트에서 공유되던 '3수 분화의 세계관'은, 고대 북유럽의 여러 민족들의 이동과 교류를 통해 프랑스 남부 갈리아 지역이나 스페인 지역까지도 일부 전승되고 있다.

〈자료 3〉 '3수 분화의 세계관(1-3-9-81)' 정리[06]

3.1관념의 기원	1. '환일幻日(:Sundog, Mock sun, Parhelion)현상' 2. '세 가닥으로 꼬인 탯줄'은 일상적 생활세계에서 3.1관념을 지속시키고 확산시키는 역할을 함. (탯줄-새끼줄-뱀)
최초의 체계화	• 홍산문화紅山文化(:B.C. 4500-B.C. 3000) 특히 후기(B.C. 3500-B.C. 3000) 시기
우주관	• 삼계구천설三界九天說, 우주수宇宙樹
본체론	• '하나이면서 셋이고 셋이면서 하나'인 3.1철학
우주론	• '3수 분화의 프랙탈(fractal) 구조'
성수聖數	1. '변화의 계기수(Number of Chance for Change)' 3 2. '변화의 완성수(Number of Completing Change)' 9(3×3) 3. '우주적 완성수(Number of Universal Completeness)' 81(9×9)
철학화, 종교화	1. 동양 : 선도, 신선사상, 도가, 도교, 풍류도, 대종교 2. 서양 : 켈트족의 드루이드교(Druidism)

06 같은 책, 298쪽 〈자료 9-6〉.

상징 도상	1. 동양에서 3.1관념을 도상화한 것이 삼일태극三一太極圖 2. 북유럽의 켈트족과 드루이드교를 중심으로 사용되던 트라이스켈(Triskel), 트리플 스피랄(Triple spiral), 트라이퀴트라(Triquetra, Triqueta), 오원(Awen), 3잎 크로버인 샴록(Shamrock), 트리플-트리플 스피랄 (Triple Triple Spiral) 등
확산	1. 홍산문화 후기(B.C. 3500–B.C. 3000)에 최초로 체계화된다. 2. 북방 샤머니즘 안에 잘 보존되어있다. 3. 북방 초원 루트를 통한 민족과 문화의 이동, 교류, 전파를 통해서 중앙아시아 샤머니즘과, 북유럽신화, 고대 켈트족의 드루이드교 등을 통해 기층문화에 전승되고 있다. 4. 몽골리안 루트를 따라 간헐적으로 이동이 이루어진 남–북 아메리카 지역에서도 전승되고 있다. 5. 기원전 2000–1500년 대대적인 고대 아리안족의 남방 이동으로 이들이 점령한 인더스 문명 지역에도 일부 전승되고 있다. 6. 한반도 쪽으로는 내려오면서 선도와 풍류도 그리고 각종 민족종교에 전승되고 있다. 7. 중원 쪽으로 남하하면서 신선사상, 도가, 황노학, 도교 등에 전승되고 있다.

III. 삼계관三界觀과 천지인=삼재론=원방각 개념의 기원

'3수 분화의 세계관'에서 보는 생명사상의 기본적인 토대는, (1) 하늘세계天界(:신의 세계), (2) 지하세계地界(:죽은 자의 세계), (3) 인간세계人界(:사람의 세계)로 나뉜 삼계三界의 조화를 추구하는 것이다.

이러한 생명사상을 이해하기 위해서는, (1) 북방 샤머니즘의 삼계관과 원방각 개념의 기원, (2) 삼계관이 한자문화권에서 변형-왜곡된 천지인 삼재관三才觀, (3) 유교의 음양론에 입각한 혼백론魂魄論과는 다른 삼혼론三魂論 등에 대해 살펴볼 필요가 있다.

북방 샤머니즘에서는 우주를 3층三層으로 나누는 삼계관三界觀이 보편적으로 존재하였다. 각 민족마다 명칭이 조금씩 다르긴 하지만 기본적인 형태는 비슷하다. 삼계관은 우주를, (1) 천상세계天上世界=天界=

上界=神界, (2) 지하세계地下世界=地界=下界=死者世界, (3) 인간세계人間世界=人界=中界=人間界의 3층으로 구성되어 있다고 보는 북방 샤머니즘의 우주관이다.[07] 샤먼은 이 삼계를 자유롭게 왕복하며 '천상세계의 신'과 '지하세계의 사자의 영혼'을 '인간세계의 인간'과 연결해 주는 존재였다.

북방 샤머니즘에서는 신석기시대 이후로, (1) 천상세계는 원형圓形으로, (2) 지하세계는 방형方形으로, (3) 인간세계는 삼각형三角形으로 도형화圖形化하였다. 최초로 이러한 개념이 구체적인 유물로 보이는 것이 만주 서부 지역의 홍산문화紅山文化(:기원전 4500-3000) 시기이다. 아래에서는 필자가 이미 발표한 글에서 이 부분을 정리해서 소개한다.[08]

〈자료 4〉 별이 둥근 점으로 표기된 고대 천문도

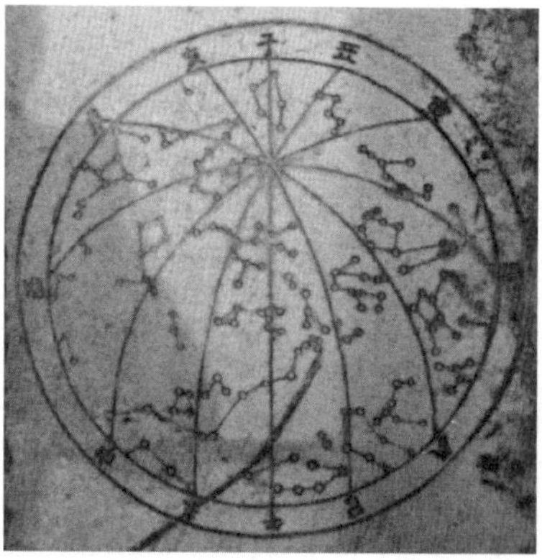

4-1. 국립중앙과학관에 전시된 석각천문

4-2. 고구려 오회분 4호묘 천문도

07 富育光. 1990.「薩滿教與神話」. 瀋陽: 遼寧大學出版社. 20-27쪽 참조.
08 우실하. 2015.「홍산문화紅山文化 옥벽玉璧의 상징적 의미와 샤먼의 위계位階」.『고조선단군학』 제33호. 고조선단군학회. 114-118쪽.

첫째, 천상세계天上世界=天界=上界=神界가 원형圓形으로 상징화한 것은 하늘에 있는 태양, 달, 별 등이 모두 둥글기 때문이다. 현대인들은 별을 그릴 때 대부분 '5개의 각진 모습(★)'으로 그리지만 고대 동양의 천문도에서는 모두 '둥근 점(●)'으로 표시된다.

둘째, 지하세계地下世界=地界=下界=死者世界가 방형으로 상징되는 것은, 지하세계는 땅 밑에 있어서 넓고 평평한 대지를 형상화한 것이기 때문이다. 천상세계를 원형으로 지하세계를 방형으로 상징화하는 이런 관념이 후대의 천원지방天圓地方 관념으로 이어진 것이다.

셋째, 인간세계人間世界=人界=中界=人間界가 삼각형으로 상징되는 것은 인간이 주거하는 최초의 집이 모두 삼각형의 모습을 하고 있었기 때문이다.

북방 샤머니즘의 삼계관이 한자문화권에서는 천지인 삼재론으로 변형되어 수용된다. 천-지-인을 각각 원-방-각으로 상징화하면서도, 인人을 삼각형으로 상징하는 것은 그간 이해가 잘 안 되는 것이었다. 이것은 천지인 삼재론에서 '인人'을 - 북방샤머니즘의 삼계관에 따라 '인간세계'로 해석하지 않고 - 구체적인 몸을 지닌 한 명의 '사람'으로 오해했기 때문이다.

구석기시대의 주거지인 동굴과는 달리 신석기시대의 집들은 기둥을 세우고 풀이나 나뭇가지를 덮었는데, 그 외형은 모두 삼각형의 모습이었다. 이런 까닭에 고대인들은 인간세계를 대표하는 마을이나 집을 삼각형으로 상징화했던 것이라고 본다.[09]

09 우실하. 2015. 같은 논문. 116쪽.

〈자료 5〉 한국 서울 강동구 암사동유적지 신석기시대 주거지 복원

* B.C. 10000 – B.C. 5000: 2010.8. 필자 사진

〈자료 6〉 중국 심양시 신락유적지 주거지 복원

* B.C. 5000: 2009.7. 필자 사진

〈자료 7〉 내몽고 적봉시 홍산공원 홍산문화 주거지 복원

* B.C. 4500–B.C. 3000): 2007.8. 필자 사진

넷째, 북방 샤머니즘의 삼계관三界觀은 한자문화권에서는 음양론을 바탕으로 한 천지인天地人 삼재론三才論으로 변형-왜곡된다.

음양론陰陽論의 영향을 받은 삼재론에서는 보통, (1) 천天은 하늘세계가 아니라 양기陽氣로, (2) 지地는 지하세계가 아니라 음기陰氣로, (3) 인人은 인간세계가 아니라 음기와 양기가 합쳐서 형성된 구체적인 사람을 의미하는 것으로 변형-왜곡된다.

따라서 천원지방사상天圓地方思想을 토대로 천天=원圓, 지地=방方이라는 도형적 상징은 그대로 전승되지만, 인人=삼각형三角形이라는 상징은 거의 사용되지 않는다.

그러나 도가계통道家系統, 선도계통仙道系統에서는 천지인天地人=원방각圓方角 관념은 유지되고 있다. 예를 들어 대종교大倧敎에서는, (1) 교기敎旗인 천신교기天神敎旗=天旗에 천지인天地人=원방각圓方角이 결합된 도형을 사용하고 있고, (2) 대종교의 최고 지도자인 총전교總典敎의 의상에도 천지인=원방각의 도형이 그려져 있다.

〈자료 8〉 한국 대종교의 천지인=원방각 상징

8-1. 천신교기天神敎旗=天旗

8-2. 18대(2010.6.15.-2012.5.15.) 총전교 의상

다섯째, 이러한 삼계관에 입각한 원방각 관념은 요서 지역 신석기문화인 홍산문화(B.C. 4500 - B.C. 3000년) 후기(B.C. 3500 - B.C. 3000년)에 체계화된다. 홍산문화 후기에는 이미, (1) 원형의 천단天壇, (2) 방형의 지단地壇, (3) 각형의 여신전女神殿 등이 등장한다.

또한 제사용 의기로 사용된 옥벽玉璧도, (1) 원형옥벽, (2) 방형옥벽 혹은 방원형옥벽方圓形玉璧, (3) 삼각형의 각형옥벽角形玉璧, (4) 삼각형옥벽과 원형옥벽이 이어진 쌍련옥벽雙連玉璧, (5) 삼각형, 방형, 원형옥벽이 이어진 삼련옥벽三連玉璧 등이 발견된다. 필자는 이런 다양한 옥벽이 샤먼의 위계를 나타내는 것이라고 본다.[10]

〈자료 9〉 홍산문화 시기의 삼계관과 원방각 관념[11]

삼계관과 삼재론의 관계		제단	건축 재료	외부 형태	용도
북방 샤머니즘 본래의 三界觀	음양론에서의 三才論으로의 변형				
천상세계 =上界 =天界 =神界	天 =陽氣	3층 원구圜丘	적색 안산암赤色安山岩	원 ○	천신天神에게 제사
인간세계 =中界 =人界 =人間界	人 = 陰氣와 陽氣가 造化된 구체적인 '사람'	여신 묘女神廟	나무木, 흙土, 풀(草)	각 △	조상신祖上神에게 제사
지하세계 =下界 =地界 =死者世界	地 =陰氣	방단方壇	백색 석회암白色石灰巖	방 □	지신地神, 죽은 자의 영혼死者靈魂에 제사

10 같은 논문. 123-138쪽.

11 같은 논문. 122-123쪽 〈자료 10〉과 우실하. 2012.「3수 분화의 세계관」. 소나무 출판사. 220쪽 〈자료 7-25〉을 수정 보완하였다.

〈자료 10〉 홍산문화 각종 옥벽의 상징적 의미와 샤먼의 위계[12]

옥벽의 종류와 명칭	옥벽의 기본 형태		상징적 의미	샤먼의 역할	샤먼의 위계	
方形玉璧 方圓形玉璧, 鉞形玉璧	方形 ≒ 方圓形 ≒ 鉞形		통지의기 通地儀器 =通地神儀器 =通死者儀器	지하세계의 지신地神, 죽은 자의 영혼死者的灵魂과 교통	下級	下下
角型玉璧	三角型		통인의기 通人儀器 =通人神儀器 =通祖神儀器	씨족, 부족의 조상신祖上神과 교통		下中
圓形玉璧	圓形		통천의기 通天儀器 =通天神儀器	천상세계의 천진天神과 교통		下上
雙連玉璧	角型 (上部) + 圓形 (下部)	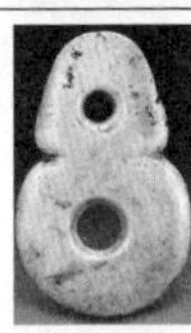	통천인의기 通天人儀器 =通天神人神儀器 =通天神祖神儀器	천상세계의 천진天神, 인간세계의 조상신祖上神과 모두 교통	中級	
三連玉璧	角型(上部) + 方形(中部) + 圓形(下部)	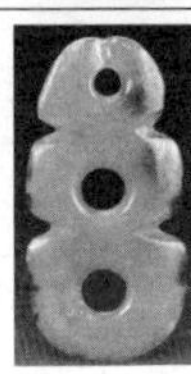	통천지인의기 通天地人儀器 =通天神地神人神 儀器 =通天神地神祖神 儀器	천진天神, 지신地神, 조상신祖上神과 모두 교통	最上級	

12 같은 논문. 138쪽 〈자료 20〉.

Ⅳ. '3수 분화의 세계관'에서 생명의 탄생과 윤회

1) 생명의 탄생과 3.1신

'하나이면서 셋이고, 셋이면서 하나'인 3.1관념의 기원은 3개의 태양이 뜨는 환일현상이다. 이런 사유체계에서 탄생한 것이 3.1신三一神 관념이다. 북방 샤머니즘의 대표적인 계승자 중 하나인 만주족의 창세신화 『천궁대전天宮大戰』은 중국학자 부육광富育光이 지은 『샤머니즘과 신화薩滿教與神話』에 실려있다.[13] 이 『천궁대전』은 원문없이 한국어로도 번역되어 있다.[14] 『천궁대전』의 본래 만주어는 『우처구우러본』으로 '조상신들의 이야기'라는 의미이다.[15]

첫째, 『천궁대전』에 보이는 창세 과정은 '하나이면서 셋이고 셋이면서 하나'인 3.1여신三一女神 혹은 3.1자매신三一姉妹神에 의해서 이루어지는 구조이다.[16]

세상 만물을 창조하는 3.1여신은 1여신에서 3여신으로 분화한다. 곧 (1) 하늘과 땅이 나뉘지 않은 물거품이었을 때 그 물거품에서 최초의 '하늘의 여신'인 아부커허허阿布卡赫赫가 탄생하고 그녀는 물거품이 있는 곳에는 어디에나 있게 되었고 나중에 크게 변하여 하늘이 되며 빛으로 만물을 만들어 내며, (2) 청탁이 갈라져 맑은 것은 상승하고 흐린 것은

---

13 富育光. 1990. 『薩滿教與神話』. 瀋陽: 遼寧大學出版社.

14 김재용·이종수. 1999. 『왜 우리 신화인가 - 동북아 신화의 뿌리 「천궁대전」과 우리 신화』. 서울: 동아시아. 이 책의 3부(341-383쪽)에 「천궁대전」이 번역되어 있으나 아쉽게도 원문은 없다.

15 같은 책. 344쪽.

16 이에 대한 상세한 내용은 우실하. 2000. 「'3수 분화의 세계관'과 홍익인간의 이념」, 『단군학연구』 제3호. 단군학회. 203-235쪽 참조.

하강하였는데 아부카허허의 하반신이 찢어지면서 '땅의 여신'인 바나무허허巴那姆赫赫가 탄생하고, (3) 다시 아부카허허의 상반신이 찢어지면서 '별자리 신' 와러두허허臥勒多赫赫가 탄생한다.[17]

이들 세 여신은 '하나이면서 셋이고, 셋이면서 하나'인 삼일신三一神의 성격을 지니고 있다. 삼일신의 성격을 보여주는 곳을 보면 아래와 같다.

> ① 하부카허허·바나무허허·와러두허허는 같은 몸 한 뿌리로서 함께 현현하였고, 함께 존재하며 함께 잉태하였다. 아부카허허는 공기에서 구름과 우뢰를 만들고, 바나무허허는 피부에서 골짜기와 샘물을 만들고, 와러두허허는 아부카허허의 눈에서 해와 달과 작은 북두칠성을 만들어내었다. 이 세 신은 영생영육하며 대천세계를 양육하였다.[18]
>
> ② 세 자매는 원래 같은 뿌리에서 나서 같이 존재하고 있었으므로 그 중 하나가 죽으면 다른 두 자매도 이어서 질식하게 된다.[19]

만주족의 『천궁대전』에 등장하는 3.1신으로서의 '세 자매신', '삼여신三女神'은 우리나라 민간사상과 민속에 보이는 아이를 점지해준다는 '삼신三神할머니' 혹은 '산신産神할머니'의 원형 혹은 변형인지도 모를 일이다.

우리나라의 경우 중국을 통해서 들어온 후대의 음양론, 오행론, 불교, 유교 등의 영향을 많이 받아 몽고족이나 만주족 등 북방의 민족들

---

17 김재용·이종수, 1999. 같은 책. 346-347쪽.
18 같은 책. 347쪽.
19 같은 책. 364쪽.

에 비해서 고대로부터의 '3수 분화의 세계관'의 흔적이 상대적으로 적다고 할 수 있다. 필자는 우리의 민속에 등장하는 삼신三神할머니, 산신産神할머니도 본래는 3.1신의 모습이 변형된 것이라고 본다.

삼일신의 구조 이외에도 『천궁대전』의 내용에서 중요한 상징들은 '3수 분화의 세계관'을 바탕으로 모두 성수9로 나타난다. 곧, (1) 전체가 9 모링(장에 해당 - 필자)으로 구성되어 있으며,[20] (2) 9 가지 뿔의 신록神鹿, 9 머리의 오친여신, 9 머리 악마신 예루리, 예루리의 9개의 머리가 변해서 된 9개의 별, 새를 보내 물어온 구문석九紋石, 동쪽 하늘의 9가지 달린 신수神樹, 9층 하늘, 하늘다리를 지나는 9 갈래의 길, 9 돌산, 9 버드나무 숲, 9 시냇물, 9 들짐승 뼈를 엮어 만든 전포戰袍, 쿤저러라고 부르는 9 색깔 신조神鳥, 9 색깔 신기한 빛, 9 색깔 전포戰袍, 9 머리 악한 새, 북쪽 사람들이 살았다는 9 계단의 깊은 집 등등 대부분의 중요한 상징들이 9로 이루어져있다.

둘째, 북방 초원벨트를 통해 샤머니즘을 공유하고 있던 북유럽의 신화에서도 생명의 탄생을 관장하는 신은 3.1여신, 3.1자매신이다.

북유럽 신화의 원천을 제공한 "켈트에서는 숫자 3이 신성시되고 있었다. 신들의 대부분은 세 명이 하나의 기능을 관리하고, 마치 한 사람처럼 행동했다."는 것이다.[21] 이러한 3.1신은 하나의 신이 기능적으로 분화된 것으로 보아서 '기능적삼분론機能的三分論'으로 설명하기도 한다. 북유럽 신화에는 3.1신이 많이 등장한다.[22]

대표적인 3.1신이 생명을 점지하는 '운명의 3여신', '운명의 3자매신'

---

20 앞의 1모링에서 4모링까지는 신·만물·악마 등이 만들어지는 과정을 구체적으로 설명하고 있다.

21 다케루베 노부야키 외. 2000. 『켈트, 북구의 신들』. 박수정 옮김. 서울: 들녘. 89쪽.

22 상세한 내용은 우실하. 2013. 「북유럽 신화와 '3수 분화의 세계관"」. 『몽골학』 제35호. 한국몽골학회. 95-99쪽 참조.

이다. 북유럽의 신화에서는 삼계三界를 연결하는 거대한 물푸레나무인 이그드리실이라는 우주수宇宙樹 아래, 우리의 삼신三神/산신産神 할머니와 같이 생명 탄생시키는 '운명의 3여신'이 있다.

'운명의 3여신'은 3자매로 표현되는 삼위일체의 3.1신이기도 하다. '운명의 여신'으로 총칭할 때는 노르느스(Norns)라고 불리고[23], 기능에 따라서 분화될 때에는 (1) 생명의 실을 잣는 우르드(Urd), (2) 생명을 상징하는 실의 길이를 재는 베르단데(Verdande), (3) 실을 잘라서 인간의 수명을 확정해주는 스쿨트(Skuld)라고 각각 별칭으로 불린다.[24]

다양한 3.1신 이외에도 북유럽 신화에는, (1) 9개의 세상, (2) 오딘의 9개의 마법의 노래, (3) 9명이나 되는 헤임달의 어머니, (4) 9년마다 9일 동안 웁살라에 있는 오딘의 신전에서 열리는 축제, (5) 인간을 포함한 각종 동물을 9명 혹은 9마리씩 희생을 바치는 것 등 많은 성수들이 9나 81(9×)로 되어 있다.[25]

〈자료 11〉 3.1신인 운명의 여신 노르느스(Norns) 상

* 좌로부터 얼굴이 보이는 것이 우르드(Urd), 베르단데(Verdande), 스쿨트(Skuld)

---

23 阿海. 1992.『北歐的神話傳說』. 沈陽: 遼寧大學出版社. 223쪽의 부록3: 명사대조 색인 참조.

24 같은 책. 46-48쪽 참조.

25 상세한 내용은 우실하. 2013.「북유럽 신화와 '3수 분화의 세계관」. 102-109쪽 참조.

셋째, 이러한 3.1신 관념은 기독교의 삼위일체론 이전으로 올라간다. "3.1신의 기원에 대해서는 (1) 고대 이집트 기원설[26], (2) 고대 인도 기원설[27] , (3) 고대 바빌론 기원설[28] 등이 공존하고 있다."[29]

3.1신의 형상은 동북아시아 신석기시대 홍산문화에서도 발견된다. 신석기시대 홍산문화(기원전 4500-3000) 흥륭구유적 제2지점 21호묘 부장용 구덩이에서 출토된 도소삼인상陶塑三人像이다. 3명이 함께 껴안고 삼위일체三位一體가 되어 있는 '흙으로 만들어 불에 구은 인물상'이다. 학자들은 '3명의 여인이 하나가 되어 일종의 춤을 추는 동작'으로 보고 '풍요를 기원하는 여신상'이라고 보고 있다.[30] 필자도 삼위일체의 3.1신을 형상화한 도소삼여신상陶塑三女神像이라고 보고 있다.[31]

---

26 Siegfried Morenz, Ann E. Keep. 1992. *Egyptian Religion*. Cornell University Press.

27 A. Parthasarathy. 2001. *The Symbolism of Hindu Gods and Rituals*, Bombay: Vedanta Life Institute(6th edition).

28 Alexander Hislop. 2010. *The Two Babylons*, Martino Fine Books. 이 책은 1853년에 처음으로 팜플렛 형태로 출판된 것으로, 1868년에 처음으로 *THE TWO BABYLONS: or The Papal Worship Proved to be The Worship of Nimrod and his Wife* 라는 이름의 책으로 정식 출판되어 여러 차례 다시 인쇄되었다. 위의 책은 1916년 판을 2010년에 재인쇄한 것이다.

29 우실하. 2013.「북유럽 신화와 '3수 분화의 세계관'」. 97쪽.

30 邵國田 主編. 2004.『敖漢文物精華』. 浩和浩特: 內蒙古文化出版社. 20쪽.

31 우실하. 2011.「'3수 분화의 세계관(1-3-9-81)'의 기원과 홍산문화: 홍산문화에 보이는 성수聖數 3, 9, 81을 중심으로」.『비교민속학』제44집. 비교민속학회. 48쪽; 우실하. 2012.『3수 분화의 세계관』. 202-203쪽; 우실하. 2013.「북유럽 신화와 '3수 분화의 세계관'」. 97쪽.

〈자료 12〉 도소삼인상: 홍산문화 흥륭구유적지 제2지점 21호 부장용 구덩이 출토[32]

이를 종합하면 '3수 분화의 세계관'을 공유하는 지역에서는, (1) 생명을 탄생시키는 신은 언제나 3.1신의 형태이며, (2) 모두 세 명의 자매신이나 할머니 등 여신女神이라는 공통성이 보인다.

2) 삼혼신앙三魂信仰, 삼혼일체설三魂一體說과 생명의 윤회

유교의 영향을 깊이 받은 우리들은 음양론에 입각해서 인간의 영혼을, (1) 사람이 죽었을 때 하늘로 올라간다는 양기陽氣의 혼魂과, (2) 시신과 함께 땅으로 돌아간다는 음기陰氣의 백魄으로 나누는 혼백관에 익숙해져 있다.

---

32 邵國田 主編. 2004. 『敖漢文物精華』. 20쪽. 중국사회과학원 내몽고고고공작대 유국상劉國祥이 발굴한 도조삼인상은 현재 내몽고고고연구소에 보관되어 있고, 오한치 박물관에는 사진만 전시되어 있다.

〈자료 13〉『성리대전』을 통해서 정리한 유가의 혼백론魂魄論[33]

음양 배속	양陽	음陰
성질	기氣	정精
	혼魂=양혼陽魂=양령陽靈	백魄=음백陰魄=음령陰靈
	혼魂은 하늘로 올라가 신神이 됨	백魄은 땅으로 하강하여 귀鬼가 됨.
	혼魂은 신神이 성盛한 것	백魄은 귀鬼가 성盛한 것

그러나 북방 샤머니즘을 공유한 지역에서 공통적으로 보이는 것 가운데 하나가, (1) 인간의 영혼이 세분하면 3개로 구성되어 있다는 삼혼신앙三魂信仰/삼혼일체설三魂一體說과, (2) 3개의 영혼 가운데 하나는 영원히 죽지 않고 윤회한다는 윤회관輪回觀이다. 특히 윤회관은 불교 전래 이전부터 존재하던 것이다.[34]

첫째 형태의 영혼은 명혼命魂(:만주족) 또는 생명혼生命魂(:허쩌족), 주혼主魂(:몽골족)으로 불리는 것이다. 이것은 사람들이 태어날 때 누구나 지니고 나오는 것으로 모든 생명체가 생명을 유지하는 기초가 되는 것이다. 이 혼은 어머니의 몸속에서 생명을 받을 때 형성되는 것으로, 사람의 생명과 그 시작과 끝을 같이 한다.[35]

둘째 형태의 영혼은 부혼浮魂(:만주족), 사상혼思想魂(:허쩌족), 유혼游

---

33 우실하. 2004.『전통음악의 구조와 원리』. 서울: 소나무. 204쪽 〈도표 5-5〉.
『性理大全書』卷之28 鬼神.
(1) 鬼神不過陰陽消長而已 … 在人則 精是魄 魄者鬼之盛也. 氣是魂 魂者神之盛也. 精氣聚而爲物 何物而無鬼神. 游魂爲變 魂游則 魄之降 可知矣.
(2) 大抵鬼神只是陰陽二氣 主屈伸往來者言之 神是陽之靈鬼是陰之靈.
(3) 其在人焉則 陽魂爲神 陰魄爲鬼 二氣合則 魂聚魄凝而生 離則 魂升爲神 魄降爲鬼…

34 삼혼신앙에 대한 상세한 내용은 우실하. 2004.『전통음악의 구조와 원리』. 204-212쪽 참조.

35 우실하. 2004.『전통음악의 구조와 원리』. 206쪽.

魂(:몽골족)이라고 부르는 것이다. 이 영혼은 사람이 살아 있을 때에도 신체를 떠나서 신체 외부에서 잠시 동안 머물거나 활동할 수 있다. 샤먼에게도 이런 부혼(=사상혼=유혼)이 있기 때문에 샤먼의 각종 의례가 가능한 것이며, 샤먼의 부혼(=사상혼=유혼)은 샤먼의 의식에서 필요할 때마다 자유자재로 샤먼의 몸을 벗어난다.[36]

셋째 형태의 영혼은, 진혼 혹은 신혼眞魂/神魂(:만주족), 전생혼轉生魂(:허쩌족), 전세혼 혹은 시혼轉世婚/尸魂(:몽골족) 등으로 부르는 것이다. 특징은 영생불멸하며 윤회하는 영혼이라는 점이다.[37]

만주족의 진혼 혹은 신혼은 '영생의 혼永生的魂'이자 '다시 태어날 수 있는 혼能轉生的魂'으로 평소에는 치아·뼈·모발 가운데 숨겨져 있다.[38]

허쩌족 샤머니즘에서도 전생혼轉生魂은 내생來生을 창조하는 능력이 있으며, 사람이 죽은 후 신체를 떠나 '본래 왔던 곳'으로 되돌아간다고 믿는다.

몽골족의 전세혼/시혼轉世婚/尸魂도 다른 세상에서 다시 태어나는 능력을 지니고 있다.[39] 몽골족은 이 영혼을 '다시 태어나는 영혼轉世的靈魂'이라고 부르는데, 사람이 죽으면 즉시 신체를 떠나서 다른 사람의 몸 속 태胎에 들어가 다시 태어난다고 믿는다.[40]

북방 소수민족들에서 보이는 이러한 윤회관은 불교의 영향을 받아서 새롭게 형성된 것이 아니라, "샤머니즘에 내재된 고유한 관념이 삼혼관을 주도"하고 있다고 본다.[41]

---

36 같은 책. 207-208쪽.

37 상세한 내용은 우실하. 2004.『전통음악의 구조와 원리』. 208-212쪽 참조.

38 郭淑雲. 2001.『原始活態文化:薩滿教透視』. 上海: 上海人民出版社. 55, 57쪽.

39 같은 책. 55쪽.

40 策·達賴. 1978.『蒙古薩滿教簡史』. 丁師浩, 特爾根 譯.北京: 中國社會科學院民族研究所. 28쪽; 郭淑雲. 2001.『原始活態文化:薩滿教透視』. 56쪽.

41 郭淑雲. 2001. 앞의 책. 57쪽.

3.1신에 의해서 모든 생명이 탄생하고, 이 생명은 3개의 영혼 가운데 '윤회하는 영혼'에 의해서 영원히 새로운 생명으로 다시 태어난다는 윤회관이 북방샤머니즘의 사유체계 안에 자리 잡고 있는 것이다.

〈자료 14〉 북방 샤머니즘의 삼혼신앙과 삼혼일체설[42]

삼혼의 명칭	명혼命魂(: 만주족) 생명혼生命魂(: 허쩌족) 주혼主魂(: 몽골족)	부혼浮魂(: 만주족) 사상혼思想魂(: 허쩌족) 유혼游魂(: 몽골족)	진혼眞魂(: 만주족) 전생혼轉生魂(: 허쩌족) 전세혼轉世婚(: 몽골족)
성질	1. 태어날 때 누구나 지니고 나오는 것으로 생명유지 · 번식 · 지각 · 본능 · 정감 등을 주재한다. 2. 사람의 죽으면 신체를 떠나서 망혼亡魂이 된다. 3. 이 혼이 외부의 침범을 받거나 다치면 병이 생긴다. 4. 샤먼 의례는 망혼을 지하세계로 안내하거나 병든 명혼을 제자리로 돌리는 것이다.	1. 생존시에도 신체를 떠날 수 있으며, 꿈을 꾸는 것은 이 혼이 빠져나간 것. 2. 몸을 떠나면 보통 새의 모습으로 변한다. 3. 이 혼이 빠져나가 돌아오지 못하면 정신병에 걸린다. 4. 샤먼은 이 혼을 자유자재로 들락거리게 할 수 있어서, 죽은 자의 망혼을 지하계로 안내하거나, 되돌아오지 않은 부혼을 되돌려 병을 치료한다.	1. 사람이 지니는 기질 · 정신 · 수명 · 지혜 등을 결정하며, 사람이 죽더라도 진혼은 영원히 존재하며 다시 태어난다. 2. 평소에는 치아 · 뼈 · 모발 가운데 숨겨져 있다. 3. 사람이 죽으면 왔던 곳으로 돌아가기 전에 남자는 7일, 여자는 9일 동안 평소에 다니던 곳을 배회한다. 4. 돌아가서 다른 사람의 태胎 속에 들어가 새로운 생명을 받아 재생한다.

V. 삼계의 조화로서의 생명사상

1) 삼계의 조화와 부조화

북방 샤머니즘의 '3수 분화의 세계관'에서 (1) 3.1신에 의해 창조된

42 우실하. 2004. 『전통음악의 구조와 원리』. 210쪽 〈도표 5-6〉.

생명은, (2) 3혼신앙을 바탕으로 영원히 불생불멸하는 혼을 지닌 윤회하는 생명관을 지니고 있었고, (3) 이 생명은 언제나 하늘세계=神界, 인간세계=人界, 지하세계=地界와 갈등하지 않는 조화로운 상태의 삶이 영위되어야 한다고 보았고, (4) 따라서 천지인 삼계의 갈등을 조화시킬 수 있는 각종 사회제도, 종교제도, 사상체계를 만들어 왔다.

첫째, 인간의 생명을 위협할 수 있는 갈등과 불행은 삼계 어디서든 시작될 수 있다. 곧, (1) 하늘세계에서 비롯된 신들의 노여움, (2) 인간세계에서 비롯된 인간간의 갈등/전쟁, (3) 지하세계(=저승)에서 비롯된 죽은 자의 원한 등 삼계에서 오는 어떤 것이든 인간의 생명을 위협하는 것이었다.

둘째, 삼계에서 비롯된 각각의 생명을 위협하는 각종 요인들을 극복하고, 다시 삼계가 조화로운 삶으로 복귀할 수 있게 하는 각종 기제들이 마련되어 있다. 이러한 기제들은, (1) 신의 노여움을 푸는 각종 제의나 제사, (2) 인간간의 타협, 용서, 화합을 위한 마을잔치나 대동굿, (3) 죽은 자의 원한을 풀어주는 각종 굿(씻김굿, 오구굿, 천도굿...) 등으로 볼 수 있다. 이를 통해서 삼계가 조화된 생명과 삶이 다시 회복되는 것이다.

〈자료 15〉 삼계의 조화와 생명

삼계관	갈등/불행의 시작	생명의 안전/행복을 위한 기제	생명의 안전/행복한 상태의 회복
하늘세계=天界 = 신의 거주공간	각종 신들의 노여움	신들을 위한 각종 제의, 제사	신, 인간, 죽은 자가 모두 각자의 영역에서 조화롭게 존재하는 상태
인간세계=人界 =인간의 거주공간	인간 간의 갈등, 전쟁	타협, 용서, 화합을 위한 마을잔치나 대동굿	
지하세계=地界 =사자의 거주공간 =그림자 왕국	죽은 자의 원한	죽은 자의 원한을 풀어주는 각종 씻김굿/오구굿과 제사	

셋째, 이러한 삼계의 조화와 부조화 관념에 입각한 생면관을 이해하면, 한국인들의 여러 가지 특성들을 이해할 수 있다.

(1) 인간세계의 각종 갈등과 전쟁 상황에서 승리할 수 있다고 하더라도 무자비한 살생은 금기시 된다. 적이 죽어서 원한을 지닌 악귀가 되어 보복할 수 있다고 믿기 때문이다.

우리는 각종 민담이나 전설에서 악행을 저지른 지주나 양반을 제압해 놓고도 과감히 참수하거나 처단하는 장면을 보기 어렵다. 마지막에 가서는 결국 그 악행을 저지른 지주나 양반을 용서하고 새 사람이 되라는 식으로 훈계하고 이야기가 끝나는 사례가 대부분이다.

이것은 인간세계에서의 안전/행복/평화가 죽은 자의 세계와 연결되어 있다고 보았기 때문이다. 이런 사고방식은 물론 장단점을 모두 지니고 있으며, 과거사의 과감한 척결이 되지 않는 이유 중의 하나일 수도 있다.

서양의 시민혁명이 성공하면서 왕은 단두대의 이슬로 사라진다. 역사적 가정이지만, 동학혁명이 성공했다면 조선의 왕을 참수하거나 단두대에 세울 수 있었을까?

(2) 억울하게 죽은 자의 영혼을 달래주는 이야기가 많이 전한다. 귀신이나 마녀를 불태워 죽이거나 하는 이야기는 거의 없다. 대부분의 경우 굿이나 '원한을 풀어줌解冤'으로써 죽은 자의 세계로 돌려보내는 것이 우리나라 이야기의 기본적인 구조이다.

이런 식의 이야기가 많다는 것은 한국인들이 현실의 인간세계가 죽은 자의 세계와 연결되어 있다고 여겼다는 것을 잘 보여주는 것이다.

(3) 우리의 전설이나 민담에는 서양에서와 같이 본질적으로 악하여 최종적으로는 죽여버리거나 태워버려야만 사라지는 악한 악마나 마귀가 거의 없다. 우리나라의 귀신들은 본래부터 악한 존재가 아니라, 억울하게 죽어서 원한이 맺힌 존재로 그려진다. 이들은, (1) 원한이 풀리거나, (2) 누군가의 교화를 받는 순간 다시 순화되어 지하세계로 조용히

돌아간다.

결국 한국인들에게 안전/행복이란 현실세계에서의 안전/행복만을 의미하는 것이 아니다. 한국인들은 신의 노여움을 피하고, 죽은 자의 원한도 풀어주어야만 현실세계에서의 안전/행복/평화가 담보된다고 보았던 것이다.

2) '절지천통絶地天通' 신화와 삼계 조화의 생명사상

첫째, 삼계가 조화로운 상태란 천, 지, 인이 각자 자신의 위치에서 각자의 삶을 영위하면서 다른 영역을 침범하지 않는 상태를 의미한다. 이러한 삼계가 조화된 우주적 질서를 회복하는 것을 설명하는 것이 전욱顓頊의 '절지천통絶地天通' 신화이다.

춘추시대(770-403 B.C.)의 패왕覇王 가운데 하나인 초楚나라의 소왕昭王은 『상서尙書』「여형呂刑」을 읽다가 깊은 생각에 잠겼다. 『상서』「여형」에는 황제黃帝의 손자로 알려진 전욱顓頊이 신하인 "중重과 려黎에게 명하여 하늘(신의 세계 - 필자)과 땅(인간 세계 - 필자)의 교통을 단절시키게 하였다"는 대목이 있다.[43]

『국어國語』「초어楚語」에 의하면, 초나라 소왕은 이 말이 무엇을 뜻하는지 몰라 옆에 있던 대부大夫인 관사부觀射父에게 "그렇게 하지 않았다면 백성들이 장차 하늘에 오를 수 있다는 말인가?"라고 묻는다.[44] 이에 관사부는 소왕에게 '절지천통絶地天通'에 관한 신화를 들려준다. 이 신화의 내용이 기원전 4세기에 만들어진 『국어』「초어」에 자세히 실려 있다.

---

43 『尙書』「周書.呂刑」: 乃命重黎 絶地天通

44 『國語』第十八, 楚語下: 若無然 民將能登天乎?

논의를 위해서 조금 길지만 전문을 옮긴다.

> 옛날에는 사람과 귀신의 일이 어지럽게 혼동되어 있지 않았습니다(民神不雜).
> …(중략)… 사람과 귀신이 각각 자기의 직분을 달리하고 공경하여 무례하지 않게 됨으로 말미암아 귀신은 좋은 것을 복으로 내려주고 사람은 제물을 바치게 되니 재앙이 없고 쓸 것이 늘 마르지 않게 되었던 것입니다.
> 그러다가 소호少皞(: 黃帝의 아들로 알려진 金天氏 - 필자) 때 나라가 쇠하고 구려句麗가 덕을 어지럽히자 사람과 귀신의 일이 마구 섞여 분별할 수 없게 되었습니다. 사람마다 각기 제사를 드리고 집집마다 무巫와 사史를 두어 진실함이 없게 되었고, 급기야는 제사에 소홀하게 되어 그 복을 얻지 못하였으며, 배향하는 것도 법을 잃어 사람과 귀신이 같은 자리를 갖게 되었고, 사람들이 무례히 귀신과 같이 되려고 하여 경외하는 마음이 없어지게 되었으며, 귀신은 사람들의 법을 익혀 그 행할 바를 순결하게 행하지 않게 되었습니다. 가생嘉生을 내려주지 않으니 제사를 드릴 희생물이 없게 되고, 이로 말미암아 재앙이 더욱 무겁게 떨어져 모두가 제 수명을 다하지 못하게 되었습니다.
> 다시 전욱顓頊(: 黃帝의 손자로 알려진 인물 - 필자)이 왕권을 받자 남쪽의 우두머리인 중重에게 명하기를 하늘을 주관하여 귀신들로 하여금 각자의 위치에 거하도록 하였고, 북쪽의 우두머리인 려黎에게 명

> 하기를 땅을 주관하여 사람들이 자기의 본분에 충실하도록 함으로써 구상舊常을 회복하고 서로 침범함이 없도록 하였으니, 이를 일컬어 절지천통絶地天通이라고 하는 것입니다.[45]

위의 인용문에는 고대 동아시아인들이 세상을 보는 기본적인 인식이 잘 드러나 있다. 곧, '신의 세계'와 '인간 세계'가 뒤섞이지 않고 각각의 역할을 하면서 서로 도움을 주고받는 상보적인 관계를 설정하고 있다. 위의 신화에서 '신의 세계'는 하늘세계의 신과 지하세계의 죽은 자들을 모두 말하는 것이다.

따라서 절지천통絶地天通에서 천지의 교통을 단절했다는 것은, (1) '신의 세계'(=천계+지계)와 '인간 세계'(=인계)를 완전히 단절시켜서 교통이 불가능하게 만들었다는 것을 의미하는 것이 아니라, (2) '신의 세계'(=천계+지계)와 '인간 세계'(=인계)를 단절해서 위계를 지닌 질서정연한 '자연적 질서'·'우주적 질서'로 회복함을 의미하는 것이다. 이것은 잠시 문란했던 '자연적 질서', '우주적 질서'를 복원하여 '옛 질서(舊常)'를 회복하는 것을 의미하는 것이다. '신의 세계'와 '인간 세계'가 상호

---

45 『國語』第十八, 楚語下:
古者民神不雜, 民之精爽不携貳者, 而又能齊肅衷正, 其智能上下比義, 其聖能光遠宣朗, 其明能光照之, 其聰能聽徹之. 如是, 則明神降之, 在男曰覡, 在女曰巫. 是使制神之處位次主, 而爲之牲器時服, 而後使先聖之後之有光烈, 而能知山川之號, 高祖之主, 宗廟之事, 昭穆之世, 齊敬之勤, 禮節之宜, 威儀之則, 容貌之崇, 忠言之質, 禋契之服, 而敬恭明神者, 以爲之祝. 使名姓之後, 能知四時之生, 犧牲之物, 玉帛之類, 采服之儀, 彝器之量, 次主之度, 屛攝之位, 壇場之所, 上下之神, 氏姓之出, 而心率舊典者, 爲之宗. 於是乎, 有天地神民類物之官, 是謂伍官, 各司其序, 不相亂也. 民是以能有忠信, 神是以能有明德, 民神異業, 敬而不瀆. 故神降之嘉生, 民以物亨, 禍災不至, 求用不匱. 及少皞之衰也, 九黎亂德, 民神雜揉, 不可方物. 夫人作亨, 家爲巫史, 無有要質, 民匱於祀, 而不知其福, 烝亨無度, 民神同位. 民瀆齊盟, 無有嚴威, 神狎民則, 不蠲其爲, 嘉生不降, 無物以亨, 禍災薦臻, 莫盡其氣. 顓頊受之, 乃命南正重使天以屬神, 命火正黎司地以屬民, 使復舊常, 無相侵瀆, 是謂絶地天通.

보완적인 기능을 수행하며 조화롭게 연결되었다는 것이다. 그 연결고리 역할을 담당하던 밝은 자들이 바로 무巫(: 여성)와 격覡(: 남성)이었다.

고대 동북아시아에서 무격巫覡은 신의 세계와 인간 세계를 연결하던 핵심적인 위치에 있었다. 또한 신의 세계는 인간 가운데 밝은 자인 성인聖人보다도 더 밝은 지혜를 지닌 자들이 있는 곳이었다.

『묵자墨子』「경주耕柱」에는 무마자巫馬子가 묵자에게 "귀신과 성인은 누가 더 밝고 지혜롭습니까?"라고 묻자, "귀신의 밝은 지혜를 성인聖人과 비교하는 것은, 밝은 귀와 눈을 가진 사람을 귀머거리나 소경에 비교하는 것과 같다."고 언급한 부분이 있다.[46] 이때의 '귀신'은 하늘세계의 '신神'과 지하세계의 '귀鬼'을 의미하는 것이라고 볼 수 있다.

결국, 천지인 삼계를 연결하는 조화로운 자연적 질서, 우주적 질서를 회복하는 것이 바로 절지천통의 본래적인 의미이며, 그 자연적 질서를 회복하는 연결의 핵심적인 역할을 무격巫覡이 담당했던 것이다.

고대 동북아에서는 무격의 도움을 받아서 하늘세계과 지하세계의 신들과 교통하며 각종 갈등을 풀어낼 수 있었고, 이런 교통수단을 장악한 사람만이 권력을 장악할 수 있었다. 이런 까닭에 동북아시아 고대사회에서는 제왕 자신이 곧 무격의 우두머리였다.[47]

둘째, 우리나라의 단군신화를 비롯한 시조신화들은 삼계의 조화를 바탕으로 세상을 다스리는 구조이다. 김인회는 단군신화를 비롯한 우리의 시조신화를 비교 분석하면서 아래와 같이 밝히고 있다.

> 단군신화와 혁거세신화를 비롯한 시조신화들은 공통

---

46 『墨子』「耕柱 第四十六」: 巫馬子謂子墨子曰 鬼神孰與聖人明智 子墨子曰 鬼神之明智於聖人 猶聰耳明目之與聾瞽也.

47 K. C. Chang. 1983. *Art, Myth and Ritual : The Path to Political Authority in Ancient China*. Harvard Univ. Press. 張光直. 1990. 『신화 미술 제사』. 홍희 옮김. 서울: 동문선, 85-86쪽.

된 논리를 전개하고 있다. 하늘과 땅의 조화 곧, 우주적 질서에 의해 인간(사람이 사는 세상)을 다스리는 왕을 낳았다는 것이 시조신화의 기본구조다. 왕王은 글자의 형국 그대로 하늘과 땅과 그 사이에 있는 사람, 즉 천지인 삼재三才를 하나의 법으로 연결하는 존재이다. 하늘과 땅을 연결하는 일을 맡은 사람을 무巫라고 하는데, 『주자어류朱子語類』에 의하면 '巫' 자字가 '工' 자字의 양쪽에 '人' 자字를 넣은 것은 사람이 춤추는 모양을 표현한 것이라고 한다. '巫'는 춤으로써 신을 섬기고 천天과 인人을 연결하는 사람이다. 그러므로 고대사회에서 왕은 곧 제사장이고 무巫였던 것은 당연한 일이다. 천지인天地人이 화합하여 조화를 이루는 것이 홍익인간弘益人間 광명이세光明理世[48]의 실현이라고 믿었던 것이다.[49]

홍익인간의 이념이 '천지인이 화합하여 조화를 이루는 것'이고 그 이념에 입각한 단군의 임무가 '천지인을 하나의 법으로 연결하는 것'이라면, 이것은 앞서 살펴본 절지천통絶地天通을 통한 우주적·자연적 질서의 회복과도 통하는 것이다.[50]

후대에 유가철학에서 이야기하는 천인합일天人合一의 논리는 이러한 삼계 조화의 논리를 유교적으로 수용하여 변형한 것이다.

---

48 광명이세光明理世는 신라의 혁거세신화赫居世神話에서 사용된 개념이다. 여기에서 세世도 단군신화의 인간人間과 마찬가지로 '인간 세상'을 의미한다.

49 김인회. 1999. 「21세기 한국교육과 홍익인간 교육이념」. 『정신문화연구』 제22권 1호(통권 74호). 성남: 한국정신문화연구원. 44쪽.

50 상세한 내용은 우실하. 2000. 「'3수 분화의 세계관'과 홍익인간의 이념」. 『단군학연구』 제3호. 단군학회. 203-235쪽 참조.

3) 동양에서 '악樂'의 논리와 삼계 조화의 생명사상

동양에서 '악樂'은 삼계의 변화된 기운을 조화시키기 위해 제정되는 것이었다. 모든 음악의 기본인 황종척黃鍾尺을 만들어 '5음音 12율律'을 새로 제정하는 것은 하늘이 선택한 천자나 성인만이 할 수 있었다. 제후국들은 천자가 내려준 편경이나 편종의 음계에 맞추어 새로운 음율체계를 받아서 사용하였다.

천자가 되어 나라를 새롭게 열었다는 것은, (1) 하늘과 땅의 기운이 바뀌었고, (2) 변화된 하늘과 땅의 기운에 어울리는 새로운 천자를 하늘이 내렸다는 것을 의미하며, (3) 천자는 변화된 천지인의 기운을 조화시키기 위해서 새로운 황종척을 바탕으로 '5음 12율'을 새로 만들고 악樂을 새롭게 제정하여야 했다.

『한서漢書』「율력지律曆志」에 의하면 국가를 세운 제왕은, "첫째로 수數를 준비하고(황종척을 만드는 것을 의미함-필자), 둘째로 소리聲(5음 12율을 의미함-필자)를 조화시키고, 셋째로 길이의 단위를 제정하고, 넷째로 부피의 단위를 제정하고, 다섯째로 무게의 단위를 제정한다"고 밝히고 있다.[51]

제왕이 국가를 세우고 나서 우선적으로 하는 일이 '수'를 준비하고 '5음 12율'을 만들어 악樂을 새롭게 제정하는 것이었다. 그 다음에야 길이(度), 부피(量), 무게(權衡) 등의 단위를 제정한다는 것이다.

이런 악의 제정에 기본이 되는 황종척黃鍾尺은, (1) 천자가 다스리는 영토 가운데 가장 풍년이 든 곳의 기장 1알을 1푼(分)으로, (2) 기장 9알 곧 9푼을 1촌으로, (3) 기장 81(9×9)알 곧 9촌을 1척으로 삼아 황종

51 『漢書』 卷21上 「律曆志」 第1上: 一曰備數, 二曰和聲, 三曰審度, 四曰嘉量, 伍曰權衡.

척으로 삼았다. 이 기장 81알 길이의 황종척을 기준으로 1/3을 더하고 빼는 삼분손익법三分損益法을 통해 5음 12율을 만드는 것이 '악'을 제정하는 절차였다. 악의 제정 과정에 사용되는 수數의 논리도 철저히 '3수 분화의 세계관'에 입각한 성수(3, 9, 81)이었다.[52]

천자가 등극하여 가장 먼저 하는 하는 일이 '악'을 새롭게 제정하는 것이었다는 것은, 악이 변화된 삼계의 기운을 조화시키는 역할을 하기 때문이었다. 수많은 희생과 전쟁을 거쳐서 새로운 세상을 연 천자는 천지인 삼계의 혼란할 질서를 다시금 조화롭게 만들기 위해서 '악'을 제정했던 것이다.

〈자료 16〉『한서』「율력지」에 보이는 제왕의 임무 순서[53]

1. 비수備數 : '수'를 준비함
(황종수 1을 중심으로 12지지에 배당되는 수를 산출하는 것을 말함)
↓
2. 화성和聲 : 소리를 조화시킴
(삼분손익법에 따라 5음 12율을 산출하여 음악의 토대를 마련하는 것을 말함)
↓
3. 심도審度 : 길이를 재는 단위를 제정함
↓
4. 가량嘉量 : 양을 재는 단위를 제정함
↓
5. 권형權衡 : 무게의 단위를 제정함
(권형權衡은 저울추[權]와 저울대[衡]를 말함)

52 상세한 내용은 우실하. 2004.『전통음악의 구조와 원리』. 서울: 소나무. 136-180쪽 '제4장 동양음악과 수數' 참조.

53 우실하. 2004. 같은 책. 152쪽 〈도표 4-1〉.

Ⅵ. 21세기 신인류에게 던지는 함의

'3수 분화의 세계관'의 생명사상은 기본적으로 삼계(천계, 지계, 인계)의 조화를 지향하고 있다. 그러나 한자문화권에서는 후대에 천=하늘, 지=땅, 인=사람의 천지인 삼재론으로 변형, 왜곡된다. 삼계란 본래 '천계=신의 세계', '지계=죽은 자의 세계', '인계=인간 세상'을 의미하는 것이었다.

'죽은 자의 세계'에 대한 존중과 관심은, (1) 수많은 선조들의 피와 땀으로 일군 각종 인류사적 가치를 인정하고 그들의 뜻을 욕되지 않게 하고, (2) 그들이 이루지 못하고 숨진 고귀한 가치를 오늘날 우리들이 이어야한다는 의미에서 중요한 의미를 지닌다. 이것은 각종 민족종교 등에서 해원상생解冤相生을 강조하는 이유이기도 하다.

오늘날 당면한 인류사적 문제는, (1) 신의 세계와 관련한 영적 빈곤함과 물질만능주의, (2) 인간세계와 관련한 인간을 포함한 자연-생태계 파괴와 환경문제, (3) 죽은 자의 세계와 관련한 인간사회의 갈등과 불화 등으로 요약될 수 있다.

특히 사회적 갈등과 불화의 많은 부분은 죽은 자의 세계와 관련되어 있다. 곧, 현실에서의 사회적 갈등의 많은 부분은, 과거에 억울하게 죽어간 사람들의 명예를 회복하거나 원한을 풀어주는 일 등이 현재화된 갈등인 경우가 많다. 한국사회의 경우를 봐도, (1) 세월호 문제, (2) 위안부 문제, (3) 야스쿠니에 합사된 한국인의 문제, (4) 위대한 조상들의 영역을 다투는 각종 역사-영역 갈등, (5) 이승만, 박정희에 대한 평가 갈등 등이 이런 유형이라고 할 수 있다.

이러한 현실에서 '3수 분화의 세계관'이 보여주는 삼계 조화의 생명사상은 중요한 시사점을 제공할 수 있다고 본다.

첫째, 신의 세계, 자연을 포함한 인간세계, 죽은 자의 세계를 잇는 우주적-자연적 질서를 회복하는 '생태적 세계관'과 '생태적 합리성'을 위한 새로운 이념을 제공할 수 있을 것이다.

오늘날에는 자본주의에 입각한 '경제적 합리성'을 넘어서서 인간과 자연-생태계를 모두 포괄하는 '생태적 합리성(Eco-rationality)'에 대한 모색이 이루어지고 있다. '생태적 합리성'은 인간에게만 이익을 주면 되는 과거의 경제적 합리성의 개념을 넘어서서 '환경적으로도 건전하고 지구상의 모든 생명체에게도 이익이 되는 합리성'을 의미한다.

인간세상에서 이러한 '생태적 합리성'이 구현되고 실천되기 위해서는, 각자가 믿은 신의 세계(=종교)의 메시지와 어울릴 수 있는 논리를 만들어야하고, 이런 새로운 논리들이 과거 선조들이 이룩하고자 한 가치들(자유, 평등, 박애…)과 어긋나지 말아야 할 것이다.

둘째, 삼계를 상호 연결된 유기체로 파악하는 '우주적 휴머니즘'을 위한 기초를 제공할 수 있다. 곧, (1) 내적으로 스스로 완성되고, (2) 영적인 세계, 자연 생태계, 죽은 자의 세계를 서로 연결된 '우주적 질서', '자연적 질서' 속에서 파악하여 인간을 비롯한 모든 삼라만상을 총체적으로 연관된 유기체로 파악하는 우주적 휴머니즘을 지향하며, (3) 물질적 가치에 매몰되지 않고 정신적이고 영적인 가치와의 균형을 지향하는 것 등은 오늘날의 시점에서 새롭게 요구되는 것이라고 본다.

셋째, 신의 세계를 자연계를 포함한 인간세계, 죽은 자의 세계와 조화시키는 삼계의 조화는 서로 다른 종교 아래에서도 얼마든지 가능하다고 본다.

곧, (1) 각 종교 나름대로 그들이 믿는 신의 이름으로 언급된 정신적 가치(예: 사랑, 자비, 인의…)를 '신의 세계의 메시지'로 여기고, (2) '인간세계의 질서'를 인간을 포함한 자연생태계의 건강한 질서와 조화를 위한 '생태적 합리성'을 바탕으로 이해하고, (3) 우리의 선조들이 수많은 희생을 치르면서 지켜낸 가치(자유, 평등, 박애…)를 '죽은 자의 메시지'로 여긴다면, (4) 삼계 조화의 우주적 질서의 회복은 비록 종교가 다르다고 할지라도 얼마든지 실천, 수용, 변용할 수 있다고 본다.

박이문은 오늘날 전 지구적 차원에서 '생태학적 세계관'으로의 전환이 필요하다고 보고, 생태학적 세계관의 특징을 몇 가지로 요약하고 있다. 생태학적 세계관은 (1) 서양의 종교와 고대 철학의 기초가 되는 데카르트의 합리주의에 깔려있는 '인간중심주의'에서 '자연중심주의'로 시각적 전환, (2) '수학적/기계적인 이성'에 앞서 '미학적/예술적 이성'이 보다 근본적인 것으로 보는 시각적 전환, (3) '자기중심적 배타성'에서 '공동체 중심적 포용과 협동'으로 또 '공격적 지배성'에서 '조화로운 유연성'으로의 전환, (4) '대상 중심적 시각'에서 '가치 중심적 시각'으로의 전환, (5) 물질적 소유와 쾌락적 경험을 강조하는 현대문명의 가치관에서 관조적 감상과 내면적 체험을 중시하는 가치관으로의 전환을 의미한다.[54]

그는 "동양사상은 생태학적 세계관의 모델이 될 수 있으며, 동양의 오랜 전통에 뿌리박고 있으면서 서양의 근대 사상과 과학기술을 짧은 기간에 소화할 수 있었던 한 나라로서의 한국은 생태학적 세계관을 정리하고 생태학적 문화를 창조하는데 앞장설 수 있는 잠재력을 갖고 있다"고 강조한다.[55]

'3수 분화의 세계관'에서 삼계론으로 대변되는, (1) 신의 세계, 영적인 세계, (2) 인간을 포함하는 자연 생태계를 의미하는 인간세계, (3) 수많은 인류의 가치들을 창출하고 현재를 있게 한 이미 죽어간 성현들의 메

---

54 박이문, 1996.「21세기의 지향 생태주의적 문화의 선택」.『한국 근대화 100년 : 21세기를 지향하며』 제9회 한국학 국제학술회의 자료집. 서울: 정신문화연구원. 839-841쪽.

55 박이문, 윗글, 841쪽.

시지를 모순 없이 연결하는 우주적 질서 혹은 자연적 질서의 회복은 새로운 출발점이 될 수 있다.

참고문헌

『國語』. 1990. 대전: 학민문화사(영인본).

『墨子』. 1995. 『묵자』. 이준녕 · 박문현 해주. 서울: 자유문고.

『性理大全書』. 1990. 대전: 학민문화사(영인본).

『尙書』. 1990. 대전: 학민문화사.(영인본)

『漢書』. 1992. 北京: 中華書局.

김인회. 1999. 「21세기 한국교육과 홍익인간 교육이념」. 『정신문화연구』 제22권 1호(통권 74호). 성남: 한국정신문화연구원. 27-56쪽.

김재용 · 이종수. 1999. 『왜 우리 신화인가-동북아 신화의 뿌리 「천궁대전」과 우리 신화』. 서울: 동아시아.

다케루베 노부야키 외. 2000. 『켈트, 북구의 신들』. 박수정 옮김. 서울: 들녘.

박이문. 1996. 「21세기의 지향 생태주의적 문화의 선택」. 『한국 근대화 100년 : 21세기를 지향하며』 제9회 한국학 국제학술회의 자료집. 서울: 정신문화연구원. 839-841쪽.

우실하. 2000. 「'3수 분화의 세계관'과 홍익인간의 이념」. 『단군학연구』제3호. 단군학회. 203-235쪽.

우실하. 2004.『전통음악의 구조와 원리』. 서울: 소나무.

______. 2011.「'3수 분화의 세계관(1-3-9-81)'의 기원과 홍산문화: 홍산문화에 보이는 성수聖數 3, 9, 81을 중심으로」.『비교민속학』제44집. 비교민속학회. 11-63쪽.

______. 2012.『3수 분화의 세계관』. 서울: 소나무.

______. 2013.「북유럽 신화와 '3수 분화의 세계관'」.『몽골학』제35호. 한국몽골학회. 81-112쪽.

______. 2015.「홍산문화紅山文化 옥벽玉璧의 상징적 의미와 샤먼의 위계位階」.『고조선단군학』제33호. 고조선단군학회. 109-143쪽.

策·達賴. 1978.『蒙古薩滿教簡史』. 丁師浩, 特爾根 譯.北京: 中國社會科學院民族研究所.

郭淑雲. 2001.『原始活態文化：薩滿教透視』. 上海: 上海人民出版社.

阿 海. 1992.『北歐的神話傳說』. 沈陽: 遼寧大學出版社.

富育光. 1990.『萨满教與神話』. 瀋陽: 遼寧大學出版社.

邵國田 主編. 2004.『敖漢文物精華』. 浩和浩特: 內蒙古文化出版社.

張光直. 1990.『신화 미술 제사』. 홍희 옮김. 서울: 동문선. 원제는 K. C. Chang. 1983. *Art, Myth and Ritual : The Path to Political Authority in Ancient China*. Harvard Univ. Press.

A. Parthasarathy. 2001. *The Symbolism of Hindu Gods and Rituals*, Bombay: Vedanta Life Institute(6th

edition).
Alexander Hislop. 2010. *The Two Babylons*, Martino Fine Books.
Siegfried Morenz, Ann E. Keep. 1992. *Egyptian Religion*. Cornell University Press.
http://en.wikipedia.org/wiki/Sun_dog 의 사진 자료.

동양사상의 시대 진단과 비전

부부 가족의 '섬김 친밀성'에 대한 유가사상적 성찰

| 정 학 섭

부부 가족의 ‘섬김 친밀성’에 대한 유가사상적 성찰

—

정 학 섭

I. 왜 ‘섬김 친밀성’인가?

최근 우리 한국사회에서 가까운 이들 관계의 친밀성은 어떠한가. 부모들이 자기 아이들을 학대하거나 죽이고[01], 자녀들이 자기 부모들을 학대하거나 버리기도 하고, 부부의 연을 맺고 살던 이들이 서로를 미워하고 증오하며 헤어지는 위험사회에서 우리는 살고 있다. 친밀한 관계에서 친밀성이 크게 훼손되거나 파산破產하는, ‘친밀성의 위기’ 시대를 건너고 있는 것이다(정학섭. 2015: 2-6; 최석만/정학섭 외. 2016: 127-131).

시간과 공간의 재조직화는 탈피기제(disembedding mechanism)와 더불어 근대성이 지닌 과거의 제도적 특징들을 변혁시키고 전 지구화(giobalization)한다(기든스. 2010: 40). 일상적 생활의 구체적 내용과 속성 또한 혁신적으로 변모하는 데, 부부 가족 사이 친밀성의 성격이 크게 바뀌는 것 또한 주지의 사실이다. 기든스가 ‘친밀성의 변모’라

---

01 보건복지부에 따르면 2015년 아동학대 신고건수는 1만 9209건이며, 이 가운데 1만 1709건이 아동학대 사례로 판정받았다. 2000년 신고건수는 1678건에 불과했다. 또 아동학대 가해자는 부모(양부모, 계부모 포함)가 80%에 달했다(동아일보, 2016.3.28.일자).

고 지칭할 때의 친밀성은 그 내부에 고유의 성찰성과 내부준거적 질서를 동시에 지니고 있다(정학섭. 2015a: 6).

후기 근대적 상황 내지 조건에서 부부 가족의 친밀성은 '실존적 고립(existential isolation)'상태에 봉착해 있기도 하다. 여기서 실존적 고립이란 타인들로부터 개인이 분리돼있다기 보다는 충만하고 만족스러운 실존적 삶을 영위하는 데 필요한 도덕적 자원들로부터 고립돼있다는 의미이다(기든스. 2010: 48). 이 글에서는 근대성의 전개과정에서 나타나는 부부 가족 관계 친밀성의 위기 문제들을 유가사상의 관점에서 성찰해보려 한다.

사람 사이의 '만남'이란 무엇인가? 만남의 관계에서 자기 정체성을 완강하게 고수하려는 집착 내지 아집은 진정한 애착(attachment)이 아니다. 자기를 고집하지 않고 타자를 위해 자신의 욕구를 제한 내지 희생하는 것이 애착적 만남의 주체성 확립이라 할 수 있다(김상봉. 2014: 288- 290). 독일 관념론의 지적 전통에서 논의하는 만남의 자기부정성은 단순한 자기동일성의 부정은 아니다. 오히려 서로가 서로의 존재를 인정하고 확장하는 상호 주체성의 형성을 이루려는 것이다.

만남의 내면적 깊이는 타자를 위한 자기 희생의 깊이이다. 자아와 타자의 애착적 만남을 형성하기 위해 얼마 만큼 이기적 자아를 극복하고 이겨내느냐에 따라 그러한 만남의 내재적 온전함을 획득할 수 있다. 이것은 나 자신의 실체적 자아를 포기한다는 것이 아니라 자신의 이기적 욕망 내지 욕구를 타자와의 상생을 위해 버린다는 것을 함의한다. 타자의 세계 속으로 들어가 감정이입(empathy)하여 그와 함께 희로애락을 함께 공유하려는 것이기도 하다. 유가사상의 경우, 극기복례克己復禮의 지향이며 충서忠恕에 기초한 '기소불욕己所不欲 물시어인勿施於人'의 태도와 측은지심惻隱之心의 가치지향인 것이다.

만남과 관계 형성의 온전함은 그 내면적 깊이에서 타자를 위한 자기상실의 깊이와 진정성에 존립한다. 타자를 향한 공감과 배려는 논리적이라기 보다 무의식적 마음의 지향이다. '차마 어떻게… 라는 측은지심惻隱之心,' 타자의 마음을 나 자신이 깊이 헤아리는 '불인지심不忍之心'에서 우러나오는 것이라 볼 수 있다. 타자의 정당성을 이해(understanding)하는 공감을 통해 자아의 부당성을 자각하는 기든스의 '성찰적 기획(reflexive planning)' 과정이기도 하다.

만남과 관계 형성의 공정성, 평등성, 그리고 민주성 확보 또한 자기아집의 절제 내지 통제(control and discipline)와 타자를 위한 섬김 내지 공경으로부터 비롯된다. 주역적 관점에서 우리 존재는 음양陰陽 대대적對待的 관계의 실존이다. 서로 마주보며 기다리는 대대적 관계와 변화의 성질 여기에 관계의 민주성, 공정성과 평등성의 본질이 배태胚胎되어 있다.

주역周易에서는 도道를 설명하면서 빛과 어둠이라는 상반된 성질을 동원하고 있다. "한 번 어두웠다가 한 번 밝아지는 것을 도라고 한다(一陰一陽之道)."는 주장이다. 여기 어둠과 밝음이 바로 음양인데, 단순히 어둡고 밝다는 상태를 의미하지 않고 서로 상반된 것들을 대표해서 지칭하는 일종의 기호記號이자 상징象徵이다.[02]

도道는 서로 상반되는 성질이 하나로 통합되는 근원根源 혹은 토대로서의 기초라고 볼 수 있다(이창일. 2011: 139-140). 빛과 어둠은 한자리에 놓일 수 없는 두 상태이다. 그런데 빛은 어둠이 있어야 하고 어둠은 빛이 존재해야 그 존재됨이 성립할 수 있다. 양자가 한 자리에 놓이는 통합성의 근거는 바로 순수지속의 그 시간이다. 시간이란 변화(change)가 진행되는 과정이라고 본다면, 그 시간 속에서 빛은 어둠으

---

02 이 부분부터 다음 쪽 길흉회인吉凶悔吝 논의 부분까지는 정학섭(2015a: 7-9)을 수정 보완한 것이다.

로 변하고 어둠은 빛으로 변화하기 때문이다. 리하르트 빌헬름도 『주역 강의』에서 다음과 같이 주장하고 있다.

> "한 자리에 놓일 수 없는 두 상태가 시간 속에서 서로 함께할 때는, 시간 속에서 서로 협력함으로써, 즉 앞선 것이 뒤의 것으로 바뀜으로써, 그 둘이 한 자리에 놓일 수 있게 된다. 본질상 이것이 주역의 생각이다."[03]

이렇게 빛과 어둠은 시간의 변화 과정에서 상호작용한다. 어둠의 끝에서 빛이 생성生成되고, 그 빛의 부정否定에서 어둠이 또한 새롭게 생성되는 이 변증辨證의 과정은 변화 그 자체가 원동력이다. 말하자면 빛과 어둠의 생성 소멸은 변화에서 비롯된다. 또한 이 세상 만물과 현상은 변화 그 자체이기 때문에 변화(易)가 바로 이러한 빛과 어둠을 빚어낸다고 볼 수 있다. 그런 만큼 빛과 어둠이 스스로 변화하는 그 자체를 도라고 할 수 있으며, 변화를 일으키는 것 또한 도라고 할 수 있는 것이다.

인간사의 여성과 남성 관계도 이와 유사하다. 여성은 하나의 기호 내지 상징으로서의 어둠(陰)이며, 남성은 빛(陽)이라 볼 수 있다. 하나의 통합성으로서의 인간 본성이 이렇게 음양의 여성과 남성으로 분화된 것이다. 주자朱子의 역유태극易有太極, 주렴계周濂溪의 무극이태극無極而太極, 소강절邵康節의 도위태극道爲太極 내지 심위태극心爲太極에서 태극이 갈라질 때 하나의 기奇와 하나의 우偶가 생성된다. 한 획으로 구성된 것이 바로 두 가지이니 이것이 바로 음양의 양의兩儀인 것이다.

주렴계의 "태극이 동動해 양陽을 생生하고 동이 극極하면 정靜하니 정

---

03 이창일(2011: 139)에서 재인용.

靜에서 음陰을 생하고 정이 극해지면 다시 동해 한 번 동하고 한 번 고요함이 서로 그 뿌리가 되어 음과 양을 나눔에 양의兩儀가 성립된다."는 것과 소강절의 "하나가 나뉘어 둘이 된다(一分爲二)."는 주장도 이를 뒷받침한다.[04]

음양으로서의 여성과 남성 관계는 본래적으로는 이렇게 하나의 통합성을 지니고 있다. 이 양자 사이의 친밀성 또한 시간의 변화에 따라 변한다. 주역에서 역이 제시하는 도道는 심대하지만 그것이 요구하는 핵심은 허물이 없는 상태, 즉 무구无咎라는 주장이 나온다. '허물없음'이란 인간들 사이에 존재하는 과실, 결함, 부적절 등과 같은 잘못이 없다는 의미를 나타낸다. 부부 사이 친밀성의 온전한 확보는 이같은 무구 상태를 의미할 수 있을 것이다.

주역에서의 허물은 음양론적 측면에서 '과유불급過猶不及'으로 대변해 볼 수도 있다(최정준, 2014: 6). 양적으로 지나치거나 음적으로 모자라도 허물이라고 보면, 괘효卦爻 상에서 시위적時位的 개념의 중정中正에서 과도하게 벗어나 있는 상태라고 할 수 있다. 중정을 '모자라거나 넘치지 않으면서 치우침이 없이 곧고 올바름'으로 이해한다면 음양 관계가 이러한 중정 상태를 유지해야 허물이 없는 상태를 지속시킬 수 있는 것이다.

후기 근대사회의 부부 가족 관계에서 현실적으로 갖가지 허물이 없을 수는 거의 불가능하다. 오히려 갖가지 허물에 노출되어 친밀성의 위기, 파탄과 같은 위험 조건에 처해 있다. 이같은 상황에서 어떻게 하면 관계 친밀성의 본래성을 회복할 수 있을 것인가?

주역에서 시사하는 바처럼 그 관계 윤리에서 길흉회인吉凶悔吝의 전략을 선택하는 것은 현실적으로 유용하지 않을 수 없다. 양자 관계에서

04 『易學啓蒙』, 周子所謂 太極動而生陽 動極而靜 靜而生陰 靜極復動 一動一靜 互爲其根 分陰分陽 兩儀立 焉. 邵子所謂一分爲二者. 皆謂此也.

허물이 없어 좋은 상태를 유지하는 것이 길吉이라면 허물이 축적하여 나쁜 상태에 놓여있는 것은 흉凶이라 할 수 있다. 허물에 대해 진심으로 반성하여 반구저기反求諸己의 자세로 '지과필개知過必改'[05]하는 것이 회悔라 한다면, 자기 자신의 허물을 제대로 인정하여 성찰하지 않고 잘못을 고치려는 데에 인색吝嗇한 태도를 인吝이라 할 수 있다.

부부 가족관계에서 흉凶하지 않고 길吉한 친밀성이란 무엇일까? 유가사상적 관점에서 그것은 '충서적忠恕的 섬김친밀성'이라고 볼 수 있다. 다소 상투적이고 규범적 표현이기는 해도 그것은 바로 사랑이다. "사랑이란 결국, 온갖 꼴로 드러나는 어루만짐이다. 그것은 위로이고, 배려이고, 무엇보다도 열정"(고종석. 2012: 책머리에)이기도 한 것이라면, 충서적 친밀성이란 흔들림없는 충심忠心으로 서로 사랑의 의리義理를 굳게 지키고 끝까지 배려하며 섬기는 물아일체적物我一體的 천리天理로의 지향이다. 바로 '상경여빈相敬如賓-서로 귀한 손님을 대하듯 조심操心스럽게 공경하고 사랑하는 것'의 공경과 섬김의 친밀성이다.

주역周易 계사하전繫辭下傳 5장에 손괘損卦 육삼효六三爻를 해석하면서 다음과 같은 구절이 나온다.

> "천지의 기운이 얽히고 설킴에 만물이 화하여 엉키고, 남녀가 정을 맺음에 만물이 화생化生한다. 역易에 이르기를 '세 사람이 가면 한 사람을 덜고, 한 사람이 가면 그 벗을 얻는다' 하였으니, 하나에 그 지극히 함을 말한 것이다."[06]

---

05 『千字文』에 나오는 구절로서, 허물이 있거든 알아차리고 알아차렸거든 반드시 고치라는 의미이다.

06 天地絪縕 萬物化醇 男女構精 萬物化生. 易曰 三人行則損一人 一人行則得其友 言致一也.

이 구절에 대한 주석 본의本義에는, 인온絪縕을 사귀기를 친밀하게 하는 모양(교밀지상交密之狀)이라고 해석한다. 순醇은 후厚하여 엉김을 일컫고 기화氣化를 의미한 것이라고 보고 있다. 이 구절은 하나만 가지고는 생산 자체가 불가한 세상사를 풀이하고 있다. 남녀의 경우에도 상호 주체적으로 상대하면서 끈질기에 기다리는 대대對待의 태도와 타자와의 만남에 있어서 오롯한 전일全一의 정신[07]을 강조한 것이다. 이것이 관계와 만남의 순수하고 온전한 성향, 바로 그 순전성純全性일 것이다.

Ⅱ. '섬김–공경 친밀성'의 유가사상적 함의

주역周易 계사상전繫辭上傳 8장에 다음과 같은 구절이 나온다.

> "군자가 집에 있을 때 말을 선하게 하면 천리 밖에서도 조응하니, 하물며 가까운 자에게 있어서랴. 집 안에서 말을 선하게 하지 못하면 천리 밖에서도 비난하니, 하물며 가까운 이에게 있어서랴. 말은 몸에서 나와 다른 사람에게 영향을 끼치며, 행실은 비근하고 사소한 것이라도 오랫동안 영향을 미친다. 그런 까닭에 말과 행실은 군자의 추기樞機이니, 그 영광과 치욕도 언행을 어떻게 하느냐에 달려 있다. 군자는 말과

---

07 『周易』 계사하전 7장의 항으로써 덕을 한결같이 하는 '항이일덕恒以一德'의 정신은 자기 자신을 순수하게 하고 사람됨을 순수하며 전일全一되게 하려는 정진의 노력이라 할 수 있다.

> 행실로써 천지를 움직이는 것이니 어찌 신중하고 삼가지 않을 수 있겠는가."[08]

이는 공자가 주역 중부괘中孚卦 구이효九二爻(오학재음기자화지鳴鶴在陰其子和之, 아유호작오여이미지我有好爵吾與爾靡之, 즉 학이 보이지 않는 곳에서 우니 새끼들이 따라서 운다. 나에게 맛있는 음식이 있으니 같이 나누어 먹으세.)를 해석한 것이다. 이어서 또 동인괘同人卦 구오효九五爻를 해석하면서 다음과 같이 비유하고 있다.

> "군자의 도道가 때로는 나아가기도 하고 때로는 머물기도 하며, 때로는 침묵하기도 하고 때로는 말하기도 하는데, 두 사람의 마음이 함께 하면, 그 날카로움이 금金을 절단할만 하다. 마음을 함께 하는 말은 그 향기로움이 난초와도 같다."[09]

이 대목에 대한 주석 본의本義에는, "금을 절단함과 난초와 같다는 것은 다른 물건이 능히 끼지 못하여 그 말이 맛이 있음을 말한 것(斷金如蘭 言物莫能間而其言有味也)"이라고 해석하고 있다. 여기서 '이利'란 이해관계를 의미하는 것이 아니라, 너무도 예리해서 황금까지도 끊을 수 있는 것을 말한다. 예컨대 부부나 친구 사이에서 두 사람이 한마음으로 합심 협력한다면 어떠한 곤란도 극복해낼 수 있기에 '동심지언同心之言 기취여란其臭如蘭'이라 한 것이 아니겠는가. 이때 '취臭'는 냄새라기 보다 느

---

08 子曰 君子居其室 出其言善則千里之外應之 況其邇者乎. 居其室 出其言不善則千里之外違之 況其邇者乎. 言出乎身加乎民 行發乎邇見乎遠 言行君子之樞機 樞機之發 榮辱之主也. 言行君子之所以動天地也可不愼乎.

09 子曰 君子之道 或出或處或默或語 二人同心其利斷金. 同心之言其臭如蘭.

낌이라 할 수 있으므로 한마음에서 나온 말은 그 느낌이 영원히 난초처럼 그윽하다는 것이다(남회근. 2005: 165).

사람 사이의 말이 얼마나 중요한 것인지에 대해 공자는 계사상전繫辭上傳 8장 말미에서,

> "혼란이 생기는 것은 언어가 빌미가 되니, 군주가 신밀하지 않으면 신하를 잃고 신하가 신밀하지 않으면 몸을 잃으며, 어떤 일을 하면서도 신밀하지 않으면 해로움이 이루어진다. 이 때문에 군자는 신밀하여 말을 함부로 내지 않는 것이다."[10]

라 하여 절괘節卦 초구효初九爻(불출호정무구不出戶庭无咎, 즉 방안에 틀어박혀 꼼짝도 않으니 허물이 없다)의 뜻을 해석하고 있다.

한편, 섬김은 겸손에서 비롯한다. 이에 대해 겸괘謙卦 구삼효九三爻(노겸勞謙 군자유종길君子有終吉, 즉 공로가 있으면서도 겸손하니 군자는 좋은 결과〈종終〉가 있으니 길하다.)의 뜻을 공자가 해석하면서 주역周易 계사상전繫辭上傳에 다음과 같은 구절이 나온다.

> "온갖 수고를 다하면서도 과시하지 않고, 공이 있으면서도 내세우지 않으며, 지극히 후덕하여 자신의 공을 아랫사람에게 돌리는 것이다. 덕德은 성대함이요 예禮는 공손함이다. 겸謙이라는 것은 높은 지위에 있으면서도 공손함을 다하는 것이다."[11]

---

10 子曰 亂之所生也則言語以爲階. 君不密則失臣 臣不密則失身 幾事不密則害成 是以君子愼密而不出也.

11 子曰 勞而不伐 有功而不德厚之至也. 語以其功下人者也. 德言盛 禮言恭 謙也者致恭

덕德이란 일체의 것을 충분히 가지고 있으면서도 스스로는 높다고 생각하지 않고 다른 사람과 똑같이 행위하는 것으로서, 이를 일컬어 성덕盛德이라 할 수 있다. 예禮란 어떤 상황이나 사람에 대해 내면으로부터 우러나오는 진정한 의미의 지극한 정성을 말한다. 그래서 '공손恭遜이란 자신에 대한 것인 반면 공경恭敬은 타인에 대한 것(공지위기恭之謂己 경지위타敬之謂他)'이라 하기도 한다. 자신을 엄격하고 철저하게 관리하는 것을 공이라 하고, 자신의 요구에 대해 엄격한 것을 예라고도 한다(남회근. 2005: 174).

겸이란 무엇인가. 어떤 지위에 도달했을 때, 자신을 엄격히 관리하면서도 타자에게는 관대하게 대하는 것이다. 자신의 잘못은 엄격히 따지면서도 타인을 대할 때는 관대하고 너그럽게 대하는 것, 이것이 바로 공경의 도리이다. 이같은 성덕盛德이 있다면 그 덕업을 길이 보존할 수 있는 것(以存其位者也)이다.

주역 계사하전 7장에 '겸은 덕의 자루(덕지병德之柄)이며, 겸은 높으면서도 빛나고(존이광尊而光), 겸으로써 예를 따르고(겸이제례謙以制禮)'라는 구절도 이같은 맥락인 것이다. 이 대목과 관련한 본의에도, 겸은 자신을 낮추고 타자를 높이는 것(謙者自卑而尊人)이며, 겸은 자신을 낮춤으로써 높고 또 빛나는 것(謙以自卑而尊且光)으로 부연 설명하고 있다.

자신을 낮추고 타자를 높이는 '섬김-공경'의 유가사상은 경사상敬思想에서 연유한다. 경敬이란 무엇인가. 주지하다시피 선진유학先秦儒學에서 공자에 이르러 인간의 도덕성이 하늘(天)로부터 인간에게로 내면화된다. 또한 개인적 차원으로 현실화함에 따라 수양의 필요성이 확대되어 일반화된다. 수양론의 중차대함이 군주 뿐만이 아니라 일반 백성의 차원까지 보편화되는 것이다.

以存其位者也.

공자는 제자 번지樊遲의 "사랑이란 무엇입니까?"란 물음에, "평소 생활은 공손하고 일처리는 경건하며 인간관계는 충직함을 말한다."[12]고 답한다. 이에 대해 주자朱子는, "공손은 용모가 위주이고 경건은 일이 위주이다. 공손은 외면으로 드러나고, 경건은 내면의 중심이 된다."[13]고 집주한다. 정자程子는 "이것은 위아래, 형이상과 형이하를 관통하는 말이다. 성인은 애당초 두 말을 하지 않는다. 이것으로 자신을 충실히 하면 얼굴이 빛나고 온 몸에 배이며, 확충하여 통달하면 돈독한 공경함으로 천하가 태평해진다."[14]고 해석한다.

공자는 논어 헌문憲問편에서 인격자의 원형으로 진덕수양進德修養하는 사람을 제시하고 있다. 경敬으로써 자기 자신을 수양하는 것, 즉 수기이경修己以敬을 인격수양의 전범으로 강조하고 있다. 그 45장의 다음과 같은 구절을 살펴보자.

> "자로가 군자에 대해 물으니 공자께서 '경敬으로써 자기 자신을 닦는 것'이라고 하셨다. 자로가 '그렇게만 하면 다 됩니까?'라고 묻자, '자기 자신을 닦아서 다른 사람들을 편안하게 하는 것'이라고 하셨다. 다시 '그렇게만 하면 다 됩니까?'라고 되묻자, '자기 자신을 닦아서 백성을 편안하게 하는 것이니, 자기 자신을 닦아 백성을 편안하게 하는 일은 요, 순임금도 오히려 부족하게 여기셨다.'고 답하셨다."[15]

---

12 『論語』 자로편 19장. 樊遲問仁 子曰 居處恭 執事敬 與人忠 雖之夷狄 不可棄也.

13 『論語』 자로편 19장 주자집주. 恭 主容. 敬 主事. 恭見於外 敬主乎中. 之夷狄不可棄 勉其固守而勿失也.

14 『論語』 자로편 19장 주자집주. 程子曰 此是徹上徹下語 聖人初無二語也. 充之則睟面盎背 推而達之 則篤恭而天下平矣.

15 『論語』 憲問편 45장. 子路問君子 子曰 修己以敬 曰 如斯而已乎 曰 修己以安人 曰

위 구절에 대해 주자는 다음과 같이 해석한다.

> "'경으로써 자기 자신을 닦는다'는 공자의 말씀은 지극하고 완벽하다. 그러나 자로子路는 부족하다고 여겼다. 그래서 다시 내면의 경敬이 충만하면 자연히 인간과 만물에 미친다는 논리로 깨우쳐주었다. 다른 도리가 아니다. 다른 사람들은 자기 자신에 대한 말이고, 백성은 모든 사람을 포괄한다. 그 일은 '요, 순 임금도 오히려 부족하게 여기셨다'함은, 그 일을 능가할 것이 없다는 말이다. 자로를 억제시켜서, 돌이켜 비근한 데서 구하도록 하려는 것이다. 성인의 마음은 한이 없는지라, 세상이 아무리 잘 다스려진들 온 세상에 각자의 자리에서 행복하지 못한 사람이 과연 한 사람도 없다고 장담할 수 있겠는가? 그래서 요, 순 임금도 백성을 편안하게 하는 일은 오히려 부족하다고 여겼다. 만약 나의 정치가 이미 충분하다고 말한다면 성인일 수 없다.
>
> 정이천程伊川은, '군자는 수신하여 백성을 편안하게 하니, 공경을 돈독히 하여 천하가 태평해진다. 오직 윗사람과 아랫사람이 한결같이 공경하면, 천지는 저절로 자리잡고 만물은 저절로 생육되어 모든 기운이 화합하니, 네 가지 영靈이 모두 이른다. 경敬은 신뢰 체현과 순리 통달(體信達順)의 도이니, 총명예지聰明睿知가 경으로부터 나온다. 경으로써 하늘을 섬기고 하

如斯而已乎 曰 修己以安百姓 修己以安百姓 堯舜其猶病諸.

느님을 제사한다.'고 해석한다."[16]

여기서 '오직 윗사람과 아랫사람이 한결같이 공경하면'이라고 했지만, 사실은 윗사람이 아랫사람을 감동시키고 분발시키는 것(주자어류: 박성규 역주. 2012: 600)이다. 네 가지 영이란 신성한 동물로서 기린 봉황 거북과 용을 지칭한다. '신뢰의 체현(체신體信)'은 충忠, '순리의 통달(달순達順)'은 서恕이다.

주자의 또다른 해석에 의하면, 체신은 털끝만한 거짓도 없는 것이요, 달순은 모든 표출이 절도에 맞아 어느 한 사람도 제 역할을 발휘하지 못함이 없게 하는 것이다. 체신은 진실하게 도를 자기 스스로의 몸에 체현함을 말하고, 달순은 모든 표출이 절도에 맞아 천하에 적용할 때 소통하지 못함이 없음을 말하는 것이기도 하다. 신信은 실리實理, 순順은 화기和氣이다. 체신은 중中에 도달함, 달순은 화和에 도달하는 것으로서 '체신달순'은 결국 치중화致中和의 뜻으로서 '충忠을 받들어 서恕를 행함(주충행서主忠行恕)'인 것이다(박성규 역주. 2012: 600).

'치중화致中和'와 관련하여 『中庸』 저자의 다음과 같은 주장을 주목해 보자.

> "하늘이 명령한 것을 성性이라 하고, 성에 따라 살아가는 것을 도道라 하며, 이를 닦아 나가는 것을 교敎라 한다. 도라는 것은 잠시라도 떨어져서는 안된다.

16 『論語』 憲問편 45장에 대한 주자집주. 脩己以敬 夫子之言至於盡矣. 而子路少之 故再以其充積之盛 自然及物者告之 無他道也. 人者對己而言 百姓則盡乎人矣. 堯舜猶病 言不可以有加於此 以抑子路 使反求諸近也. 蓋聖人之心無窮 世雖極治 然豈能必知四海之內 果無一物不得其所哉. 故堯舜猶以安百姓爲病. 若曰吳治已足 則非所以爲聖人矣. ○程子曰 君子脩己以安百姓 篤恭而天下平. 唯上下一於恭敬 則天地自位 萬物自育 氣無不和 而四靈畢至矣. 此體信達順之道 聰明睿知 皆由是出 以此事天饗帝.

떨어질 수 있다면 도가 아니다.

그러므로 군자는 보이지 않는 곳에서 조심하며 들리지 않는 곳에서 두려워한다. 어두운 곳보다 더 잘 드러나 밝혀지는 곳은 없으며, 미세한 것보다 더 잘 드러나 보이는 것이 없다. 그러므로 군자는 그가 홀로 있을 때를 조심한다.

희로애락喜怒哀樂이 아직 드러나지 않은 것을 중中이라 하며, 드러나서 모두 절도에 맞은 것을 화和라고 한다. 중中이라는 것은 천하의 근본이요, 화和라는 것은 천하의 어느 곳에서도 행해지는 도이다. 중화中和에 이르면 천지가 제 자리를 잡고 만물이 생성된다."[17]

퇴계 또한 '공경의 섬김에 바탕을 둔 사랑'을 환기하며, 부부 가족 사이의 경우에도 '서로 공경하기를 손님 대하듯이 조심스럽게' 상호작용하는, 즉 상경여빈相敬如賓의 섬김친밀성을 강조하고 있다. 상경여빈相敬如賓의 고사故事[18]를 통해 나타나고 있는 것처럼, 사랑의 법도法度는 '문을 나서 사람들을 만날 때는 손님을 대하듯 하고, 일에 임해서는 제사를 받들 듯이 하는 것(출문여빈出門如賓 승사여제承事如祭)'과 같다는 인식이다.

'공경의 섬김에 바탕을 둔 사랑'의 중요성은 퇴계의 편지에서도 확인할 수 있다. 갓 혼인한 손자 안도安道에게 보낸 글을 보자.

"부부는 인륜의 시작이요 만복의 근원이므로 아무리

---

17 『中庸』 제1장. 天命之謂性, 率性之謂道, 修道之謂教°道也者, 不可須臾離也, 可離非道也°是故君子戒慎乎其所不睹, 恐懼乎其所不聞°莫見乎隱, 莫顯乎微, 故君子慎其獨也°喜怒哀樂之未發, 謂之中; 發而皆中節, 謂之和°中也者, 天下之大本也; 和也者, 天下之達道也°致中和, 天地位焉, 萬物育焉°

18 『春秋左氏傳』「僖公 下」 33년.

친밀하다 하더라도 역시 서로 방정하게 행동하고 조심해야만 하는 사이이다. 세상 사람들은 모두 예의와 공경심을 잃고서 그저 가깝게만 지내다가 마침내는 서로 얕보고 업신여겨 못하는 짓이 없는데, 이 모두 서로 손님처럼 공경하지 않는 데에서 생겨나는 일이다. 그러므로 집안을 올바르게 지켜 나가려면 마땅히 부부 사이부터 조심하지 않으면 안된다. 천만번 경계하여라."[19]

부부관계의 친밀성과 윤리적 태도는 이처럼 정중하게 예의를 갖추고 서로가 서로를 공경하며 실질적으로 애착愛着을 지향하는 것이다. 아주 친밀한 관계에서 '상경여빈의 섬김친밀성'을 견지해햐 한다는 퇴계의 권면은 선진유학에 그 뿌리를 두고 있다. 공자 제자 중궁仲弓으로부터 '사랑(仁)'에 대해 질문을 받고 마치 동문서답하듯, "문을 나서서 사람들을 만날 때에는 마치 큰 손님을 대하듯 정중히 하고, 사람들에게 일을 시킬 때에는 큰 제사를 받들 듯 경건해야 한다."[20]고 대답한 것에서 그 근거를 찾을 수 있다. 『禮記』의 저자가 "친밀하게 지내면서도 공경하고, 경외하면서도 사랑해야 한다."[21]고 권유한 말도 이를 뒷받침한다.

19 『退溪全書』 권2 與安道孫. 311-312쪽.
20 『論語』「顔淵」편 2장, 仲弓問仁 子曰 出門如見大賓 使民如承大祭.
21 『禮記』「曲禮 上」, 狎而敬之 畏而愛之.

Ⅲ. 충서적 친밀성의 확장과 부부 가족관계의 민주화

이렇게 볼 때, 유가사상의 경敬은 결국 충서사상忠恕思想으로 귀결된다. 충서란 무엇인가? 주자는 이에 대해,

> "자기 마음을 지극히 다하는 것이 충忠이며, 자기 자신의 마음 잣대로써 타자를 대하는 것이 서恕이다. 공자의 한 가지 이理가 혼연하여 널리 응하고 곡진하게 마땅함은, 비유하건대 천지가 지성무식至誠無息하여 만물이 각기 제나름대로의 역할을 다하는 것과 같다. …지성무식이란 도道의 본체이니 만수가 일본인 것이요, 만물이 각기 제나름대로의 역할을 다한다는 것은 도의 용用이니, 일본一本이 만수萬殊가 되는 것이다. 이 같은 관점에서 볼 때, 일이관지의 실제를 볼 수 있다. 혹자가 말하기를 '중심中心이 충이 되고 여심如心이 서가 된다'고 한 것도 뜻이 통한다."[22]

라고 해석한다. 주희는 마음을 먼저 '보편적 이치(천리天理)'로 남김없이 채우고(충忠) 이를 남에게 베풀어나가는(서恕) 것이라고 풀이하는 것이다.

---

22 『論語』 里仁편 15장에 대한 주자의 집주. 盡己之謂忠 推己之謂恕 而已矣者 竭盡而無餘之辭也. 夫子之一理 渾然而泛應曲當 譬則天地之至誠無息 而萬物各得其所也. 自此之外 固無餘法 而亦無待於推矣. 曾子有見於此而難言之 故借學者盡己推己之目以著明之 欲人之易曉也. 蓋至誠無息者 道之體也 萬殊之所以一本也. 萬物各得其所者 道之用也 一本之所以萬殊也. 以此觀之 一以貫之之實 可見矣. 或曰 中心爲忠 如心爲恕 於義亦通.

한편 정자程子는 "충서忠恕는 일이관지一以貫之이니, 충이란 천도天道요 서란 인도人道이며, 충이란 무망無妄(사망詐妄함이 없는 것)이요 서란 충을 이행하는 것"[23]이라고 주장한다. 문자 그대로 충서란 '한결같이 진실한 마음으로 타자의 상황 내지 조건을 헤아려 그 처지를 배려하고 보살피는 것'이다.

상대방을 배려하기 이전에 먼저 자기 마음을 진실하게 할 것을 전제한 것은 진실하지 못한 배려가 거짓되거나 속임수에 지나지 않기 때문이다. 그래서 공자는 "사람이 사는 이치는 곧음 내지 정직이니 그렇지 않으면서 사는 것은 죽음을 요행히 면한 것과 같다."[24]고 강조한다. 그 마음의 중심 자리에 측은지심, 즉 이해득실의 타산을 내던지며 타자와 합일적으로 공감하여 그 처지를 이해하고 배려하는 태도가 기초하고 있음은 두말할 나위가 없다. 유가사상이 위기안인爲己安人을 그토록 강조하는 까닭도 이와 같은 것이다.

한편 퇴계 이황은 충서적忠恕的 가치지향과 태도가 일상 생활의 구체적 윤리 덕목으로 실천돼야 함을 강조하고 있다. 그는 『성학십도』에서 오륜五倫의 실천 원리, 즉 독행篤行으로 여섯 가지를 제시하고 있다.[25] 그 중에 "내가 원하지 않는 일을 타자에게 행하지 말라(己所不欲 勿施於人)", "일이 뜻대로 되지 않을 경우 그 문제의 원인을 자기 자신에게서 찾아내라(行有不得 反求諸己)"는 두 구절[26]은 이 글의 주제와 관련하

23 『論語』 里仁편 15장에 대한 주자의 집주. 忠恕一以貫之 忠者天道 恕者人道. 忠者無妄 恕者所以行乎忠也.

24 『論語』 雍也편 19장. 子曰 人之生也直 罔之生也幸而免. 이에 대해 程明道는 "사람의 본래 이치는 곧음 내지 정직한 것인데, 망은 정직하지 않은 것이다. 그러면서도 사는 것은 요행히 면한 것일 뿐이라(生理本直 罔不直也. 而亦生者 幸而免爾.)."고 주석한다.

25 『聖學十圖』 第伍白鹿洞規圖. 言忠信行篤敬 懲忿窒慾遷善改過 正其義不謀其利 明其道不計其功 己所不欲勿施於人 行有不得反求諸己.

26 퇴계는 이 두 가지 실천 규칙을 '접물지요接物之要'로 명명하고 있다.

여 주목할만 하다. 이러한 관계 윤리는 역지사지易地思之하는 성찰적 반성의 자세로 타자에 대해 겸손과 관용, 배려와 보살핌을 일상적으로 실천하는 것을 강조하기 때문이다.

퇴계는 이와 관련하여 우리가 일상생활에서 구체적으로 "자신이 나서고 싶을 때에는 남이 먼저 나서도록 도와주고, 자신이 뜻을 펼치고 싶을 때에는 남이 먼저 뜻을 펼치도록 도와주라."[27]는 가르침을 권면한다. 논어 위령공衛靈公편에 나오는, "내가 원하지 않는 일을 타자에게 행하지 말라(己所不欲 勿施於人)"는 것이 관계 윤리의 소극적 측면이라면 옹야雍也편의 '기욕립입인己欲立立人 기욕달달인己欲達達人'의 지향과 태도는 타자에 대한 적극적 측면을 드러내고 있다. 이처럼 구체적으로 실행해야 '천지만물을 자신과 한 몸으로 여기는' 인자仁者의 경지에 이르게 된다는 것이다.

한편 충서의 도리와 관련하여 혈구지도絜矩之道를 논급하지 않을 수 없다. 여기서 혈구란 사실 충서의 정치적 윤리 측면이라고 볼 수 있다. 보편적인 기준 내지 잣대(구矩)를 가지고 물건이나 사물의 크기를 재거나 헤아리는(혈絜) 것처럼[28], 지도자는 백성의 관점에서 그들의 마음과 지향을 헤아려 민본, 민생 정치를 해야 한다는 것이 『대학』의 가르침이다. 다음과 같은 구절은 혈구지도의 대표적인 시각이라 할 수 있다.

---

27 『論語』 雍也편 28장. 夫仁者 己欲立而立人 己欲達而達人에 근거한다. 공자 스스로도 이러한 태도야말로 사랑을 실현할 수 있는 최선의 방법(能近取譬 可謂仁之方也已)이라고 설파한다. 이에 대해 주자도 "자기 자신으로써 타자에게 미침은 인자의 마음이니 이러한 경지는 천리가 두루 관통하는 것이다. 사랑의 본질적 측면을 이보다 더 절실하게 표현하기는 어렵다(以己及人 仁者之心也. 於此觀之 可以見天理之周流而無間矣. 狀仁之體 莫切於此)."라고 해석한다.

28 혈은 헤아림이고 구는 일종의 곡척으로 물건의 장단長短, 광협廣狹, 곡직曲直을 재는 기구이다. 도道는 방법으로서 자신의 마음을 가지고 타인을 헤아리는 척도로 삼는 것을 비유한다. 그리하여 자신이 좋아하는 것은 타인도 좋아하고 자신이 싫어하는 것은 타인도 싫어한다는 사실을 깨달음으로써, 자신이 싫어하는 바를 타자에게 베풀지 아니하는 것이다. 이것이 바로 추기급인推己及人의 서恕와 상통한다.(성백효. 2010: 56)

> "윗사람이 나를 대하는 태도가 싫으면 나의 아랫사람을 그러한 태도로 대하지 말고, 아랫사람이 나를 받드는 태도가 싫으면 나의 윗사람을 그러한 태도로 받들지 말라. 앞사람이 나보다 앞서는 태도가 싫으면 나의 뒷사람에게 그러한 태도로 앞서지 말고, 뒷사람이 나를 따르는 태도가 싫으면 나의 앞사람을 그러한 태도로 따르지 말라. 오른쪽 사람이 나와 사귀는 태도가 싫으면 왼쪽 사람과 그러한 태도로 사귀지 말고, 왼쪽 사람이 나와 사귀는 태도가 싫으면 오른쪽 사람과 그러한 태도로 사귀지 말라."[29]

퇴계의 "수신과 제가는 효도, 공경, 사랑, 예양禮讓, 충서에 그 핵심이 있고, 치국과 평천하는 혈구에 그 요점이 있다."[30]는 주장도 이러한 충서와 혈구의 유관성에 관련된 것이다.

이제 충서적 친밀성과 관련하여 측은지심의 함양에 대해 살펴보자.[31] 맹자는 "사람이란 누구나 다른 사람을 차마 해치지 못하는 마음을 지니고 있다. 이것은 어떤 사람이 어린 아이가 막 우물에 빠지려는 것을 보고 깜짝 놀라며 측은해 하는 마음을 갖는 것에서 알 수 있다."[32]고 하여 성선性善은 불인지심不忍之心에서 드러난다고 주장한다. 불인이란 참을 수 없다는 뜻이다. 타자의 불행을 아무렇지도 않은 듯 그냥 보고

---

29 『大學』 傳文 10장. 所惡於上，毋以使下。所惡於下，毋以事上。所惡於前，毋以先後。所惡於後，毋以從前。所惡於右，毋以交於左。所惡於左，毋以交於右。此之謂絜矩之道。

30 『退溪全書』「答李平叔問目」.

31 측은지심에 대한 논의는 정학섭(2015a: 19-21)을 수정 보완한 것이다.

32 『孟子』 公孫丑上 6장. 孟子曰 人皆有不忍人之心. … 今人乍見孺子將入於井 皆有怵惕惻隱之心.

있을 수 없다는 의미이기도 하다. 주자는 이에 대해 “천지가 만물을 생성함으로써 마음으로 삼았기 때문에 태어난 사물들이 제각각 이 세상의 생물지심生物之心을 갖고 있다. 그래서 사람들이 모두 사람을 차마 해치지 못하는 마음을 가지고 있는 것”[33]이라고 해석한다.

어떤 사람이 고통스러워하고 추위와 배고픔에 허덕이며 굴욕을 받거나 생사의 위험에 직면한 것을 보았을 때, 사람이라면 누구나 참을 수 없는 불안한 마음을 나타내는데, 이 참을 수 없는 불안한 마음이 인심仁心이며 모든 사람이 선천적으로 본래 가지고 있는 선한 본성이라고 한다(채인후. 2010: 56). 불인不忍으로부터 출척측은怵惕惻隱한 인심仁心이 바로 이와 같은 것이다.

맹자의 ‘타고난 착한 마음’이란 우리가 타자와 상호작용하며 교환하는 친밀성의 바탕이다. 이러한 감정과 정서가 특정 상황에서 적절히 작동할 경우 친밀한 관계를 형성할 수 있다. 친밀성의 동인이 마음이요 감정의 작용이라는 것은 이것이 사람들 사이 관계 형성의 원천이라는 함의를 지니고 있다. 타자를 향한 마음의 감정과 그 확장은 관계를 창조하는 원동력인 셈이다. 그래서 맹자도 “내게 있는 사단四端을 넓히고 가득 채워 나가면 마치 불이 처음 붙고 샘이 처음 솟아나듯이 일어난다. 정말로 넓히고 가득 채워 나가면 사해四海를 보존할 수 있지만 그렇게 하지 못할 경우 부모조차 섬길 수 없다.”[34]고 했던 것이다.

『시경詩經』의 저자가 읊은 ‘타인이 갖고 있는 마음을 나 자신이 헤아린다’[35]는 태도 또한 바로 불인지심不忍之心이 되살아나는 정서적 척척戚戚

---

33 『孟子』 公孫丑上 6장 주자 집주. 天地以生物之心. 以所生之物 因各得夫天地生物之心以爲心. 所以人皆有不忍人之心.

34 『孟子』 公孫丑상 6장. 凡有四端於我者, 知皆擴而充之矣, 若火之始然, 泉之始達. 苟能充之, 足以保四海; 苟不充之, 不足以事父母.

35 『詩經』 小雅巧言편. 他人有心 予忖度之. 『孟子』 梁惠王上편 7장에도 보인다.

함 내지 감동함에 가닿는다. 타자에 대한 이러한 헤아림의 지향이 오늘날의 공감(empathy)과 배려(care)가 아니고 무엇이랴. 맹자의 "내 노인을 노인으로 섬겨서 남의 노인에게까지 미치며, 내 어린이를 어린이로 사랑해서 남의 어린이에게까지 미친다면 천하를 손바닥에 놓고 움직일 수 있다."[36]는 언술도 이와 유사한 맥락을 지니고 있는 것이다.

Ⅳ. 물아일체 친밀성과 평등 지향의 세계

이같은 충서의 정신은 자기 중심적인 폐쇄성으로부터 타자의 상황 및 관점에서 타자를 이해(understanding)하려는 공감의 개방성으로 전환한다. 여기엔 일종의 사회심리적 '중심 전이' 메커니즘이 작동한다고 볼 수 있다. 사람 사이의 상호작용과 관계에서 충서적 태도를 견지한다는 것은 서로가 자타합일의 고양된 상태를 경험하게 한다. 이것은 유가사상의 '천지만물을 자기 자신과 한 몸으로' 이해하려는 세계관과 맞닿아 있다.

타자 및 만물이 나 자신과의 존재 관련 속에 내재되어 있다는 것은 "만물이 모두 나에게 갖추어져 있으니, 그 이치를 내 몸에 돌이켜서 성실히 행하면 이보다 큰 즐거움이 없을 것"[37]이라는 맹자孟子의 주장과 상통한다. 여기에서 '그 이치'란 '나 자신에게 갖추어져 있는 만물'의 의미와 가치를 의미한다. 맹자가 이어서 "서恕의 노력만큼 인仁을 획득하

---

36 『孟子』 梁惠王上편 7장. 老吳老 以及人之老 幼吳幼 以及人之幼, 天下可運於掌.

37 『孟子』 盡心上편, 孟子曰, 萬物皆備於我矣. 反身而誠, 樂莫大焉. 强恕而行, 求仁莫近焉.

는 데 긴절한 것은 없다(强恕而行 求仁莫近焉)"고 말한 것은 이의 자연스런 귀결이다. 이것은 공자가 "우리 도道는 한 가지 리理가 만 가지 일을 꿰뚫고 있다."[38]고 했을 때의 바로 그 충서忠恕의 사상에 기초하고 있다.

자기 자신이 하려고 하지 않는 바를 타자에게 강요하지 않고(기소불욕己所不欲 물시어인勿施於人)[39], 자신의 지향과 타자의 지향을 일치시키려는(추기급인推己及人) 배려의 정신이 바로 서恕이며 사랑이다. 그런 만큼 우리는 자아와 타자를 분리. 고립시키는 폐쇄적 개인주의를 탈각하여 만물의 생성 발육을 성실히 추구하려는, 물아일체物我一體를 지향하는 상생적 사랑을 새삼 환기시키지 않을 수 없는 것이다.

그런데 물아일체라고 하여 모든 사람과 만물을 일률적으로 똑같이 대하고 배려함을 뜻하지는 않는다. 이것은 "물物과 아我의 근원적인 일체성을 말하려 한 것일 뿐이며, 한편으로 일상의 실천 현장에서 사랑을 대상에 따라 달리 행하려 한다. 이른바 차등애差等愛가 그것이다."(김기현. 2009: 157)

이를테면 맹자가 어버이에 대한 사랑(친친親親)과 만민에 대한 사랑(인민仁民), 그리고 만물에 대한 사랑(애물愛物)이 같을 수 없다고 주장한 것도 거의 비슷한 맥락이다. 사랑의 정신은 동일하지만, 부모, 만민, 만물에 대한 애정의 정도가 같을 수가 없다. 또한 그 친밀성의 방법에서도 어버이에 대해서는 혈육의 정에 입각하여 공경과 봉양으로, 타인들에 대해서는 따뜻한 배려와 인격의 존중으로, 그리고 만물에 대해서는 그를 아끼고 보호하는 마음으로 실현되어야 한다. 정호程顥도 "인자仁者는

---

38 『論語』 里仁편 15장. 子曰 參乎 吾道一以貫之. 曾子曰唯. 子出門人問曰 何謂也. 曾子曰 夫子之道 忠恕而已矣.

39 이의 적극적 측면이 바로 "인자는 자신이 나서고 싶을 때에는 남이 나서도록 도와주고 자신의 뜻을 펴고 싶을 때에는 남이 뜻을 펼치도록 도와준다."(『論語』 雍也편 30장, 夫仁者 己欲立而立人 己欲)

천지만물을 자신과 한 몸으로 여긴다. 만물을 자신의 일부로서 생각하니 그의 사랑이 어느 한 사물엔들 미치지 않겠는가."[40]라고 역설했던 것이다.

한편 물아일체적 친밀성과 관련하여 퇴계는 다음과 같이 주장한다.

> "성학聖學은 사랑을 추구하는 데 있는 것이니 모름지기 이 뜻을 깊이 체득해야 한다. 그래야만 천지 만물과 더불어 일체가 됨을 알 수 있다. 그래야 사랑을 실현하는 공부가 비로소 친절하고 맛이 있어서 망탕하여 (천지 만물이 자신과) 교류가 없는 염려를 면할 수 있다. 또한 만물을 자기로 여기는 병통도 없게 되어 마음의 덕이 온전하게 될 것이다."[41]

이처럼 그는 사랑을 추구함으로써 물아일체의 인식으로 나아가게 된다고 본다. 이러한 물아일체의 인식을 통해 사랑의 실현을 제대로 할 수 있게 된다는 것이다. 여기서 물아일체란 "나와 천지 만물이 일체를 이룬다는 것이요, 이일理一. 분수分殊의 원리에 따라 그 기질적 차별성을 전제로 하면서도 하나의 이치에서 유래하는 부모-자녀-형제로서의 가족적 일체감을 의미한다."(금장태. 2001: 41-42)

'이일理一. 분수分殊'론은 횡거橫渠 장재張載의 『서명西銘』에서 출발한다. 그 서두에 "하늘을 아버지라 일컫고 땅을 어머니라 일컬으며, 나는 하늘과 땅 사이에 자그마한 존재로서 가운데 섞여 자리잡고 있다(乾稱父 坤稱

---

40 『近思錄』 37쪽.

41 『聖學十圖』 第二西銘圖. 蓋聖學在於求仁 須深體此意. 方見得與天地萬物爲一體. 眞實如此處 爲仁之功 始親切有味 免於莽蕩無交涉之患. 又無認物爲己之病 而心德全矣.

母 予玆焉 乃混然中處).”는 구절이다. ‘건칭부乾稱父 곤칭모坤稱母’의 인식은 ‘하늘의 도는 남자를 이루고, 땅의 도는 여자를 이룬다(乾道成男 坤道成女)’는 주렴계周濂溪 태극도설太極圖說의 세계관에 근거하고 있다.

이같은 언명言明(statement)은 하늘과 땅에 대한 인간의 관계를 부모 자녀의 혈연적 가족관계로서 인식하는, 인간 관계의 친밀성에 대한 사유체계를 드러내고 있다. 그 가운데 위치한 작은 존재로서의 자아를 설정하고 있다. 이러한 인식틀 속에서 자아는 개체로서의 자아일 뿐만 아니라 모든 인간 및 만물과 친밀성의 관계를 맺는 존재로서의 자아인 것이다.

퇴계는 『서명』이 “나와 천지와 만물이 그 이치가 본래 하나인 까닭을 반복하여 밝히고 있는 것[42]”이라고 주장한다. 천지, 인간, 만물의 존재는 그 기질의 다양성에도 불구하고 하나의 이치(一理)로 관통한다. 이러한 인식은 우주 내의 모든 존재가 일체를 이루는 세계관에 근거하고 있다. ‘이치가 본래 하나(理本一)’라는 주장 또한 성리학의 기본 명제인 ‘이일理一, 분수分殊’ 원리에 근거하는 것이다.

건곤乾坤으로서의 하늘과 땅은 인간과 만물을 하나의 부모이므로 ‘이치는 하나(理一)’라고 본다. 그런데 생명체는 각각 부모 자녀 관계로 구성되어 있으니 ‘나누어짐이 다르다(分殊)’는 것이다. 이러한 이일과 분수는 두 개의 서로 다른 원리가 아니다. ‘하나一’와 ‘다름殊’이라는 상반된 조건이 동시에 작동하여 통일체를 이룬다. 바로 ‘하나이면서 둘(一而二)’이며, ‘둘이면서 하나(二而一)’인 대립적 조건의 통일이라는, 성리학적 논리체계로서의 의의가 있는 것이다.[43]

---

42 『退溪全書』 권7 西銘考證講義. 橫渠此銘 反覆推明吳與天地萬物 其理本一之故.

43 주자는 “하나로 통일되어 있으면서 만 가지로 다르니, 비록 천하를 한 집안이라 하고 중국을 한 사람이라 하여도 겸애兼愛의 폐단에 흘러가지 않고, 만 가지로 다르지만 하나로 관통하니, 비록 친소親疎의 정情을 달리하고 귀천의 등급을 달리하더라도 위아爲我의 사사로움에 얽매이지 않는다. 이것이 『서명』의 근본 취지이다.”라고 주장

퇴계는 나아가 "천지의 기氣가 나의 몸體이 되고, … 천지의 이理가 나의 성품性이 된다."[44]고 주장한다. 천지의 이와 기가 인간과 만물의 몸과 성품으로 일체를 이룬다. 이같은 일체성의 존재 구조에서 '백성은 나의 동포, 만물은 나의 무리(민오동포民吾同胞 물오여야物吾與也)'라는 『西銘』의 언명을 확인할 수 있다.

이와 같은 물아일체론은 존재의 근원과 실천 과정에 따라 두 가지 양상으로 나타난다. 우선 인간과 만물이 천지라는 하나의 근원에 기초하여 동일한 존재 근거를 지니고 있으며, 이理와 기氣의 구조에 따라 차별성을 전제로 통일체를 이루고 있다는 존재론적 일체성에 대한 인식이다. 다른 하나는 인간이 이러한 존재론적 일체성을 성찰함으로써 타자와 만물 사이에 일체감을 확장하여 '우주 전체가 한 집안이요 나와 한 몸'이라는 것을 체득하는 것이다.

퇴계는 공허하게 천지, 만물과 일체라는 추상적 관념의 물아일체론을 경계하고 있다. 자아의 실존론적 진정성 없이 관념론적 물아일체 의식 습성에 젖는 병통을 경고하고 있다. 자아와 만물의 분별을 인식하면서도 양자가 상호 소통함으로써 일체감을 획득하는 물아일체를 통해 사랑의 실현을 추구하려 했던 것이다.

이같은 인식을 바탕으로 퇴계는 사랑의 친밀성 실현 방식으로 '사私–사사로움의 극복'을 강조한다. 다음과 같은 논의를 주목해 보자.

"사랑의 실체를 그려내고 이로 인해 유아有我의 사사

한다.(『退溪全書』 권7, 一統而萬殊 則雖天下一家 中國一人 而不流於兼愛之蔽. 萬殊而一貫 則雖親疎異情 貴賤異等 而不梏於爲我之私. 此西銘之大旨也.) 주자는 인간과 만물이 우주 안에서 동일한 근원을 지니고 일체를 이루는 것임을 강조하면서도, 그 개별적 차이에 따른 분별적 인식을 중시하고 있다고 볼 수 있다(금장태. 2001: 38).

44 『退溪全書』권7 西銘考證講義. 天地之氣 在吳爲體, … 天地之理 在吳爲性.

로움을 깨뜨리고 무아無我의 공변됨을 크게 확장한다. 완고하기가 돌과 같은 마음으로 하여금 녹아내려 환히 트이게 하고, 사물과 나 사이에 빈틈이 없게 하며, 털끝만큼의 사사로운 생각도 그 사이에 끼어들지 못하도록 한다. 이로써 천지가 한 집안처럼 되고 온 나라가 한 사람처럼 됨을 알 수 있게 되면, 타자의 괴로움과 아픔이 내 몸에 절실하게 느껴지게 되어 사랑을 실현하는 도道를 얻을 것이다."[45]

'자기 자신의 관점을 고집하는' 유아有我 의식은 사사로움에 집착한다. 소아주의小我主義의 완고함이라 할 수 있다. '자아의 편협함을 벗어나고 타자의 관점 또한 중시하는' 무아無我 의식은 이같은 소아주의를 극기함으로써 우주적 생명정신으로 가득찬 대아大我 세계를 지향할 수 있다. 이와 관련하여 퇴계는 '완頑'자에 주목한다.[46]

"사랑하지 못하는 사람은 사욕私欲이 덮이고 막혀서 타자와의 소통을 원활하게 하지 못한다. 또한 측은한 마음으로 타자에게 다가가지도 못한다. 그래서 그 마음이 완고하기가 돌과 같다. 그래서 완頑이라고 한다."[47]

---

45 『退溪全書』권7 西銘考證講義. 狀出仁體 因以破有我之私. 廓無我之公 使其頑然如石之心. 融化洞徹 物我無間 一毫私意無所容於其間. 可以見天地爲一家 中國爲一人 痒痾疾痛 眞切吳身 而仁道得矣.

46 『西銘』의 원래 제목 『訂頑』의 '頑'자를 해석한 것이다.

47 『退溪全書』권7 西銘考證講義. 頑者不仁之名. 不仁之人 私欲蔽錮. 不知通物我推惻

그는 사람이 타자를 사랑하지 못하는 것은 '사사로움에 사로잡힌 완고한 마음' 때문으로 보고 있다. 자기 자신의 사욕에 붙들려 그 마음이 돌처럼 굳어져 타자와 제대로 소통하지 못한다고 여긴다. 서로 사랑할 수 있는 기본 조건으로 타자를 향한 측은지심, 추기급인推己及人의 소통과 유대를 강조하고 있는 것이다.

퇴계는 사욕의 '사私'를 '마음을 해치는 좀벌레요 모든 악의 근본'이라 하여 욕망의 사사로움을 악의 근원으로 인식하고 있다. 이를 제거하기 위해 "마음을 해치는 적을 제거하고 악의 뿌리를 뽑아서 순수한 천리天理를 회복하는 것"[48]이 최상의 방법이라고 주장한다. 퇴계 또한 사랑을 실현하기 위해 '천리天理의 회복', 즉 극기복례克己復禮와 박문약례博文約禮를 새삼 환기시키고 있다. 우리 심성 내면의 심층으로부터 구체적 행위에 이르기까지 사사로움을 극복하여 친밀성의 예禮를 지향하는 극기복례克己復禮, 성실한 수양공부의 바탕 위에 친밀성의 예禮로써 자기 자신을 집약하고 행위를 규율하는 함양涵養 체찰體察의 박문약례博文約禮, 이 두 가지 방법[49]을 동시에 강조하고 있는 것이다.

그런데 자기 사사로움의 극복 과제가 일상의 친밀성 세계에서 그렇게 간단한 문제는 아니다. 퇴계는 "마음을 해치는 적을 제거하고 악의 뿌리를 뽑아서 순수한 천리天理를 회복하고자 한다면, 공부하기의 공효功效에 깊이 의지하지 않으면 안된다."[50]고 주장한다. 일시적으로나 몇 가

隱. 心頑如石 故謂之頑.

48 『退溪全書』권7 戊辰經筵啓箚二. 私者一心之蠹賊 而萬惡之根本也 ... 欲去心賊拔惡根 以復乎天理之純.

49 극기복례는 사욕과 싸워 이김으로써 은폐되었던 천리를 회복하는 것으로 '극복克服' 방법이라 볼 수 있고, 박문약례는 올바른 수양공부를 통해 천리를 보존하고 함양하는 것으로 '배양培養' 방법이라 볼 수 있다. 이에 대해선 금장태(2001: 160-161)를 참조할 것.

50 『退溪全書』권7 戊辰經筵啓箚二. 欲去心賊拔惡根 以復乎天理之純 不深藉學問之功不可.

지 일에서 사사로움을 힘써 없애기는 어렵지 않다. 그런데 일상적으로 늘 모든 일에서 자기도 모르는 사이에 사사로움이 싹터 나오거나 잠복 돌출하는 경우가 다반사다. 그렇기 때문에 그는 극기복례와 박문약례가 일상에서 끊임없이 반복적으로 독행篤行해야 할 인간존재의 근원적 과제임을 역설하고 있는 것이다.

그리하여 퇴계는 다음과 같이 권면하고 있다.

> "옛 성현들은 조심하고 삼가기를 깊은 연못에 이른 듯이 하고 엷은 얼음을 밟는 듯이 했다. 날마다 끊임없이 노력하고 밤마다 조심해서 오직 잠깐이라도 태만하고 소홀히 하여 구덩이에 빠지고 벼랑에 떨어지는 근심이 있을까 두려워하였다. 그 마음이 일찍이 나의 학문이 이미 지극하여 사사롭고 사악한 데 빠질 걱정은 없다고 여기지 않았다."[51]

이것은 『시경詩經』 소아소민小雅小旻편의 "깊은 물가에 다가간 듯 살얼음을 밟고 가듯 전전긍긍하노라(전전긍긍戰戰兢兢 여림심연如臨深淵 여리박빙如履薄氷)"는 유가사상적 수양 성찰 자세을 반영하고 있다. 그는 우리들에게 우리 일상 삶의 모든 사회적 과정(social process)이 자아-타자 친밀성의 실현을 위한 진력 과정이라 일깨우고 있다. 이 과정의 참여자들은 서로 삼가고 조심하여 근독謹篤과 공경恭敬의 태도를 취할 것을 강력히 권유하고 있다. 유가사상적 수양공부하기의 목표와 실천이 사사로운 사욕을 극복하여 천리天理를 회복하고 사랑의 친밀성을 독행篤行

---

51 위의 책 같은 곳. 古之聖賢 兢兢業業 如臨深淵 如履薄氷. 日乾夕陽 惟恐頃刻怠忽而有墮坑落塹之患. 其心未嘗自謂吳學已至. 不患有陷於私邪也.

하는 것임을 깨우치고 있는 것이다.

사사로움을 극복하여 진정한 친밀성을 지향하려는 것은 결국 공자의 절사론絶四論을 내면화(internalization)하는 것이라 볼 수 있다. “공자는 네 가지를 끊어버렸으니, 의意가 없었고, 필必이 없었으며, 고固가 없었고, 아我가 없었다.”[52]는 대목이다. 주자의 해석에 의하면 의意는 사사로운 뜻(선입견), 필必은 꼭 하고자 작정하는 기필함, 고固는 집착하여 구애되는 고루함, 아我는 사사로운 자기 아집을 뜻한다.

이 네 가지는 서로 시작과 끝이 된다. 선입견에서 발단하여 마침내 기필하고, 집착에 머물면서 아집을 형성한다. 선입견과 기필함은 늘 일이 있기 전에 존재하고, 집착의 고루함과 아집은 늘 일이 생긴 이후에 존재한다. 아집이 다시 선입견을 낳으면, 물욕에 끌려들어 순환이 끝이 없다.[53]

절사론絶四論에서 우리는 ‘순전한 천리(혼연천리渾然天理)’ 상태[54]를 지향하기 위해 사사로움에서 벗어나려는 지극한 의지를 엿볼 수 있다. 타자와의 관계에서 사사로움을 절단하여 공정하고 평등한 관계를 형성하려는 태도이다. 이러한 관계 지향이 바로 직결된다. 그래서 공자도, “극기복례가 사랑이다. 하루라도 극기복례를 한다면 사랑으로 돌아가게 될 것이니, 사랑을 행하는 것은 자신에게 말미암는 것이지 어찌 다른 사람

52 『論語』 子罕편 4장. 子絶四 毋意毋必毋固毋我.

53 위 子罕편 4장에 대한 주자집주. 意私意也 必期必也 固執滯也 我私己也. 四者相爲終始 起於意 遂於必 留於固 而成於我也. 蓋意必常在事前 固我常在事後 至於我又生意 則物欲牽引 循環不窮矣.

54 주자는 『朱子或問』에서 다음과 같이 부연 설명하고 있다. “무의는 순전한 천리天理 상태로 사사로운 뜻을 따르지 않음이다. 무필은 모든 일마다 이치에 따르고 기필하지 않음이다. 무고는 이미 지나간 일이 마음에 머물러 있지 않아 막혀서 정체됨이 없음이다. 3무아는 만물에 대동大同하여 자기 한 몸에 편애하지 않음이다.” 그리고 『朱子語類s에서 “의필고아意必固我가 사라진 상태가 천리유행天理流行이요, 연비어약鳶飛魚躍이다.”라고 해석한다.(박성규 역주. 2012: 341-342에서 재인용)

에게 말미암는 것이겠는가?”[55]라고 언명하고 있는 것이다.

V. 소결: 충서적 섬김 친밀성과 가족관계 민주화 지향

이 글의 논의를 통해서 우리는 최근의 한국사회 인간 관계, 특히 부부 가족관계 친밀성의 위기를 재확인할 수 있다. 이러한 친밀성의 위기를 진단하고 회복할 수 있는 대안으로 유가사상의 성찰에서 새롭게 찾아보고자 한 것이다.

인간 관계에서 민주적 관계 형성이야말로 가장 오래 지속가능하고(sustainable), 진정으로 공정하고 평등한(fair and equal) 지향을 성취할 수 있다고 한다. 이것은 부부 가족 관계에서도 마찬가지이다. 부부 가족 관계의 민주화는 그 관계의 친밀성을 건강하게 지속가능하게 하고 상호 공경하는 사랑의 성취를 이루게 한다. 이 글에서 우리는 부부 가족 관계 민주화를 위하여 유가사상의 '충서적 섬김 친밀성'을 핵심 대안으로 제시하고 이를 중심으로 성찰省察해 보려고 하였다.

충서적 섬김 친밀성이란 무엇인가? 섬김 친밀성은 '서로 공경하기를 손님 대하듯이 조심스럽게 하는' 상경여빈相敬如賓의 사랑(仁)이다. 그것은 우리 일상 삶의 인간 관계, 특히 친밀한 관계에서 자기 자신의 사사로움을 결단코 이겨내려는 극기복례克己復禮의 친밀성이다. 극기복례는 박문약례博文約禮를 수반한다. '기소불욕己所不欲 물시어인物施於人'의 충서적

55 『論語』顔淵편 4장. 顔淵問仁 子曰 克己復禮爲仁 一日克己復禮 天下歸仁焉 爲仁由己 而由人乎哉.

忠恕的 관계를 회복하고 나아가 '기욕립입인己欲立立人 기욕달달인己欲達達人'의 세계를 지향한다. 이러한 지향은 혈구지도絜矩之道와 측은지심惻隱之心의 진정성에 기초하고 있다.

충서적 섬김 친밀성은 또한편 유가사상적 물아일체物我一體의 친밀성이다. 자아의 아집에 편벽된 사의私意를 극복하고 타자의 처지를 역지사지易地思之하는 절사론絶四論의 결연한 의지이기도 하다. 이것은 의필고아意必固我의 고립적 폐쇄성을 버리고, 하늘의 이치(천리天理)가 유행流行하고 연비어약鳶飛魚躍하는 개방성을 성취하려는 결단이기도 한 것이다.

또한 충서적 친밀성은 관계 형성에서 서로의 지위와 역할의 다양성을 인정하는 친밀성의 이일理一, 분수론分殊論 관점을 수용한다. 대대적對待的 관계로서의 부부 가족은 '하나이면서 둘(一而二)'이며, '둘이면서 하나(二而一)'인 대립적 조건의 통일이라는, 성리학적 논리체계로서의 의의를 지닌다.

부부나 가족과 같이 지상의 친밀한 관계는 우리들에게 숙명과도 같다. 이 관계의 지속가능한 상태를 강건하게 유지하기 위해, 우리는 『시경詩經』의 저자나 퇴계의 '여림심연 여리박빙'적 관계맺기 권면을 새롭게 성찰해 본다. 가족구성 과정의 참여자들은 서로 삼가고 조심하여 근독謹篤과 공경恭敬의 태도를 취하라는 권유를 되새겨 보기도 한다. 사사로운 사욕을 극복하여 천리天理를 회복하고 사랑의 친밀성을 독행篤行해야 한다는, 유가사상적 담론에도 개입 헌신(commitment)해보려는 것이다.

참고문헌

『大學』.

『中庸』.

『論語』.

『孟子』.

『周易』.

『禮記』.

『詩經』.

『近思錄』.

『退溪全書』. 成大 大東文化硏究院(영인본).

『聖學輯要』. 成大 大東文化硏究院(영인본).

고종석. 2012. 『어루만지다: 사랑의 말, 말들의 사랑』. 서울: 마음산책.

금장태. 2001. 『성학십도와 퇴계철학의 구조』. 서울: 서울대학교 출판부.

기든스(Giddens. Anthony). 2003. 『현대사회의 성. 사랑. 에로티시즘』. 배은경, 황정미 역. 서울: 새물결.

기든스(Giddens. Anthony). 2010. 『현대성과 자아정체성: 후기 현대의 자아와 사회』. 권기돈 역. 서울: 새물결.

김기현. 2009. 『선비』. 서울: 민음사.

김상봉. 2014. 『서로주체성의 이념: 철학의 혁신을 위한 서론』. 서울: 도서출판 길.

남회근南懷瑾. 2005. 『주역강의易經繫傳別講』. 신원봉 역. 서울: 문예출판사.

박성규 역주. 2012.『논어집주』. 서울: 소나무.
성백효成百曉. 2009.『懸吐完譯 論語集註』(개정증보판). 서울: 전통문화연구회.
성백효成百曉. 2010.『懸吐完譯 孟子集註』(개정증보판). 서울: 전통문화연구회.
성백효成百曉. 2010.『懸吐完譯 大學.中庸集註』(개정증보판). 서울: 전통문화연구회.
울리히 벡·엘리자베트 벡-게른샤임(Beck. Ulrich, Elizabeth Beck-Gernsheim). 2006.『사랑은 지독한 그러나 너무나 정상적인 혼란』. 강수영 외 역. 서울: 새물결.
울리히 벡 외. 2010.『위험에 처한 세계와 가족의 미래』. 한상진 외 편. 서울: 새물결.
이창일. 2011.『주역, 인간의 법칙』. 고양: 위즈덤하우스.
정학섭. 2009.「한국사회 가족주의와 사회자본」. 한국사회학회 전기 사회학대회 발표문(미간행).
정학섭. 2010.「유가사상 공부론과 수양론의 탐색」.『동양사회사상』21: 231-260.
정학섭 외. 2014.『사회학적 관심의 동양사상적 지평』. 서울: 다산출판사.
정학섭. 2015a.「친밀성의 위기와 순수지속의 사상적 성찰」.『사회사상과 문화』18-3: 1-31.
정학섭. 2015b.「표준사회학적 연구와 동양사회사상적 공부하기의 통합」.『사회사상과 문화』18-4: 23-34.
채인후. 2010.『맹자의 철학』. 천병돈 역. 서울: 예문서원.
최정준. 2014.『주역개설』. 서울: 비움과 소통.
최석만·정학섭 외. 2016.『현대사회의 위기와 동양사회사상』. 서울:

다산출판사.

Bell, Sandra and Simon Coleman ed. 1999. *The Anthropology of Friendship*. New York: Berg.

Chambers, Deborah. 2006. *New Social Ties: Contemporary Connections in a Fragmented Society*. New York: Palgrave Macmillan.

Crossley, Nick. 2011. *Towards Relational Sociology*. New York: Routledge.

Goodwin, Robin 2009. *Changing Relations: Achieving Intimacy in a Time of Social Transition.* New York: Cambridge University Press.

동양사상의 시대 진단과 비전

퇴계의 삶과 배려, 그 탈현대적 함의
| 이 현 지

퇴계의 삶과 배려, 그 탈현대적 함의

—

이 현 지

1. 현대사회와 배려

현대사회는 그 어떤 사회보다 '배려'가 중요한 의미를 가지는 사회라고 할 수 있다. 왜냐하면 현대사회에서는 배려의 결여로 인해서 심각한 사회문제가 발생하고 있으며, 현대인은 그로 인한 불행에 직면하고 있기 때문이다. 어떤 시대와 지역에서도 분쟁은 있을 수 있겠지만, 오늘날 현대사회는 '분노사회(Angry Society)'라고 지칭할 만큼 갈등이 극대화 되어 있다.[01] 현대인은 크고 작은 분쟁으로 고통을 받고 있으며, 상대의 입장을 이해하기보다는 자기 권리를 찾고 이익을 챙기는 일에 급급하다.

한국사회도 이러한 경향에서 크게 벗어나지 않는다. 한국은 경제적으로는 선진국 대열에 들어선 지가 꽤 되었지만, 일상생활에서의 배려의 수준은 아직 낮은 면이 있다. 흡연을 금지한 공중화장실의 자욱한 담배연기, 층간소음으로 다투는 이웃들, 뒷사람을 배려하지 않고 자기 몸만 빠져나가면 문을 놓아버리는 모습, 노약자나 임산부석에 앉아서 노인이나 임산부를 외면하는 시선, 승객이 자리를 잡지 않아도 출발해 버

01 이현지. 2015. 「노자사상과 '잘 사는 삶'」. 『사회사상과 문화』 18권 1호. 5쪽.

리는 버스, 엘리베이터에서 내리려는 사람을 밀고 타는 경우를 종종 경험하게 된다. 그런가 하면, 기본적인 배려가 결여되어 치명적인 사회적인 문제로 확대되기도 한다. 청소년들이 겪고 있는 왕따나 학교폭력 등은 학생 상호 간의 배려가 결여된 결과로 빚어지는 안타까운 현실이다.

배려는 그 크기가 작든 크든 삶의 윤활유와 같은 의미를 가지고 있다. 배려란 "도와주거나 보살펴주는 마음을 쓰는 것"이라고 사전적으로 정의되어 있다. 배려는 어떤 사람이 다른 사람이나 사물에 대해 관심을 가지고 도와주거나 마음을 써서 보살펴 주는 것이다. 이러한 배려는 인간의 이타성에 기반하고 있으며, 나로 향하는 관심과 사랑이 아니라 타인을 향하는 사랑과 관심이다. 인간의 삶은 타인과의 갈등이나 투쟁으로 인해 불행해지는가 하면, 타인과의 조화와 협동으로 인해 행복하게 된다. 타인과 조화를 이루고 협동할 수 있는 능력은 배려에서 출발한다고 해도 과언이 아니다.

왜 현대사회에서는 배려가 결여될 수밖에 없을까? 그 이유는 서구사회의 현대주의의 지배를 받고 있는 현대적인 삶은 에고가 주체가 되는 삶이기 때문이다. 에고가 주체가 되는 삶의 근본 원칙은 이기적이고 자기중심적인 특징을 가지고 있다. 홍승표(2012)는 두 가지 유형의 마음의 주체를 비교분석한 바 있다. 첫 번째 유형은 '나를 둘러싸고 있는 세계와 시공간적으로 분리된 개체로서의 나'를 지칭하는 '에고(ego)'가 주체가 되는 삶이고, 두 번째는 '영원한 시간과 무한한 공간을 자신 안에 품고 있는 우주적인 존재로서의 나'를 지칭하는 '셀프(self)'가 주체가 되는 삶이다.

서구사회의 현대주의가 지배하는 사회의 특징은 에고가 마음의 주체가 되는 현상이 강하게 드러난다는 점이다. 에고가 마음의 주체가 되는 사회에서 개인은 자아확장투쟁의 삶을 산다. "자아확장투쟁의 삶이란 자신의 에고를 보다 크고 높게 만드는 것을 추구하는 삶이다."[02] 다른 사람과 세상으로부터 인정받기 위해서, 더 많이 소유하고 소비하기 위해서, 사람들이 부러워할 외모를 가지기 위해서, 다른 사람들을 복종시키고 마음대로 할 수 있는 권력을 가지기 위해서, 자기가 옳다고 생각하는 이념이나 신념을 지키기 위해서, 자기 자신의 모든 것을 바치는 삶을 선택한다. 이러한 에고가 마음의 주체가 되는 삶을 살면, 자아확장투쟁을 하는 과정에서 예를 잃기도 하고, 현재에 대한 불만과 저항감의 노예가 되며, 삶을 있는 그대로 살지 못하고 과거나 미래에 집착하고, 부자유하고 분주한 삶을 살게 된다. 이러한 삶에서 배려를 찾기는 어렵다.

에고가 마음의 주체가 된 상태에서 만약 배려를 행하더라도 그것은 매우 자기중심적인 특징을 가진다. 이때 배려의 자기중심적 특징은 자신을 좋은 사람으로, 예의 바른 사람으로 인정받기 위한 투자로 행하는 배려이다. 그 순간의 배려는 에고를 다듬고 높이기 위한 것에 초점을 맞춘다. 에고가 주체가 되는 현대적 삶에서 행해지는 배려는 근원적으로 자기중심성을 벗어나기가 쉽지 않다.

왜냐하면 에고가 주체가 되는 삶의 바탕이 되는 서구사회를 지배하는 현대적 세계관의 한계 때문이다. 서구사회를 지배하는 현대적 세계관으로 볼 때, 인간은 세계와 분리된 개체이며 존재를 위해서 끊임없는 투쟁과 갈등의 관계에 직면하게 된다. 이러한 관점으로 인간을 인식한다면, 배려하고 배려받는 삶을 사는 것은 고원한 이상이 될 수밖에 없다. 또한 이러한 서구사회의 현대주의의 지배를 받고 있는 상황에서 행해지는 배려는 인위적이고 그야말로 배려를 위한 배려에 머문다고 할 수 있다.

진정한 배려는 행위자의 존재변화의 중요한 척도로써 의미를 가질 수

---

02 홍승표·홍선미. 2012.「마음의 주체-에고와 셀프」.『원불교사상과 종교문화』52. 217쪽.

있다. 배려는 한 사람이 어느 정도 삶의 도道를 자각하고 삶의 순간에 깨어서 있는 그대로 살아가는가를 가장 잘 보여주는 척도라고 할 수 있다. 이 글은 퇴계의 삶과 배려를 살펴보고, 그것의 탈현대적 함의를 분석해 보는 것을 목표로 한다. 왜 배려를 논하는데, 한국 유교사상의 거목인 퇴계의 삶을 대상으로 할까? 가장 먼저 꼽을 수 있는 이유는 퇴계의 일대기에는 배려와 얽힌 일화가 많이 남아있기 때문이다. 다음으로는 유교사상과 유교적 삶의 특징 때문이다. 유교는 유교사상의 학술적 탐구와 그것을 일상에서 실천하는 것을 중시한다. 고로 유교사상의 인간 존중의 관점은 일상생활에서 상대에 대한 배려로 다양하게 실천될 수밖에 없다. 따라서 퇴계의 삶을 대상으로 하여 배려를 살펴보고, 그것이 현대를 넘어서 탈현대적인 의미를 가지는 것에 대해서 논해 보고자 한다.

유교윤리와 배려윤리의 유사성을 논의하는 선행연구는 쉽게 찾아볼 수 있다.[03] 나아가서 배려윤리가 노출되어 있는 문제점의 대안을 유교윤리에서 찾는 선행연구도 있다.[04] 이러한 연구에서 대표적으로 언급되는 비교의 요건은 관계 중심성, 상황 중심성, 도덕 감정의 중시 경향, 도덕 감정의 차등적 확대 등이다. 이미 선행연구에서 배려윤리가 가지는 한계점을 유교사상에서 대안을 찾고자 하는 시도는 있으므로, 여기서는 퇴계의 삶에서 드러나는 배려의 양상과 그것이 가지는 탈현대적 함의를 통해서, 배려가 삶에서 어떤 의미를 가지는지를 음미하는 데 초점을 맞추고자 한다.

---

03 목영해. 2010. 「배려윤리와 유교윤리의 공통점과 그 함의」. 『도덕교육연구』 제14권 제1호. 46쪽.

04 이태규. 2014. 「배려윤리의 문제에 대한 유가윤리적 대응방안 연구」. 서울대학교 대학원 석사학위논문(미간행).

2. 유교사상과 배려

유교사상은 공동체의 윤리를 중시하기 때문에 관계관에 대한 이론적 논의가 활발하다. 유교사상의 관계관은 인간과 인간, 인간과 자연, 인간과 우주에로 확장되는 철학을 내포하고 있다. 특히 유교사상은 인간의 삶의 현장인 사회에서 조화로운 인간관계에 깊은 관심을 가지고 있는 매우 사회학적인 사상이다. 이러한 유교사상의 관계관에 대한 논의의 연장선에서 배려윤리가 중요한 함의를 가지고 있다. 유가이념은 인仁을 실현하는 것을 목표로 하며, 인은 공자가 제자들의 질문에 대한 답을 통해서 나타나고 있듯이 추상적인 수준과 구체적인 수준을 포괄하여 다양한 사례로 설명되고 있다. 인仁, 극기克己, 혈구絜矩, 충서忠恕는 자기에게 충실하면서 타자를 배려하는 정신을 습득하고 실천하는 것으로 이어진다.

"성리학의 교육과 학문이 본질적으로 인간 본성의 실현에 초점을 맞추고 있고 나아가 인간 본성이 인으로 설명될 수 있다고 하면, 성리학의 맥락에서 교육과 학문은 곧 배려 본성을 실현하는 일과 다름없다."[05] 공자에게 있어서 군자가 되는 일 또한 다른 사람을 편안하게 하기 위한 배려의 연장선에 있다.

혈구지도絜矩之道는 "곱자를 가지고 재는 방법이라는 뜻으로, 자기의 처지를 미루어 남의 처지를 헤아리는 것을 비유함"을 말한다. 남의 처지를 헤아리는 일은 바로 배려를 말하며, 인이란 '애정을 바탕으로 한 호의적인 배려'로 실현된다고 할 수 있다.[06] 『논어』의 다음 구절은 이에 대

---

05 황금중 외. 2015. 『한국 문화전통과 배려의 윤리』. 한국학중앙연구원출판부. 33쪽.
06 윤사순. 2006. 유학에 담긴 '배려철학'의 윤리적 성향- 유학의 현대적 응용에 대한 시도. 『오늘의 동양사상』 제14호. 230쪽.

한 공자의 생생한 이야기가 담겨있다.

> 자로가 군자에 대해 여쭈었다. 공자가 "자기 자신을 닦아서 경건해지는 것이다."라고 하셨다. "이와 같을 뿐입니까?"라고 하자, "자기 자신을 닦아서 다른 사람을 편안하게 해주는 것이다."라고 하셨다. "이와 같을 뿐입니까?"라고 하자, "자기 자신을 닦아서 백성을 편안하게 해주는 것이다. 자기 자신을 닦아서 백성을 편안하게 해주는 것은 요임금과 순임금도 아마 오히려 힘들어했으리라!"[07]

위의 구절에 따르면 군자란 자기 자신을 닦아서 스스로 경건해지고, 다른 사람을 편안하게 해주며, 궁극에는 백성을 편안하게 하는 데까지 나아가는 것을 목표로 하는 사람이다. 태평시대를 이끌었던 요임금과 순임금과 같은 인한 군주도 백성이 편안할까를 근심하여 힘들어할 정도로, 군자의 덕목에는 백성[다른 사람, 타인]을 배려하는 마음이 중심이 되었음을 말한다. 『논어』의 「학이」편에 다음과 같은 구절이 있다.

> 증자가 말했다. 나는 날마다 하루에 세 번 내 몸을 살피니, 남을 위하여 일을 도모함에 이를 성실히 하지 않았는가? 친구와 더불어 사귐에 믿음 있게 하지 않았는가? 가르침을 받은 것을 제대로 복습하여 익히지 않았는가?[08]

---

07 『論語』, 「憲問」, "子路問君子 子曰 修己以敬. 曰 如斯而已乎? 曰 修己以安人. 曰 如斯而已乎? 曰 修己以安百姓. 修己以安百姓 堯舜其猶病諸."

08 『論語』, 「學而」, "曾子曰 吳日三省吳身 爲人謀而不忠乎? 與朋友交而不信乎? 傳不

자신을 수양하는 치열한 삶에서 첫 번째 지표로 삼은 것은 바로 다른 사람을 위해서 무엇인가를 할 때는 성실히 해야 한다는 것이다. 충심으로 하는 것은 무엇을 말할까? 그것은 나의 입장에서 행하는 것이 아니라, 상대의 입장이 되어서 그 일에 임하는 것이다. 이러한 상대의 입장을 고려하는 가장 좋은 방법은 내 마음을 미루어서, 내가 싫다고 생각하는 것은 다른 사람에게도 행하지 않는 것이다. 공자는 삶에서 놓쳐서는 안 되는 가장 중요한 가치를 서恕라고 했다. 다음 구절을 보자.

> 자공이 여쭈었다. "평생토록 실행할 만한 말 한마디가 있습니까?" 공자가 말씀하셨다. "서恕이다. 자기가 원하지 않는 일을 남에게 하지 말라."[09]

서란 무엇을 말하는가? 바로 배려이다. 배려는 아주 분명한 인을 실천하는 방법이다. 나의 마음을 미루어서 다른 사람에게 행동한다면, 다른 사람에 대해 호의를 가지고 관계를 맺는 것이고, 다른 사람을 존중하는 것이며, 다른 사람에게 예의를 갖추는 것이다. 이런 관계를 형성하는 사회는 도덕이 자연스럽게 실천되는 사회이다. 그래서 공자는 서를 평생토록 실행해야 할 것이라고 말했다. 즉, 타인을 배려하는 서의 윤리는 도덕 실천의 기본으로서 의미를 가진다.[10] 이러한 관점이 더 구체적으로 설명되고 있는 『논어』의 다음 구절을 보자.

> 중궁이 인에 관하여 여쭈었다. 공자가 말씀하셨다.

習乎?"

09 『論語』, 「衛靈公」, "子貢問曰 有一言而可以終身行之者乎. 子曰 其恕乎. 己所不欲勿施於人."

10 황성규. 2015. 「청소년 인성교육 방향 모색을 위한 유교의 배려 이론 고찰」. 『한국철학논집』 44권. 161쪽.

> "대문을 나서면 큰 손님을 만난 듯이 하고, 백성을 부릴 때는 큰 제사를 받들 듯이 하여라. 자기가 원하지 않는 일을 남에게 하지 말라. 그러면 조정에서 공무를 처리할 때에도 다른 사람의 원망이 없을 것이고, 집에 있을 때에도 다른 사람의 원망이 없을 것이다." 중궁이 말했다. "제가 비록 불민하지만 이 말씀을 힘써 행하겠습니다."[11]

배려의 윤리를 삶에서 가장 잘 실천하면, 누구를 만나도 큰 손님을 만난 듯이 예를 갖추고, 백성을 부릴 때는 큰 제사를 지내듯이 마음 깊은 곳에서 우러나는 진정으로 대하며, 공적인 관계이든 사적인 관계에서든 자기가 싫은 일을 남에게 하지 않을 것이다. 배려가 결여되면, 누구를 만나도 무례하게 굴고, 자기보다 힘이 없는 사람을 부릴 때는 감사하는 마음 없이 함부로 대하며, 공적인 관계이든 사적인 관계이든 상대의 기분을 생각하지 않고 자기 요구만 하여 원망을 듣게 된다.

배려는 사회적 관계에서 예로 드러난다. 예는 사회적 제도나 법 등으로 구체화되는 면이 있지만, 예의 정신에는 인, 즉 배려가 바탕이 된다고 할 수 있다. 그래서 배려가 결여된 사회의 특징은 무례하고 무질서한 양상으로 나타난다. 갈등과 분쟁이 빈번한 사회에서 다른 사람에 대한 배려를 찾기는 불가능하고, 배려가 없는 사회는 다툼의 장이 될 수밖에 없다.

앞에서 유교사상을 통해서 살펴보았듯이, 유교적인 배려의 요체는 충서忠恕라고 할 수 있다. 충서에 대해서는 개념적 정의에서부터 심도있는

---

11 『論語』, 「顔淵」, "仲弓問仁. 子曰 出門如見大賓 使民如承大祭. 己所不欲 勿施於人. 在邦無怨 在家無怨. 仲弓曰 雍雖不敏 請事斯語矣.

철학적 논의가 축적되어 있다.[12] 이미 충분한 논의가 있기 때문에 여기서 부언할 필요는 없다고 본다. 여기서는 주로 충서가 배려윤리로서 가지는 함의에 관심을 기울이고자 한다. 충서는 "자신의 완성을 통해서 사회적 봉사나 타인에 대한 배려를 실천하는 덕목이므로, 사회적 화합과 화해의 필수적 요소라 할 수 있다."[13] 증자가 충서를 공자의 도라고 분명하게 선언한 아래 구절을 보자.

> 공자가 말씀하셨다. "증자야, 나의 도는 하나로 통한다." 공자가 나가시자 문인들이 물었다. "그 하나로 통한다는 뜻이 무엇인가?" 증자가 말했다. "선생님의 도는 다른 것이 아니라 충과 서일 따름이다."[14]

위의 구절은 공자의 도, 즉 인이 무엇인가에 대해서 증자가 충서라고 말한 것이다. 이를 통해서, 사랑이 어떻게 타인에 대한 배려로 드러나게 되는지를 보여준다. "충서忠恕는 인의 양면을 적절히 표현했다고 볼 수 있다. 충서忠恕는 인을 실천하는 방법상의 원리로서, 충은 자신에 대한 진실함을 말하고, 서는 자신의 진실한 마음을 미루어서 타인의 마음을 헤아리는 것이다. 그리고 증자曾子가 부연한 충서忠恕의 의미는 글자 그대로 중中과 심心, 즉 속에 있는 마음과 여如와 심心, 즉 남과 같은 마음을 뜻한다. 흔히 충忠은 인仁을 실천하는 적극적인 방식이고, 서恕는 인仁을 실천하는 소극적인 방식이라고 하나, 충忠과 서恕는 별개라고 생각

12 김영훈·신창호. 2014.「사상과 역사: 유교의 충서忠恕와 기독교의 아가페(Agape)에서 본 대안교육의 원리」.『동양문화연구』19. 111-112쪽.

13 김일환. 2008.「현대사회와 유교의 사회적 덕목- 충서와 노블레스 오블리주를 중심으로」.『儒敎思想硏究』第32輯. 5쪽.

14 『論語』.「里仁」"子曰 參乎 吾道 一以貫之 曾子曰 唯 子出 門人 問曰 何謂也 曾子曰 夫子之道 忠恕而已矣."

하기 어렵다."[15]

3. 퇴계의 삶과 배려

퇴계의 삶에 대한 조명은 다각적인 관점에서 되어왔다. 그는 학자로서 유학의 목표에 부합하는 위기지학爲己之學을 실천했다. 퇴계는 학문적으로 성실하고 치열하게 탐구했을 뿐만 아니라, 학문의 원리를 삶에 그대로 적용하여 수양하고 인간 본성을 실현하고자 했다. 이에 퇴계의 학자로서의 면모를 넘어서, 인간 퇴계가 가지는 높은 인격에 대한 조명도 현대사회에 시사하는 바가 크다.

퇴계는 학문적 입장이 철저하면서도 삶의 측면에서는 엄격하지만은 않은 스승이었으며, 삶의 비전을 제공해주는 큰 어른이면서 누구보다 섬세하고 따뜻한 인간적인 사람이었고, 불평등한 신분제 사회의 기득권을 가진 양반이었음에도 인간존중을 실현한 앞선 지식인이었다.

퇴계의 삶은 유교적 교육의 목표가 삶에 그대로 녹아있다는 점에서 지식과 행동이 이분화 되지 않았고, 성리학적 학문의 성과가 자신의 삶을 투철하게 수양하는 심성공부로 실천되었다는 점에서 철저하게 유교적이다. 퇴계의 이러한 삶은 삶의 스승으로서 좋은 본이 될 수 있으며, 그 삶에서 진정한 배려의 사례를 찾을 수 있다.

---

15 김형진. 2010.「공자의 윤리사상에 대한 연구」. 경성대학교 교육대학원 석사학위논문(미간행). 25-26쪽.

1) 인간적인 존중

퇴계는 제자들과 많은 서찰을 통해서, 자신의 학문적 입장을 논의했고 자유로운 분위기에서 토론하면서 서로의 발전을 도모했다. 하지만 퇴계를 따르는 제자들은 학문적인 교류에만 치중한 것이 아니라, 인간적인 삶의 영역에까지 동지적인 교유를 했다. 제자들 가운데 유난히 삶의 면면을 함께 공유한 월천과 퇴계의 이야기에는 제자에 대한 인간적인 배려와 존중이 잘 드러난다.

퇴계와 월천은 30년이 넘는 사제관계를 통해서, 일상적인 삶을 교유하는 매우 친밀한 관계였다. 퇴계는 월천이 아들을 잃은 후 장례를 과하게 치르려는 사실을 듣고, 아들을 잃은 아비의 마음을 깊이 위로하면서도 월천이 예의 법도에 맞게 장례를 치르도록 조언했다. 다만 그의 슬픔과 비통함을 공감하기에 스승으로서의 의견을 강요하기보다는 예의 절도를 고려할 수 있도록 섬세한 배려를 아끼지 않았다고 한다.[16]

또한 월천은 출사에는 뜻이 없었지만, 어려운 집안 형편으로 인해 일자리를 구해야 할 상황이었다고 한다. 이런 월천에게 퇴계는 문경지방에 훈도 자리가 비었을 때, 지원해 볼 것을 권했다. 그러나 월천의 성격을 알고 있던 퇴계는 혹시 지원자가 구름처럼 몰릴 지도 모르겠다며 은근히 제자가 서두르기를 독려할 뿐, 강하게 지원하라는 자기주장을 전하지는 않았다. 자기를 주장하지 않음으로써, 제자를 돕고 싶은 마음보다는 제자가 스스로 자기의 입장에서 선택할 수 있도록 배려했다. 퇴계가 월천과의 사제관계에서 스승으로서 제자인 월천을 근본적으로 얼마나 존중하였으며, 그것이 배려로 드러났다는 것을 잘 보여주는 이야기이다.

---

16 한국국학진흥원 연구부. 2013. 『조선서원을 움직인 사람들』. 글항아리. 60쪽.

2) 깊은 감사

퇴계는 제가齊家의 원칙을 상당히 강조했으며, 그것을 실천하는 삶을 살았다. 퇴계가 남긴 많은 서찰에는 제자들과의 학문적 교류와 인간적인 교유의 흔적을 넘어서, 가족과의 친밀한 삶의 자취가 그대로 남아있다.

퇴계는 가까운 가족에게도 감사한 일이 있으면 작은 물건이나 편지로 감사의 마음을 표현하는 것을 잊지 않았다고 한다. 퇴계의 생일날 며느리가 버선을 선물하자 그는 며느리에게 참빗을 선물했고, 손부가 관복을 지어서 선물하자 그는 손부에게 편지와 함께 바늘을 선물로 보냈다.[17] 집안의 웃어른으로서 아랫사람이 주는 선물을 당연시하거나 무심히 지나치지 않고, 가까운 가족 간에도 작은 선물이라도 받으면 감사의 마음을 작은 물건으로 표하거나 감사의 인사를 전하는 것은 바로 어른으로서의 배려라고 할 수 있다. 가까운 가족일수록 나의 마음을 미루어 상대의 마음을 헤아리려는 노력은 더욱 필요한 것이다.

퇴계의 많은 가서家書가 이러한 선생의 배려 깊은 마음 씀씀이를 증명하고 있다. 어린 손자가 죽었을 때, 퇴계는 자신의 박복함을 탓하는 편지를 며느리에게 보내서 위로했다. 자식을 잃은 슬픔과 시댁 어른들에게 걱정을 끼친 불효로 고통스러워할 며느리의 마음을 미루어 짐작하고 위로하고자 한 깊은 배려가 그대로 드러나는 일화이다.

---

17 권오봉. 2015.『퇴계선생 일대기』. 도산서원 선비문화수련원. 39쪽.

3) 역지사지

퇴계의 배려는 충서忠恕의 도를 온전히 실현하고 있다. 퇴계의 증손자 창양이 태어났을 때, 산모의 젖이 모자랐다. 이에 창양의 아비인 퇴계의 손자는 퇴계에게 고향의 유모를 보내줄 것을 부탁했다. 퇴계는 아래와 같은 편지를 보내어 손자의 부탁을 거절했다고 한다.

> 들으니 해산한 지 삼사 개월이 된 유비乳婢 학덕이 상경할 준비를 하고 있다고 한다. 이럴 수가 있나. 어린 애를 두고 어미가 올라가면 이 애는 죽고 만다. 내 자식 키우기 위하여 어찌 남의 자식을 죽인단 말인가, 있을 수 없는 일이다. 한양에도 유비는 있을 게다. 대여섯 달만 지나면 두 아이를 다 잘 키울 수가 있다. 그때까지 기다려라. 기어코 올려 보내라고 한다면 아기를 데리고 올라가게 하마. 절대 아기를 떼어놓고는 가지 못하게 할 것이다. 어진 사람은 차마 할 수 없는 일이 아닌가. 딱하지만 너희들이 잘 요량해서 처리하기 바란다.[18]

이 편지는 증손자가 태어났을 때 집안의 경사 중에 경사라고 기뻐했던 할아버지로서는 참으로 가슴 아픈 선택을 했다는 것을 보여준다. 당시의 풍습에 따르면, 유비를 보내달라는 손자의 요구가 부당한 것도 아니었음에도 불구하고 퇴계는 출산을 한 유비의 입장에서 일을 처리했다. 퇴계는 유비를 가족과 같이 차별없이 대접했고, 근본적으로 인간에

---

18 권오봉. 2015. 앞의 책. 50쪽.

대한 존중의 바탕에서 배려했다.

4) 넓은 품의 관대함

진정한 배려는 상대를 믿고 기다려주는 것이다. 퇴계의 제자 김성일金誠一은 퇴계가 인간관계에서 용서하고 상대가 스스로 변화하기를 기다려주는 너그러운 모습을 보였다고 한다.

> 선생님은 사람을 대하심에 매우 관대했다. 큰 잘못이 없는 사람이라면 관계를 끊지 않고 모두 용납하고 가르쳤으며, 스스로 고쳐서 새로운 사람이 되기를 바라셨다.[19]

퇴계는 자손들이나 종들에게 잘못이 있으면 꾸짖지 않고 타이르고 훈계하여 스스로 감동받아 깨닫도록 했다고 한다. 이러한 퇴계의 관대한 배려 때문에 퇴계의 집안은 늘 화목하고 밝은 분위기였다고 전해진다. 집안의 어른이 아랫사람들을 배려하지 않고 엄격한 잣대만을 적용하려고 한다면 전체 분위기가 화목할 수 없을 것이다.

퇴계는 형제간에 잘못이 있을 경우에는 말해주는 것이 능사가 아니라, 마음을 다해서 상대가 감동을 받을 수 있도록 한 후에 잘못된 부분을 말해야 의리가 상하지 않는다고 말했다. 이는 가장 친밀한 사이라도 상대의 마음을 헤아려서 기분이 상하지 않을 수 있도록 배려해야

---

19 『退溪先生言行錄』. 「交際」. "先生 待人甚恕. 苟無大故者 則未嘗絶之 皆容而敎之 冀其遷改 而自新焉."

한다는 사실을 말하고 있다.

퇴계가 손자 안도安道에게 보낸 서찰을 심층적으로 연구한 정시열은 퇴계가 자제들을 독려할 때는 엄격하지는 않았지만 자신의 뜻을 관철시키고자 하는 의지가 강했다고 평가하고 있다.[20] 그것은 퇴계가 서찰에서 탄식조의 화법을 많이 사용하는 것으로 나타난다고 한다. 퇴계가 탄식의 화법을 사용한 이유는 상대의 입장을 고려하면서도 자신의 뜻을 전달하려고 했기 때문이다.

4. 유교적 배려의 탈현대적 함의

뉴테크롤노지의 발전으로 인한 삶의 변화는 이미 가시화되고 있다. 인공지능시대의 도래 또한 이러한 삶의 변화를 반영하고 있다. 20세기의 대표적인 경제학자인 케인스(John Maynard Keynes)는 1930년에 100년 후를 예측하면서, 인류는 절박한 경제적 문제에서 벗어나서 노동과 가난에서 자유로워질 것이라고 예측했다. 생존의 문제에서 벗어난 인류가 여가를 어떻게 보낼 것인지, 어떻게 즐겁게 살 것인지를 고심할 것이라고 예측했다. 그런 시대에는 '삶을 위한 예술과 초월성 탐구'에 보다 집중하게 될 것이라고 낙관적인 전망을 했다.[21]

현대사회가 케인스의 예측에 완전히 부합하지는 않다고 하더라도 그

---

20 정시열. 2013.「퇴계退溪 가서家書에 나타난 화법話法에 대한일고一考- 손자孫子 안도安道에게 부친 서찰을 중심으로」.『퇴계학과 유교문화』53. 140쪽.

21 제러미 리프킨(Jeremy Rifkin). 2014.『한계비용 제로 사회』. 안진환 옮김. 민음사. 18쪽.

가 예측했던 물질적인 풍요는 어느 정도 이루었다는 점을 부정할 수는 없을 것이다. 더욱 흥미로운 점은 케인스가 말했듯이, 물질적인 안정을 이룬 사회에서 인류가 무엇에 관심을 기울여야 하는가의 문제이다. 케인스가 '삶을 위한 예술과 초월성 탐구'를 말한 것과 같은 맥락으로, 무서운 속도로 진화하고 있는 인공지능시대의 삶을 논하면서 수행과 낙도로서의 삶과 배려에 대한 논의를 전개하는 것은 그의 논점에서 일맥상통하는 바가 있다고 할 수 있다.

이 글은 탈현대사회의 비전을 논의하는 것을 목표로 하는 것은 아니며, 이미 선행연구에서 탈현대사회의 비전과 그 특징을 연구한 성과가 있으므로,[22] 여기서는 따로 이에 대해서 자세히 언급하지는 않고자 한다. 이 글에서는 유가사상에 내포된 배려윤리가 실현된 퇴계의 삶과 배려의 일화들이 어떤 탈현대적인 함의를 가지고 있는지를 구체적으로 살펴보도록 하자.

첫째, 퇴계의 삶에서 발견할 수 있는 배려는 지속적인 자기수양의 결과로 피어나는 타인에 대한 사랑을 실천하는 것이다. 이러한 삶에서 드러나는 배려는 진정한 삶의 의미를 찾지 못하고 자기 밖에서 삶의 의미를 발견하려고 하는 현대인에게 어떤 삶을 살아야 할 것인가에 대한 삶의 비전으로서의 의미를 가진다.

퇴계의 삶에 나타나는 배려의 실천 원리는 바로 유교적인 수신修身이다.[23] 이러한 배려의 실천원리로서의 수신은 탈현대적인 삶의 가장 중요한 특징이다. 물론 탈현대적인 삶이 어떤 모습을 가지게 될 것인가는

22 탈현대사회의 비전에 대한 논의는 필자가 참여하는 오래된 학문공동체인 동양사상과 탈현대연구회의 관점을 토대로 한다. 대표적인 입장은 다음의 두 권의 저서를 참고하기 바란다. 홍승표. 2011. 『동양사상과 탈현대적 삶』. 계명대학교 출판부. 홍승표. 2012. 『탈현대와 동양사상의 재발견』. 계명대학교 출판부.

23 이현지. 2013. 유가적 삶의 탈현대적 함의- 敬堂 張興孝의 工夫論과 持敬의 삶을 중심으로. 『유교사상문화연구』 54집. 334쪽.

현대사회의 말末을 살아가는 현대인의 선택에 달려있다. 서구의 현대주의의 지배를 받고 그것에 압도되어 파괴적인 삶으로 치달을 것인지, 현대사회의 물질적인 풍요를 바탕으로 하여 새로운 삶의 패러다임을 모색하는 탈현대적인 삶을 선택할 것인지, 선택의 문제이다. 이러한 선택의 기로에 서있는 현대인에게 퇴계의 삶과 배려는 인간답고 가치있는 삶이 무엇인가를 보여준다.

수신은 인간 본성을 발현하고 회복하는 것을 가능하도록 한다. "인간의 자기 본래성은 생각을 하지 않을 뿐이지 자신의 내면에 본래 간직하고 있다. 따라서 수양에 의해 자기의 존재 원리인 본마음을 회복할 수 있다."[24] 유교사상에서의 배려윤리는 바로 자신의 인간 본성을 충실하게 하며, 나아가서 자신의 충실해진 인간 본성을 발현하여 타인에게까지 미루어서 사랑을 행하는 것이다.

자기 자신을 포함해서 타인에 대한 배려가 결여된 현대사회에서 비인간화되기 십상인 현대인에게 퇴계의 삶과 배려는 추구해야 할 삶의 비전을 전하고 있다. 일생동안 쉬지 않고 자기 내면에 관심을 기울이고 그것을 충실히 하여, 그 사랑으로 미루어 짐작하여 다른 사람을 배려하는 삶을 살아야 한다는 메시지를 말한다. 그것이 바로 탈현대적인 삶의 한 모습이다.

둘째, 퇴계의 삶에 나타나는 배려는 진정한 배려에 대한 귀감으로써 의미를 가지고 있다. 서구의 현대주의가 만연한 사회에서도 배려의 흔적은 찾아볼 수 있다. 그러나 서구의 현대주의의 세계관에 의해, 그러한 세계관 아래에서, 배려는 자기중심적인 특징을 드러내고 진정한 배려라고 할 수 없는 한계를 보인다. 배려는 대가를 바라지 않으며 나의 마

---

24 이상호. 2011.「유교 修養論의 도덕교육적 含意」.『儒教思想研究』第45輯. 340-341쪽.

음을 미루어서 상대에게 행하는 사랑이다. 이러한 배려는 퇴계의 삶에서 드러나는 일화를 통해서 그 가치와 함의를 발견할 수 있다.

퇴계의 삶에서 나타나는 배려는 제자를 비롯한 자기를 둘러싼 모든 이들에 대한 인간적인 존중, 일상적이고 친밀한 관계에서 발생하는 작은 호의에 대한 진심에서 우러나는 깊은 감사와 표현, 신분을 초월해서 타인의 마음을 헤아리는 역지사지, 넓은 품으로 모든 것을 안는 관대함 등이다. 이러한 배려는 현대사회와 같이 경쟁이 치열하고 이기주의가 만연한 사회풍토에서는 비현실적이라고 느껴질 만큼 실현이 어려운 이상적인 과제라고 할 수 있다.

그러나 서구사회의 현대주의가 지배하던 현대사회는 이미 사회구조적인 지표에서 와해되고 있다고 해도 과언이 아니다. 리프킨은 뉴테크놀로지의 발달이 한계비용이 제로에 가까운 사회를 현실이 될 것이라고 예측하고 있으며, 이미 자본주의 시스템은 협력적 공유사회의 시스템으로 탈바꿈을 요구받고 있다고 한다. 물론 리프킨은 이러한 협력적 공유사회를 현대사회의 발전의 과정으로 인식하고 있다. 협력적 공유사회의 도래는 인류의 선택의 문제이지만, 특별한 계몽없이 현대인이 선택하여 실현될 수 있을 것처럼 낙관하는 면이 있다.

그렇지만 인류가 어떤 미래를 선택할 것인가는 사회의 하부구조의 변화에 의해서 결정되는 것만은 아니다. 인류가 어떤 공존을 지향하고 미래에 대한 비전을 가지느냐에 따라서 결과는 완전히 달라질 것이다. 이러한 문명사적 전환기에 퇴계의 삶에 나타나는 배려는 인류가 어떤 삶의 방식과 가치관을 선택해야 할 것인가에 대한 지혜를 제공해준다는 점에서 현대를 넘어서는 탈현대적인 함의가 크다.

셋째, 퇴계의 삶에 드러나는 배려는 더불어 사는 지혜를 제공해준다는 점에서 탈현대적인 함의를 가지고 있다. 서구의 현대주의가 지배하는 현대사회는 공존보다는 경쟁을 부추기는 사회이며, 공존을 위한 논리를 탐색하는 데 실패하고 있다. 이러한 오늘날의 사회적 현실을 비추어볼 때, 공존을 위한 삶의 지혜로써 배려가 가지는 의미는 크다.

배려는 사랑이 바탕이 되어야 실현될 수 있으며, 근본적인 인간 존중이 토대가 되었을 때 그 의미가 빛날 수 있고, 공감을 통해서 개인적인 차원 혹은 일상의 사소한 배려가 사회적으로 확산될 수 있다. 배려는 현대사회에 만연한 타인에 대한 무관심, 냉대, 폭력, 불신, 차별, 이기주의, 소통의 부재 등으로 인한 문제를 해소할 수 있는 열쇠이고, 공존하는 삶을 위한 필수 요건이다.

앞에서 유교사상의 배려윤리가 도덕윤리이며 사회질서를 위한 기초적인 바탕이 된다는 점을 확인했듯이, 배려는 사회적 관계에서 예의, 예절, 예법 등으로 실천되어 사회적 질서로 확대된다. 즉, 배려는 사회윤리와 도덕윤리로 드러나기도 한다. 이러한 점이 배려가 삶에 차지하는 가치의 핵심적인 부분이라고 할 수 있다. 왜냐하면 인간은 누구나 공동체에 소속되어 공존해야하며 사회적 관계를 유지하면 살아야하기 때문이다. 이런 인간의 공동체적 삶에서 요구되는 삶의 지혜를 자기 삶에 체화하지 못한다면, 조화로운 공존을 하기는 불가능하다. 현대사회에 드러나는 인류의 갈등과 분쟁은 공존의 지혜가 부족해서 초래되는 결과이다.

지금까지 퇴계의 삶과 배려가 가지는 탈현대적인 함의를 살펴보았다. 유가사상은 '충서'로 배려의 원리를 설명하고 있으며, 진정한 배려를 할 수 있기 위해서는 수신을 통해서 본성을 발현하기 위한 노력을 기울여야함을 강조하고 있다. 퇴계는 이러한 유가적 배려를 일생동안 체화함으로써 500여 년 전 과거를 살았음에도 불구하고, 오늘을 살고 있는 현대인에게 실천적인 지혜로서의 모범이다. 유가적 메시지가 사상의 이론적인 면을 삶 속에서 실천하는 것으로써 그 의미가 확대되듯이, 배려 또한 유가사상에 내재한 철학적 기반을 탐색하는 것에 머물지 않고 개개인의 삶에서 꽃피워남으로써 그 의미가 확장되기를 바란다.

참고문헌

『論語』.

권오봉. 2015.『퇴계선생 일대기』. 도산서원 선비문화수련원.

김영훈·신창호. 2014.「사상과 역사: 유교의 충서忠恕와 기독교의 아가페(Agape)에서 본 대안교육의 원리」.『동양문화연구』 19: 105-128.

김일환. 2008.「현대사회와 유교의 사회적 덕목- 충서와 노블레스 오블리주를 중심으로」.『儒教思想硏究』第32輯: 5-35.

김형진. 2010.「공자의 윤리사상에 대한 연구」. 경성대학교 교육대학원 석사학위논문(미간행).

목영해. 2010.「배려윤리와 유교윤리의 공통점과 그 함의」.『도덕교육연구』 제14권 제1호: 45-69.

신창호. 2010.「유교의 교육적 특징 고찰」.『유교문화연구』 제15집: 57-81.

윤사순. 2006.「유학에 담긴 '배려철학'의 윤리적 성향 -유학의 현대적 응용에 대한 시도」.『오늘의 동양사상』 제14호: 223-240.

이기동. 2014.「退溪의 人性教育論」.『퇴계학논집』 14권: 217-239.

이상호. 2011.「유교 修養論의 도덕교육적 含意」.『儒教思想硏究』第45輯: 325-354.

______. 2012.「유교의 부부 疏通에 관한 硏究」.『儒教思想硏究』第47輯: 139-165.

이태규. 2014.「배려윤리의 문제에 대한 유가윤리적 대응방안 연구」. 서울대학교 대학원 석사학위논문(미간행).

이현지. 2013. 「유가적 삶의 탈현대적 함의 -敬堂 張興孝의 工夫論과 持敬의 삶을 중심으로」. 『유교사상문화연구』 54집: 317-338.

______. 2015. 노자사상과 '잘 사는 삶'. 『사회사상과 문화』 18권 1호: 1-28.

장세근. 2007. 「退溪 教學思想의 現代教育的 考察」. 성신여자대학교 대학원 박사학위논문(미간행).

장승희. 2008. 「유교에서 본 다문화교육 시론」. 『儒教思想研究』 第34輯: 103-128.

정시열. 2013. 「퇴계退溪 가서家書에 나타난 화법話法에 대한일고一考-손자孫子 안도安道에게 부친 서찰을 중심으로」. 『퇴계학과 유교문화』 53: 135-170.

제러미 리프킨(Jeremy Rifkin). 2014. 『한계비용 제로 사회』. 안진환 옮김. 민음사.

한국국학진흥원 연구부. 2013. 『조선서원을 움직인 사람들』. 글항아리.

홍승표. 2011. 『동양사상과 탈현대적 삶』. 계명대학교 출판부.

______. 2012. 『탈현대와 동양사상의 재발견』. 계명대학교 출판부.

홍승표·홍선미. 2012. 「마음의 주체-에고와 셀프」. 『원불교사상과 종교문화』 52: 217-244.

황금중 외. 2015. 『한국 문화전통과 배려의 윤리』. 한국학중앙연구원 출판부.

황성규. 2015. 「청소년 인성교육 방향 모색을 위한 유교의 배려 이론 고찰」. 『한국철학논집』 44권: 149-177.

동양사상의 시대 진단과 비전

세계화시대 '다른 사람'의 의미 구성과 배려

| 유 승 무 · 신 종 화

세계화시대 '다른 사람'의 의미 구성과 배려

—

유승무 · 신종화

1. 서론

우리는 이 글에서 인간의 사회적 삶에서 배려는 필요불가결한 요소라고 전제한다. 배려는 글자 그대로 짝配을 염려念慮하거나 혹은 짝이 처한 상황을 고려考慮하는 마음이나 그 표상(언어, 태도 등)으로 이해할 수 있다. 이 경우, 짝이 생성되는 순간 그 짝 사이에는 소통으로서 사회가 작동하여 사회적 실재를 구성하거나 사회적 상황을 정의하게 되며 동시에 각 짝은 그렇게 구성된 사회적 실재의 기반 위에서나 사회적으로 정의된 상황 속에서 서로서로를 향해 모종의 배려를 하게 될 것이기 때문이다. 배려가 사회적 삶의 존재론적 위상을 갖는다면, 배려는 개인이나 인간관계의 차원을 넘어 사회적 차원의 구조적 작동 및 그 파생물인 의미구성과도 불가분의 관계를 갖는다.

작은 옛 이야기 하나를 소개한다. 안동의 무실마을에서는 격심한 흉년의 경우 양식이 떨어진 가정마다 그 마을 섬학소贍學所[01]의 쌀을 나눠

01 무실의 섬학소는 매우 큰 면적의 섬학전을 운영하고 있었는데, 여기에서 섬학전이란 고려시대뿐만 아니라 조선시대에 교육기관의 경비를 충당하도록 지급되던 토지를 말하는 것으로 무실의 섬학소는 바로 여기에서 유래한 섬학전을 운영하던 일종의 교육재단이었다.

주곤 했는데, 그 쌀을 당사자로 하여금 직접 가져가도록 하기 보다는 마을 청년들로 하여금 아무도 모르게 그 집에 갖다 주도록 하는 관행이 있었다. 이 관행에는 동족 마을의 공동체, 흉년에 의해 양식이 필요한 사람의 발생이라는 상황, 양식 제공 방법, 그리고 쌀을 제공받는 사람에 대한 배려 등이 모두 내포되어 있다. 또한 여기에는 두 차원의 배려가 더 내포되어 있는데, 명시적으로는 쌀을 배급하는 쪽에서 수급자를 배려하고 있지만 동시에 마을의 아동 교육 기금을 자신이 사용하는 것에 대한 수급자의 염려까지 배려하는 마음이 내포되어 있다. 이렇듯 깊은 배려의 문화가 풍부하게 살아 있을 경우, 다음과 같은 조언은 사람들의 마음에 깊은 공감을 불러일으킬 것이다: '여름에 솜옷을 입은 사람이 한자리에 앉아 있으면 아무리 덥더라도 덥다고 하지 말고, 홑옷을 입은 사람을 보면 추운 겨울이라도 춥다고 하지 말며, 굶주린 사람을 보고 밥을 먹을 때에는 음식의 간이 맞지 않은 것을 탄식하지 말라(이덕무, 2013).'

이러한 전통적 배려문화가 사회적 삶의 기반으로 계승되고 있다면 흉년의 고단한 삶이나 가난조차도 오히려 아름답게 극복할 수 있을 터이지만, 최근 한국사회의 경우 이러한 배려의 가치나 공존의 가치보다 자신의 생존의 가치를 우선시하면서 배려문화가 급격히 실종되어 왔다. 심지어 혹자는 배려를 가진 자만의 시혜쯤으로 생각하고 매우 부정적으로 인식하기도 한다. 학교교육에서도 수신이나 배려와 같은 마음개발교육이나 정서함양교육보다는 인지적 기술교육을 지나치게 강조해 왔다. 이를 반증이라도 하듯 최근에는 배려 교육에 대한 목소리가 요란하다. 예컨대 국가에서는 2015년에는 '인성교육진흥법'을 제정하여 별도로 배려 덕목을 교육에 포함시키고 있으며, 2015년 개정 국어교육에는 배려표현을 포함할 것을 장려하고 있는 지경에 이르고 있다. 이는 오늘날 우리사회에서 배려 문화의 육성이 매우 절실함을 의미하기도 하지만 배려문화가 실종되었음을 무언으로 강변하고 있다.

특히 세계화시대에 들어서면서 우리의 '짝'으로 등장한, 피부색과 언어가 다르면서도 가난한 세계사회의 '다른 사람'에 대한 배려는 인색하기 짝이 없다. 배려가 짝을 염려하는 마음과 직결되는 현상이라는 사실을 고려하면, 그리고 의식이나 마음현상은 사회체계의 진화 결과에 연동되어 비로소 변화하는 특성을 갖는다는 사실(Moeller. 2006)을 고려하면, 게다가 오늘날 한국사회에서는 세계사회적 조건과 국민국가적 상황이 사회적 실재로서 공존하고 있기 때문에, 아직까지도 대다수 한국인들은 세계사회의 일원이라는 마음이나 세계시민의식을 갖고 있지 않거나 갖고는 있더라도 그것을 배려 표현으로 실행하지 못하고 있는 경우가 적지 않다. 또한 대다수 한국인들은 단일민족이란 '상상의 공동체'(Anderson. 1991) 속에서 살아가고 있기 때문에 세계사회의 '다른 사람'을 제대로 이해하기 보다는 국민국가의 경계에 따른 차이성, 이질성, 다양성 따위로 해석하는 의식구조를 갖고 있으며 실제로 그들을 국민국가의 '이방인'으로 응대하고 있기도 하다.[02] 게다가 해방이후 한국사회의 특유한 서구 의존적 발전경로 때문에 국경의 구분에 따른 차이성은 오직 서구와 비서구 혹은 선진(우등)과 후진(열등)의 차별이라는 의미구조로 왜곡되어 있기도 하다(유승무, 2010). 그 결과, 외국인, 특히 개발도상국 출신 외국인에 대한 배려의 태도가 매우 취약하다.[03]

---

02 외국인, 외국인 노동자, 방문노동자, 이방인 등과 같은 표현뿐만 아니라 탈영토화/재영토화와 같은 개념도 국민국가 혹은 국민국가의 지리적 경계선을 '우리'의 기준으로 설정할 때 비로소 성립되는 개념이다. 그렇기 때문에 이러한 개념들은 국경과 같은 지리적 경계나 국민국가가 더 이상 큰 의미를 갖지 못하는 것으로 전제된 이른바 '세계사회'의 구성원을 지칭하기에 부적합하다. 이에 이 글에서는 이들을 '세계사회의 다른 사람'이라고 쓰고 다음 장에서 그들에 대한 작업적 정의를 시도할 것이다.

03 유승무·이태정(2006)은 오늘날 한국인들이 선진국 출신 외국인에 대해서는 선망의 태도를 보이는 반면에 개발도상국 출신 외국인에 대해서는 멸시의 태도를 보인다는 사실을 실증하고 있다.

이러한 의식의 지체에도 불구하고 혹은 바로 그 지체 때문에, 오늘날 한국사회가 이미 세계사회로 변모했다는 사실 그리고 그 중에서도 특히 정치나 경제 등과 같은 현대사회의 기능체계들은 이미 세계사회 속에서 작동하고 있는 현실을 함께 감안한다면, 그래서 세계사회의 '다른 사람'과 짝지어 살아야 하는 것이 불가피하다는 현실을 고려하면, 피부색이 다르고 언어가 다른 가난한 사람들에 대한 배려의 태도를 체득하는 것이야말로 오늘날 한국사회가 해결해야 할 시급한 사회적 과제들 중의 하나임이 분명하다. 물론 지금까지 한국사회도 이러한 시대적 과제에 나름대로의 방식으로 응전을 해 왔다. 우선 정부차원에서는 외국인과 관련된 법제들을, 그 내용이 결코 만족스럽지는 않지만, 제정 혹은 개정하면서 대응해 오고 있다[04]. 그리고 매스미디어에서도 다문화가정이나 외국인의 삶에 대한 이해를 증진시키려는 프로그램을 과거에 비해 상대적으로 많이 편성하고 있다[05]. 또한 외국인 노동자나 다문화 가정을 돕는 시민단체가 꾸준하게 활동하는 등 시민사회운동 차원에서도 이른바 이방인에 대한 관심을 지속되고 있기도 하다[06]. 그럼에도 불구하고 개발도상국 출신 외국인에 대한 배제의 태도나 '배려하지 않는 태도'가 좀처럼 개선될 기미를 보이지 않는다[07].

그렇다면 과연 이러한 태도의 지양(혹은 변화)은 가능한가? 그리고

---

04 지금까지 외국인 관련 법제에 대한 흐름은 이태정(2012)을 참고하기 바란다.

05 계량적 통계를 제시할 수는 없지만, '다문화 고부열전'이나 '이웃집 찰스'와 같은 프로그램은 외국인을 이해시키려는 대표적 프로그램이다.

06 설동훈(2005)은 2000년대 초반까지 외국인 노동자 운동을 잘 분석하고 있는데, 그러한 흐름이 지금까지도 크게 변하지 않고 대체로 지속되고 있다고 생각된다.

07 여성가족부가 2015년 9-11월 전국 19-74세 성인 4,000명과 청소년 3,640명을 대상으로 실시한 '국민 다문화 수용성 조사' 결과, 성인의 다문화 수용성 지수는 100점 만점에 53.95점, 청소년은 67.63점으로 나타났다. 또한 지난 2010-2014년 실시된 6차 세계가치관조사의 '다른 인종에 대한 수용성' 항목에서 한국은 59개국 중 51위에 그쳤다.(여성가족부 eNEWS. 2016년 3월 15일)

이러한 태도의 지양 가능성과 관련하여, 사람들은 통상 '조금만 더 배려를 하지'라고 말하지만, 과연 배려는 어떻게 개입할 수 있는가? 보다 직접적으로 말하면 오늘날 소통의 장으로서 세계사회는 배려의 의미를 어떻게 구성해 나가고 있으며 행위자의 마음의 표상으로서 배려는 거기에서 어떠한 위상과 역할을 할 수 있을 것인가? 이 글의 목적은 세계화에 따른 '다른 사람' 의미의 구성과 배려 사이의 관계를 연기적 관점에서 이해함으로써 이러한 상호 연결된 일련의 문제제기에 대한 해답을 구해보고자 한다.

2. 약간의 이론적 논의

2.1 선행연구의 비판적 검토

오늘날 한국사회에서도 배려의 중요성이 부각되고 있기는 하다(고미숙. 2004). 그러나 아직까지도 배려에 대한 연구는 그다지 활발한 편이 아니다. 지금까지 배려에 대한 연구는 크게 세 가지 흐름으로 진행되어 왔다. 첫 번째 흐름은 서구 이론가를 원용하여 배려를 논의하는 연구로서, 나딩스를 원용한 연구(강문석. 2008; 조성민. 2012)나 레비나스를 원용한 연구(이동수. 2006; 박치완. 2012)가 그 대표적 예이다. 이 연구들은 주로 규범적 차원에서 배려의 윤리를 삶의 원칙으로 간주해야 함을 주장하고 있다. 두 번째 흐름은, 배려의 윤리를 유교의 인仁 혹은 서恕와 연결시키는 연구(한평수. 2006; 조현규. 2007), 불교의 자비와 연결시키는 연구(이상진. 2011), 그리고 유교 및 불교와 연결시키는 연구(노상우·이혜은. 2010; 이선열. 2012) 등이 있다. 이러한 연구들은 인간의 마음속에 천부적 본질, 즉 불성이나 자비심, 진정성, 덕이나 인 등이 존재한다고 가정하고 그것을 배려의 윤리로 발전시킬 것을 주문하고 있다. 세 번째 흐름은 배려를 타자와의 관계를 중심으로 논의하는 연구들로서, 배려 윤리의 과제를 절대타자의 문제가 아닌 타자 일반一般의 문제 해결에 두고 있는 연구(박치완. 2012), 타자와의 관계에 대한 동서양 정치사상 비교연구(이동수. 2006), 배려를 배려자의 몰입·동기·전이와 피배려자의 수용·인식·반응을 통해 완성되는 것으로 보는 연구(이상진. 2011; 조성민. 2012) 등이 그 대표적 예이다.

이러한 차이점에도 불구하고 선행연구들은 최종적 분석단위를 배려 행위자와 그들의 태도 변화에 두고 있어서 배려 대상은 물론 배려자나 배려 대상이 처한 사회적 맥락이 배제되어 있다. 그러나 마음현상으로서의 배려는 자신과 구별되어 환경으로 선택되는 사회 단위와 연기적 관계를 가지고 있을 뿐만 아니라 그 단위 내부의 소통에서 형성되는 의미와도 불가분의 관계를 갖고 있다. 심지어 독일 사회학자 루만은 의미조차도 행위자가 생산하는 것이 아니라 소통의 형식에 의해 창조되는 것으로 간주하고 있다(Luhmann. 2002). 이렇게 볼 때 배려를 행위자의 차원에서만 논의하는 것은, 세계화시대에 세계사회의 '다른 사람'이 등장하는 것처럼 사회구조 혹은 사회의 변화로 인해 발생하는 새로운 현상이나 대상을 포착하는 데 한계를 갖는다.

이러한 한계는 이른바 이방인 연구에서도 그대로 반복된다. 지금까지 이방인에 대한 선행연구는 주로 이방인에 대한 주인의 태도를 중심으로 논의되어 왔으며 그 핵심 내용은 환대와 적대의 이분법적 코드로 축소되어 논의해 왔다. 그리고 거기에서 이방인은 두말할 나위도 없이 국민국가의 경계에서 발생하는 이방인, 즉 '국민국가의 이방인'이었다[08]. 이러한 연구 역시도 오늘날 이방인의 사회 환경으로서 세계사회를 적절하게 반영하지 못하고 있는 바, 그것은 이방인에 대한 인식관심을 행위자에게만 둔 결과로 판단된다. 반면에 매우 시의적절하게도 외국인 노동자에 대한 연구, 다문화가정에 대한 관심, 그리고 다문화 교육에 대한 연구 등 세계사회의 도래에 조응하는 연구들은 활발하게 이루어지고 있다. 그러나 이러한 연구들은 대체로 실증연구나 다양한 사례연구, 계급적 차이를 강조하는 정치경제학적 접근, 정체성의 정치 및 인정의 정치를 강조하는 시각, 시민권을 확장하고자 하는 접근, 그리고 문화주의적 접근 등에 의해 이루어지고 있다.[09] 그렇기 때문에 이러한 연구들의 폭주 속에서도 세계사회의 '다른 사람' 의미의 구성과 마음(배려)의 관계에 대한 논의는 좀처럼 진행되지 않고 있으며, 따라서 기존의 연구만으로는 세계사회의 '다른 사람'에 대한 한국인의 배려 태도와 관련된 의문을 해소하는 데 직접적인 도움을 얻기 어렵다.

이러한 한계를 극복하기 위해, 이 글에서는 세계화 시대 '다른 사람' 의미의 구성과 이들에 대한 한국인의 배려 사이의 관계를 연기적 관점에서 이해해 보고자 한다.

2.2 '사회체계이론'에서 '선택단위의 연기적 이해'로 이동

일찍이 루만(L. Luhmann)은 현대사회가 이미 세계사회로 진입했음

08 이방인에 대한 사회학적 연구는 주로 김광기(2004)와 최종렬(2013)에 의해 이루어지고 있는데, 특히 최종렬의 연구는 문화주의적 관점에서 이방인의 재영토화 현상에 대한 논의를 축적해 나가고 있어서, 이 주제와 더 직접적으로 관련된다.

09 이에 대한 자세한 논의는 이태정(2012), 엄한진(2011), 최종렬(2013) 등을 참고하기 바란다.

을 이론적 차원에서 설득력 있게 주장해 왔다. 실제로 루만은 지금까지의 사회학이 세 가지 전제 즉 사회는 인간으로 구성된다는 전제, 사회는 국민국가와 같은 지역적 경계로 설정된다는 전제, 그리고 고전적인 '주체-객체'의 전제(즉 사회학자가 연구주체로서 연구대상인 사회를 연구한다는 전제) 등에 기초하여 이루어짐으로 심각한 인식론적 장애를 겪고 있다고 주장했다(루만/이철 옮김, 2015)[10]. 그리고 그 대안으로 그는 이른바 '구 유럽적 사고'에 따른 실체론적 관점을 폐기하고 자신의 독특한 구성주의적 사회이론을 제시하고 있는 바, 루만의 세계사회 개념 및 소통으로서 사회 개념이 그러한 인식론적 산물임은 두말할 나위도 없다.

루만은 사회를 소통작동으로 구성되는 사회체계로 규정하고 있고, 사회체계는 자기준거적 자기생산(autopoiesis)을 하는 폐쇄체계(closed system)라고 주장하고 있다. 이러한 사회체계론적 관점에서 관찰할 때, 세계사회의 '다른 사람'은 사회체계 혹은 전체사회의 기능체계가 국민국가에서 세계사회로 확장하면서 발생한 자연스런 사회적 현상이다. 그리고 루만에 따르면 의식이나 마음은 사회체계와는 독립적으로 작동하는 심리체계이기 때문에 그 환경인 사회체계와 구조적으로 연동되어 있고, 따라서 배려와 같은 마음 현상의 등장 및 변화도 그 둘 사이의 공진화 과정으로 설명할 수밖에 없다. 그렇다면 사회체계와 심리체계 사이의 구조적 연동과 공진화는 구체적으로 어떻게 가능한가? 바로 이 지점에서 루만 고유의 의미 개념이 등장한다. 루만에 따르면 의미는 개인의 의식(심리체계)의 산물이 아니라 소통으로서의 사회의 산물이다. 보다 직접적으로 말하면 의미는 구별에 의한 차이와 그 반복에 의한 형

---

10 우리는 연기적 관점 즉 무아/무상/공의 관점에서 볼 때 기존의 사회학은 t=0을 전제한다는 점 때문에도 인식론적 장애를 겪을 수밖에 없다는 점을 추가할 수 있다고 생각한다.

식의 산물이며, 그것이 구조적 연동의 매체로 작용한다. 이는 '심리학적 의미론의 사회학적 복원'이라 부를 정도로 큰 사회학적 함의를 지닌다.

이 글에서도 일단 이러한 루만의 의미론을 수용하고자 한다. 보다 직접적으로 표현하면 이 글에서도 기존 사회학의 세 가지 인식론적 장애를 폐기하고 사회를 소통으로서 구성되는 것으로 간주하며 따라서 세계사회의 작동 과정에서 새로운 의미가 구성되는 것으로 간주할 뿐만 아니라 그것이 마음이나 의식과 구조적으로 연동되면서(혹은 공진화하면서) 배려와 같은 마음 현상에 영향을 미친다는 사실까지를 수용한다.

그러나 우리가 보기에 이러한 루만의 사회체계론 및 구조적 연동 개념에도 다소의 한계가 내재되어 있다. 루만은 의식, 마음 등을 심리체계로 전제함으로써 의식이나 마음을 구성하는 사회적 요인을 배제하고 있다. 게다가 심리체계와 사회체계는 각각 서로서로 체계와 환경의 관계에 있고, 그 관계는 둘 사이의 구별에 근거하며 각각의 체계는 자기준거적으로 생산을 하면서 작동하기 때문에, 심리체계와 사회체계는 구조적으로 연동되어 있기는 하지만 각각의 내부로 침투할 수는 없다. 루만은 다음과 같이 잘라 말한다: "마음체계(systems of the mind)와 소통체계는 서로서로 완전히 독립적으로 존재한다. 그러나 동시에 그 두 체계는 구조적 상보성의 관계를 형성한다. 나의 주장은 다음과 같다: 각각의 폐쇄된 체계의 독자성은 구조적 상보성의 필요조건이다(Luhmann. 2002)." 이러한 루만의 논리를 끝까지 밀고 나가면 궁극적으로는, 비록 루만이 인식론적 차원에서 일체의 실체화를 비판하고 그 대안으로 구성주의적 사회체계이론을 제시하고 있고 그러한 점에서 의도하지 않은 결과이겠지만, 의식이나 마음은 심리체계로 그리고 소통체계는 사회적체계로 고정화함으로써 그 체계들을 '준 실체準實體(;pseudo-substance)'로 간주하는 효과로 귀결되거나 해석되는 결과를 피할 길이 없다. 이러한 체계이론에 따르면 경제체계에서 돈 거래는

지불-비지불의 코드로만 작동하는 것으로 간주될 뿐 상대방에 대한 배려가 거래에 개입되는 또 다른 측면, 예컨대 거래 상대와의 관계나 상대방이 제공한 배려 여부가 돈 거래에 개입하고 있는 현실의 또 다른 측면을 설명할 수 없다. 바로 이러한 문제점 때문에 이 글에서는 한편으로는 루만적 의미론의 사회학적 복원을 적극적으로 수용하면서도 다른 한편으로는 사회체계론적 관점보다는 연기적 관점에서 사회체계(세계사회)와 심리체계(배려 현상)의 관계를 이해하고자 한다.

그렇다면 왜 연기적 관점인가? 단도직입적으로 말하면 연기적 관점은 '루만이 보지 못하는 것을 보고 있다'[11]고 판단되기 때문이다. 좀 더 자세하게 설명하자. 우선, 우리의 인식관심이 사회로서의 세계사회와 마음 현상으로서의 배려 사이의 관계를 연구대상으로 설정해야 하는 연구 상황이고 그래서 양자의 관계를 연기적 관점에서 이해한다면, 그것은 곧 세 가지 범주, 즉 세계사회, 마음, 그리고 그 관계 모두를 각각 연緣에 의해 발생(起)하는 현상으로 관찰함을 의미한다. 동시에 이는 그 어떤 범주도 내적으로 불변하는 핵이나 본질을 갖고 있지 않기 때문에 결코 실체화될 수 없음을 의미한다. 전통적으로 불교는 이러한 연기현상을 무아, 무상, 공空과 같은 개념으로 파악해 왔는데 이러한 개념들은 사회체계론적 관점의 한계 즉 체계의 고정화 혹은 실체화의 가능성을 원천적으로 차단하는 효과를 갖는다. 게다가 이러한 연기적 관점을 선택하는 순간 구별의 이면(세계사회)과 저면(배려의 마음)은 상즉相卽하는 동

11 루만은 2차 질서관찰의 필요성과 관련하여서 관찰행위의 맹점 즉 자기 자신이 자기 자신을 관찰할 수 없는 것을 또 다른 관찰자가 다시 관찰할 수밖에 없다고 주장하는데, 루만의 인식론을 정리한 헬가 그립-하겔슈탕에(2013)는 이러한 맹점을 태초에 역설이 존재할 수밖에 없다는 것으로 설명하는데 바로 거기서 '나는 네가 보지 못한 것을 본다'라는 표현을 사용하고 있다. 그리고 그것이야말로 루만의 인식론을 가장 잘 표현하고 있다는 설명을 덧붙인다. 우리가 보기에, 연기적 관점에서 보면, 루만의 인식론 역시도 이 덫으로부터 자유롭지 않은 것 같다.

시에 상입相入한다[12]. 이는, 루만의 주장과는 달리, 사회도 어떤 방식으로든 마음에 침투하지만 마음도 소통을 통하여 사회에 재진입할 수 있음을 의미한다. 그리고 그러할 때 어떤 대상을 관찰하는 사람의 인식도 주체가 심리적으로 구성하는 것이 아니라 사회적으로 구성된다는 루만의 테제가 더 설득력을 가질 것으로 생각된다. 또한 연기적 관점에 따르면, 의식이나 마음은 심리체계로 고정되거나 실체화되기 보다는 육체, 이성, 감성, 의지, 상상력, 대상의 연기적 작용의 결과물로 간주할 수 있을 뿐만 아니라 사회(체계)와도 지속적으로 연동하면서 구성되는 그 무엇이다. 그렇다면, 우리가 관심을 갖는 세계사회뿐만 아니라 마음이나 의식까지도 각각 연緣의 작동에 의한 우연적 단위일 뿐이다.

또한, 연기적 관점에 따르면, 사회와 마음의 관계는 상즉의 관계만이 아니라 그들 사이의 상입, 즉 이러한 단위 사이, 개별 단위 내부 요소와 다른 단위 사이, 그리고 각각의 단위 내부의 요소들 사이에도 상호침투의 관계가 존재한다. 게다가 연기법을 깨달은 붓다가 신, 운명, 우연, 조상신 등에 의한 결정론을 부정한 사실이 시사하듯이, 그들 사이의 관계에도 중층적 상호인과율[13]이 작동한다. 이러한 중층적 상호인과율에 따르면, 그 어떤 현상도 내적으로 불변하는 본질을 갖는 것이 아니듯이 어떤 외적인 요소나 외부의 힘이 절대적 결정력을 가지는 것도 결코 아니다. 오히려 모든 현상은 선택된 단위 내부의 연緣과 외부의 연緣이 상호의존적으로 발생한 결과일 뿐이다. 이는 결과적으로 다음을 암시한다. 연기법이 전제하는 구별의 이면과 저면 사이의 상즉상입 관계 혹은 두 면 사이의 소통은 내적 준거와 외적 준거가 다함께 소통에 영향을 미치는 것으로 간주하는 루만의 사회 이론과 유사하지만 내적 준거와

---

12 불교의 상즉상입 개념에 대한 자세한 논의는 유승무(2010)를 참고하기 바란다.

13 중층적 상호인과율은 12연기의 구조에서 분명히 드러나는데, 조안나 메이시(2010)는 이를 일반체계이론의 상호인과율과 유사한 것으로 간주하고 있다.

외적 준거의 관계를 상입의 관계로 설정한다는 점에서 루만의 사회이론과는 명백히 다르다.

이상의 논의를 우리의 연구 주제에 적용하면, 세계사회의 '다른 사람'에 대한 배려의 발현(起)은 그 다름 즉 구별에 의해 발생하는 단위인 행위자 내외의 각각의 연緣 즉 마음의 연緣과 세계사회적 연緣 및 국민국가적 연緣이 중층적으로 상호침투의 결과로 관찰하는 것이 타당할 것이다.

3. 세계사회의 형성과 '다른 사람' 의미의 연기적 구성

3.1 세계사회의 형성

세계사적으로 볼 때, 19~20세기는 민족과 국가가 가장 큰 영향력을 발휘한 '국민국가의 시대'였다(Hobsbawm, 1992). 식민지배의 확대와 전쟁을 거치면서 국민국가는 정치적 질서의 중심이 되었다. 국민국가는 다른 국가와의 인정, 경쟁, 연합을 통해 존재가치를 확인했으며, 국가간 경쟁을 위해 내부적으로 자원을 동원하는 과정에서 구성원의 동질화와 국가하부구조의 완성이 자연히 이루어졌다 (Tilly. 1990). 한마디로 국민국가는 근대사회에서 국가라는 정치단위가 내부적으로 동질화되고 문화적으로 통합된 인구구성(정치적 공동체로서 '민족')을 가지게 되었고 개인은 무엇보다 민족과 국가의 구성원으로서 스스로를 확인하게 되었다(Calhoun. 1997; Smith. 1998). 특히 일제식민지와 연이은 내전을 경험한 한국사회에서 민족-국민이라는 정체성은 절대적인 것으로 취급되었다. 식민피지배, 한국전쟁, 그리고 전후 경제개발을 통한 국제경쟁의 시대를 거치면서 민족과 국민정체성은 가장 중요하고 지배적인 정체성으로 자리 잡았다(김영희 외. 2009).

그러나 이른바 대처리즘 혹은 레이거노믹스로 상징되는 신자유주의 세계화가 전 세계로 전일화 되면서, 한때는 동방의 '은자의 나라'였던 한국사회도 1990년대 이후부터는 급속히 세계사회(world society)로 변모하기 시작했다. 많은 한국인들이 세계 곳곳으로 진출하면서 그야말로 넓고 다채로운 세계를 실감하고 돌아오기도 하였지만, 많은 외국인들이 때론 관광객이나 기업인으로 혹은 노동자나 결혼 이주자로 한국 땅에 유입되기 시작하였다. 한국인이면서도 외국에서 이방인으로 살아보거나 살아가는 사람들도 늘어났지만 외국인이면서도 한국 땅에서 살아보거나 살아가는 이방인들도 늘어나는 추세다. 그리고 향후에도 이 추세는 더욱 가속화될 것이다. 그 결과 시간의 흐름에 따라 한국사회도 점차 순수한 국민국가를 넘어 세계사회로 변모해 갈 것으로 전망된다.

세계사회의 도래는 민족정체성의 우위성과 당위성, 그리고 나아가 그 구성 원리에 대해 심각한 의문을 제기하고 있다. 기존의 민족구성원 혹은 모국을 떠났던 민족구성원들 뿐만 아니라 경제적 활동의 필요에 의해 유출-유입되는 다양한 타민족-타국민을 통해 한국사회의 인적구성이 유래 없이 다양하게 변했다(설동훈. 1999). 한국사회의 경우, 전통적으로 혈연적 원칙(혹은 속인주의 jus sangunis)이 자동적으로 적용되었는데 이제는 현실적으로 순수한 혈연적 원칙의 고수가 불가능하게 되어 시민권적 원칙(혹은 속지주의 jus soli)이 혼합되어 적용되는 상황으로 변화하고 있다. 이에 따라 '국적'이라는 용어와 '시민권'이라는 용어가 혼용되게 되었고, 혈연적 원칙에서 예외적으로 인정되던 '귀화'라는 과정이 '시민권획득'이라는 근대사회적 정치공동체의 보편적 과정과 함께 쓰이게 되었다. 나아가 경제적 활동의 편의를 위해 '영주권'이라는 용어도 새롭게 등장하여 한국사회의 정치구성원이 가지는 자격도 다양화되었다. 국민-민족은 혈연공동체가 아니라 정치적 공동체로서 인식되어야한다는 주장이 이러한 현실적 필요를 배경으로 힘을 얻고 있기도 하다(최현. 2008; 이철우. 2008).

이렇듯 현대 한국사회에서 삶의 공동체의 구성 원칙이 변화함에 따라 유동적이고 분절적으로 존재하는 복수의 정체성이 점차 가시화되고 있다. 그렇기 때문에 다양한 정체성이 서로 공존하면서도 최소한의 공통분모에 기초한 통합적 정체성도 새롭게 구성될 것이 요구된다. 여기에서 유일한 공통분모란 두말할 나위도 없이 세계사회라는 새로운 삶의 조건이기 때문에 새로운 정체성 구성의 과제도 세계사회의 '다른 사람'에 대한 의미가 세계사회란 삶의 조건에 조응하도록 재구성될 때 비로소 달성될 것이다.

3.2 세계사회의 '다른 사람' 의미의 연기적 구성

한때 우리사회에서는 '우리가 남이가'라는 말이 유행한 적이 있다. 우리사회의 언어 습관에서 '우리'와 '남'은 각각 자율적 단위로서 분명한 경계선을 갖고 있다. '우리'는 '남'과 대비되는 경계선 안의 집단 즉 내집단이고 '남'은 '우리'와 구별되는 경계선 밖의 집단 곧 외집단을 각각 지시한다.

그러나 이쪽과 저쪽을 구별하는 경계선은 상황에 따라 다르게 설정된다. 상황에 따라 구별의 경계선이 축소되면 한때는 '우리'에 속했던 사람들이 '남'이 되기도 하지만 경계선이 확장되면 과거에는 '남'이었던 사람들이 새롭게 '우리'가 되기도 한다. 예컨대 나를 구별하기 위해서는 나 이외의 모든 사람이 '남'이 되지만, 특정한 사람이 자신의 가족을 구별할 때에는 자신의 가족 이외의 대상이 모두 '남'이며, 국가 간 축구경기의 경우처럼 자신의 소속 국가를 구별할 필요가 있을 경우에는 자신의 소속 국가 이외의 모든 국가가 다 '남'이 된다. 그리고 그 반대도 마찬가지다. 평소 가족 이외의 사람이기 때문에 '남'으로 지칭되는 사람들도 한일전 축구경기를 시청할 때는 모두 '우리'가 되기도 한다.

실제로 다양한 우여곡절을 경험할 수밖에 없는 구체적 인간의 사회적 삶에는 그 굴곡만큼이나(혹은 그 이상으로) 다양한 구별과 그 구별을 가르는 경계선들이 중층적으로 복잡하게 설정되어 왔고(혹은 사라져 왔고) 또 새롭게 생겨나고 있다. 그러나 구별의 경계선이 어떻게 설정되든지 간에 여하튼 특정한 경계선이 설정되는 순간 그 구별은 다시 구별된 것 속으로 재진입함으로써 그 선택 단위가 작동하기 시작한다. 보다 구체적으로 말하면 '우리'와 '남'이 구별되는 순간부터 그 구별은 '우리' 속으로 재진입하면서 우리란 독자적 단위가 사회적 작동을 시작한다. 여기에다 시간은 중단 없이 지속되고 있기 때문에 그 구별은 반복된다. 이 반복과 동시에 이제 복잡한 세계는 '우리'와 '남'의 관계 혹은 '친밀함'과 '친밀하지 않음'의 관계 형식으로 축소(reduction)된다. 그리고 우리와 남 사이의 관계 형식이 반복되면서 의미의 구조가 만들어지고 그것이 한국인의 마음과 구조적으로 연동되기도 하고 표류하기도 하면서 그 관계형식과 의미는 공진화를 거듭해 갈 것이다.

이러한 사회적 과정은 무수한 '우리'를 생성시키는 과정인 동시에 '우리'와는 다른 무수한 '남'들을 생성시키는 과정이기도 하다. '우리'의 경계가 설정되는 바로 그 순간 그 우리의 '남'이 생성된다. 그러나 여기에서 '남'은 우리의 수동적 존재는 결코 아니다. 비록 '우리'에게는 '우리'

가 보지 못하는 '무표공간(unmarked space)'[14]으로 무시되어 왔지만 그것이 '남'에게는 자신의 생존 공간이자 창조의 공간이기도 하다. 게다가 '우리'조차도, 분명한 경계선 저편에 우리의 '남'이 존재해야 비로소 존재할 수 있다. 국경을 기준으로 보면 외국인이 '남'으로 존재해야 한국인이 모두 '우리'가 될 수 있듯이, 외국인을 고용하고 있는 회사를 단위로 선택하면 대부분의 한국인들도 '남'이 될 수 있고 바로 그렇기 때문에 우리 회사의 외국인 노동자는 '우리'가 될 수 있다.

이렇게 볼 때, '우리'와 '남'의 관계는 상호인과율을 갖는다. 여기에서 '남'과 '우리'의 관계는 상호 모순적이거나 상호 배제적인 차원만 갖고 있는 것이 아니다. '남'과 '우리'의 관계는 서로서로 명백히 구분되는 자율적 단위가 되기 때문에 오히려 그들 사이에는 상호 의존적이고 상호 보완적 관계가 성립된다. 좀 더 이론적으로 정리하면 '다른 사람'은 특정한 경계선 안쪽의 각종 연緣뿐만 아니라 경계선 밖의 연緣이 상호인과율로 작용할 때 탄생하는 사람들이다.

그렇다면, 그리고 현대 한국사회 속에서 살아가는 우리의 삶의 터전이 이미 세계사회라면, 세계사회에 조응하는 '다른 사람' 혹은 '남'은 누구인가? 그것은 세계사회에 조응하는 '우리', 즉 세계사회적 차원의 이해관계를 공유하는 사람들이 '우리'라는 의미로 재구성될 때 그와 동시에 발생하는 '우리'의 경계 밖의 사람들이다. 이러한 의미론에 따르면, 세계사회에서는 과거의 국민국가의 이방인이나 외국인과 이해관계를 공유할 경우 그들이 바로 '우리'가 되며 과거의 국민국가의 '우리'도 지금 여기의 이해관계와 무간할 경우 '남'이 될 수도 있다. 예컨대 세계사회의 경제적 삶에 따라 상품이나 정보뿐만 아니라 사람들조차도 과거의 국민국가의 경계를 넘어 초국적 이해관계로 얽혀 있다면, 국적 여부와 무

14 이에 대한 간략한 설명은 Hans-Goorg Moeller(2006: 226)를 참고하기 바란다.

관하게 그 이해관계를 공유하는 사람들은 '우리'이고 '우리'의 경계 외부에서 살아가는 사람들은 '남'이 된다.

이렇듯 세계사회의 작동에 의해 재구성되는 의미는 국민국가에 의해 구성되었던 의미와는 다르다. 국민국가를 실체론적 관점에서 고정시킬 경우 세계사회에서 재구성된 '우리'의 의미가 정체성 혼란으로 해석되겠지만 세계사회를 연기적 관점에서 관찰할 경우 유동하는 정체성은 소통으로서의 사회를 작동시키는 새로운 형식의 의미가 된다. 이러한 새로운 의미론에 따르면 국민국가의 이방인이나 외국인은 세계사회의 '우리'로 재해석될 수 있다. 예컨대, 다문화가정을 이루고 살아가는 베트남출신의 아내가 나의 아내이자 내 아이들의 어머니 즉 '우리' 가족이 되듯이, 우리 회사의 캄보디아 출신 사람은 '남'이 아니라 '우리' 회사의 구성원이다. 그렇다고 하여 오늘날 한국사회에서 국민국가가 사라졌다거나 국민의 정체성이 완전히 해체되었다는 것은 결코 아니다. 오히려 오늘날 한국사회 속에서는 국민국가와 세계사회가 공존하고 있으며 국가주의 및 동화주의가 세계시민의식과 동거하고 있다. 다음의 다문화가정 CF광고 나레이션에는 국민국가적 개념과 세계사회의 이미지가 공존하고 있음이 잘 나타나 있다.

> 김치를 정말 좋아하는 한국인
> 한강을 누구보다도 사랑하는 한국인
> 한국의 아기를 낳은 한국인
> ……
> 다문화가정, 우리와 다르지 않은 소중한 이웃입니다.
> 우리의 따뜻한 시선으로 더 행복한 대한민국이 됩니다.
> (엄한진. 2011: 129에서 재인용)

그러나 분명한 것은 세계사회가 점점 더 확산되어 간다는 사실이고 그러한 점에서 세계사회의 '다른 사람'이 '우리'가 될 가능성도 그만큼 커진다는 사실이다. 그렇다면 이러한 의미구성의 변화에 조응하는 배려는 어떻게 가능할 것인가?

4. 세계화시대 '다른 사람'에 대한 배려: 사례의 통한 문제제기

4.1 세계화시대 '다른 사람'의 의미 구성에 따른 배려의 과제

앞에서 세계사회의 형성과 그에 따라 세계화 시대라는 맥락 속에서 세계사회의 '다른 사람' 의미가 새롭게 구성될 개연성을 연기적 논리에 근거하여 제시해 보았다. 그럼에도 불구하고 아직도 대다수의 한국인은 이들을 국민국가의 경계선을 따라 '국민국가의 이방인'으로 이해하고 있다. 그리고 여전히 개발도상국 출신 외국인에 대한 차별적 태도가 지속되고 있다.

주지하듯이 오늘날 대부분의 한국인은 피부색이 다르고 언어가 다른 개발도상국 출신의 세계사회의 '다른 사람'에 대해 태도는 크게 두 가지 유형, 즉 일시적 '다른 사람'에 대한 태도와 영구적 '다른 사람'에 태도로 나누어진다. 여기에서 영구적 '다른 사람'이란 자신의 국적뿐만 아니라 고국에 자신의 가족 등 삶의 기반을 그대로 간직한 채 돈을 벌기 위한 목적으로 일정기간 홀로 한국사회에서 생활하다가 다시 자신의 고국으로 돌아가는 '다른 사람'을 말한다. 반면에 일시적 '다른 사람'은 한국인으로 귀화했거나 국제결혼을 통해 한국의 가족의 일부가 된 경우이다. 두말할 나위도 없이 한국인들의 태도는 영구적 '다른 사람'보다 일시적 '다른 사람'에게 더 호의적인 배려를 할 가능성이 크다. 특히 다문화가족의 구성원이나 그 가족의 친척들로서는 더욱 그러할 것이다. 왜냐하면 앞에서 언급한 다문화가정 CF광고 나레이션에서 분명하게 알 수 있듯이 오늘날 한국사회는 일시적 '다른 사람'을 '우리'로 인정하려고 노력하기 때문이다. 이러한 사실은, 한국사회의 '우리'와 '남'의 코드를 고려하면, 일시적 '다른 사람'에 대한 배려의 태도는 시간의 경과와 함께 점차 개선될 가능성이 있음을 시사한다. 반면에 오늘날 한국인들은 이른바 외국인 노동자로 불리는 영구적 '다른 사람'을 '남'으로 인식하고 그들에 대해서는 적대적인 배려나 무관심한 배려를 유지할 가능성이 높다. 그리고 그 일시적 '다른 사람'에게는 국경이나 가족의 경계선에 따라 차별적 의미를 부여할 것이다. 아래의 몇 가지 사례는 이를 잘 보여준다.

〈사례 1〉 여기서 외국인으로 살기

… 특히 한국인들 중 일부는 어디서 온 외국인이냐에 따라 태도가 달라진다는 것을 경험하였다. 백인이나 미국 출신이라면 같은 유색인종임에도 아프리카 출신 외국인보다 무언가 우월하다고 생각한다는 느낌을 지울 수 없었다. 이러한 점은 상대적으로 빈곤한 국가가 많은 아프리카계 유학생들이 공통적으로 힘들어 하는 부분이다. … 한국에서 다양한 경험 중 가장 받아들이기 힘들었던 편견과 도전은 한국인들 대부분이 정확한 미디어와 사실에 근거하지 못한 채 아프리카를 이해하고 있다는 점이다. 그들은 마치 아프리카를 대륙이 아닌 하나의 국가로 인식하는 듯 보였다. 한국인들은 아프리카 대륙의 한 국가에서 사고가 나도 마치 아프리카 대륙 전체에 사고가 난 것처럼 물어보고 판단하는 모습을 보여주었다. … 졸지에 에볼라가 창궐하는 국가에 가족친지를

두고 온 처지가 되었다는 편견을 바로잡으려 애썼던 기억이 생생하다. 〈"종교와 평화" 2015년 10월 20일, 케냐 출신 한국 유학생 하가이 케네티의 에세이 중에서〉

〈사례 2〉 한국인이니? 아시아인이니?

아들이 5학년 때의 일이었다. 학교에서 돌아오자마자 스쿨버스에서 있었던 일을 이야기하며 눈물을 글썽였다. 한 아이가 아들을 '퍼킹 챠이니즈'라며 욕을 했다는 것이다. … "난 '챠이니즈'라는 말을 들으면 너무 기분이 나빠. 그래서 내가 '난 코리안이야'하고 고함을 질렀어". … "그런데 걔가 '코리안이 뭐야?'하고 진지하게 묻는 거 있지. 걔가 코리아를 모르니까 할말이 없었어". … "오늘 매튜가 나더러 아시안이냐고 물어보길래 그렇다고 했더니, '그런데 너 지난번에는 왜 코리안이라고 했어?'하고 묻는 거야. 참 미치겠어." 그러나 조카가 이어서 말을 꺼냈다. "나도 그 질문 열 번도 넘게 받았어. 처음에는 걔들이 바보인줄 알았다니까. 미국 애들 중에는 한국이 아시아에 있는 줄도 모르고 우리처럼 생기면 다 중국인이라고 생각하는 애들도 많아. 그 질문 받을 때마다 황당하고 기분 나빠 죽겠어."… "아니, 코리아가 저렇게 작은 나라였니?", "혹시 너네 나라 전쟁이 나서 미국으로 왔니?", "너 혹시 북한 김정은 본 적 있니?" 이런 질문들이 쏟아졌다고 했다. 이래저래 아이들은 상처입고 아물기를 반복한다. 〈『다문화 톨레랑스』(조형숙. 2015. 나노미디어. pp. 138-140)〉

〈사례 1〉에서 알 수 있듯이, 세계사회의 '다른 사람' 중에서도 개발도상국 출신 외국인에 대한 배려 문제가 더 시급한 사회적 과제임이 분명하다. 이들은 '우리'에 비해 상대적으로 더 빈번히 마음 아픔 경험을 할 수밖에 없을 것으로 예상된다. 그리고 〈사례 2〉가 암시하듯이 세계화시대에는 많은 한국인도 세계사회의 '다른 사람'으로 살아갈 수밖에 없고 그들 역시도 '찢어지는 마음(brokenhearted)'을 간직한 채 살아갈 수 있다. 이렇게 볼 때, 세계사회의 '다른 사람'에 대한 배려의 태도를 배양하는 것은, 소수의 특수한 과제가 아니라, 〈사례 3〉이 시사하듯이 세계화시대 세계사회의 보편적 윤리를 확립하는 과제이기도 하다.

〈사례 3〉 황인 소년의 사랑과 명예

중학생 아들이 한 미국 여자아이를 좋아한다. …"친구들은 내가 황인이니까 황인 여자친구를 사귀어야 한다고 생각해요. 나는 백인 여자애랑 사귀고 싶지 제니와 로렌은 별로야." 그 당돌한 녀석이 인종적인 이유로 황인 여자 친구를 사귀라는 말에 발끈했다. 그러다 녀석을 더 불지른 것은 데이비드라는 한국계 교민 아이 때문이었다. "황인 남자는 백인이든 흑인이든 미국 여자애들한테 인기가 없어. 그러니까 여자 사귈 생각은 접고 그냥 아시아 남성의 명예를 지켜야 해."… 이 웃지 못할 일화를 그냥 넘길 수 없다. 인종적 편견이 어린 아이들 사이에 활개를 친다. 왜 백인 아이들은 황인끼리 사귀라고 단정짓는 것일까? 아들은 왜 황인은 싫고 백인 여자애랑 사귀고 싶어 할까? … 영주권자인 데이비드는 아시아 남성의 명예를 지켜 열심히 공부해서 성공하면 한국 아나운서나 연예인과 결혼하는 꿈을 꾼다. … 아시아인에 대한 몇 가지 고정관념이 있다. 아시아인들은 착실하지만 아시아 남성은 매력이 없다는 것이다. 백인 우월주의에 물든 녀석들의 해프닝은 사실 이 세계의 축소판이다. 〈『다문화 톨레랑스』(조형숙. 2015. 나노미디어. pp. 134-137)

4.2 세계사회의 '다른 사람'의 마음에 대한 배려

앞의 사례가 실증하듯이 아직도 많은 한국인들은 국민국가의 경계선에 따른 영토주의적 사고에 젖어 있다. 국가정책은 말할 것도 없고 국가의 이해로부터 상대적으로 자유로운 매스미디어나 심지어 국가의 정책에 저항하는 사회운동조차도 국민국가를 경계로 하는 현실주의적 시각을 유지하고 있다. 그리고 한국인의 심리체계는, 근대화 및 산업화를 거치면서 형성된 극단적인 이기주의적 사고방식이 팽배해 있다. 게다가 의식은 자신의 사회 환경 즉 제도적·조직적 변화가 어느 정도 뚜렷해져야만 비로소 변화를 시작한다는 사실을 감안하면(Hans-Georg Moeller. 2006: 225-226), 아직도 이러한 관행적 태도의 실질적인 변화를 기대하기에는 좀 더 인내심이 필요할 것으로 보인다.

바로 이 지점에서 우리는 세계사회의 '다른 사람'의 마음에 주목할 것을 제안하고자 한다. 그 이유는 크게 세 가지 때문이다. 첫째, 〈사례 2〉와 〈사례 3〉이 보여주고 있듯이, 합리적/합법적 인정척도만으로는 마음속에서 우러나오는 진정한 배려의 태도가 도출되지 않기 때문이다. 둘째, 인정자원으로서 마음은 빈부의 정도나 근대성의 정도 등의 척도로 측정되지 않는다. 오히려 마음에 대한 척도는 본심(혹은 진정성)과 오히려 더 밀접하게 연관되어 있다. 게다가 마음은 사회적 소통을 통해 언제든지 재구성될 수 있다. 이렇게 볼 때 마음의 척도에 관한 한 세계사회의 '다른 사람'도 얼마든지 높은 평가를 받을 수 있을 것으로 기대되기 때문이다. 셋째, 마음문화(합심문화)가 풍부한 한국사회는 말할 것도 없고 대부분의 인간사회에서도 자신의 진심을 인정받고자 하는 욕구는 결코 작지 않다. 특히 합심주의적 전통이 강한 아시아사회의 경우 마음에 맞거나 부합할 때 감적 소통이 이루어진다는 선행연구를 고려하면(유승무·박수호·신종화. 2013; 주형일. 2014), 마음을 인정하는 것이 배려에 있어서 결정적인 의미를 가질 것으로 판단되기 때문이다.

실제로 세계사회의 '다른 사람' 자신의 태도뿐만 아니라 한국인의 태도조차도 마음의 산물이란 점을 고려하면, 태도의 변화 이전에 세계사회의 '다른 사람'의 마음에 대한 공감과 이해가 전제되어야 한다. 비록 마음의 배려가 제도나 조직에는 미미한 영향밖에 미치지 못한다고 할지라도, 마치 화폐를 매개로 한 경제적 거래에서 조차도 상대방과의 관계에 따라 마음이 다소의 영향을 미치듯이 마음은 소통으로서의 사회에 어떤 식으로든 영향을 미치게 될 것이다. 게다가 마음의 배려는 그 자체로 독자적인 효과를 발휘할 수도 있다. 만약 제도적·조직적 배려가 동일하다는 조건 속에서 마음의 배려라도 추가된다면, 세계사회의 '다른 사람'의 마음에 대한 배려의 크기는 그만큼 더 커질 것이기 때문이다.

실제로 우리나라의 속담에 '말 한마디로 천 냥 빚을 갚는다'란 말이 있다. 이는 세계사회의 삶의 현장에서는 마음의 공감이나 이해가 소통으로서의 사회는 물론 사람들의 삶에도 큰 영향을 미칠 수 있음을 암시한다. 아래의 두 가지 대조되는 사례들은 이를 실증하기에 충분하다.

〈사례 4〉 비非배려표현이 적대감을 불러일으킨 사례

한국에서 안 살아요. 인도네시아 가고 싶어요. 인도네시아에 한국 공장 사장님 많이 있어. 사장님 인도네시아랑 한국 왔다 갔다 하면서 일해. 사장님이 나쁜 말하면 그러면 마음 안 좋아. 그래서 만약에 나중에 한국 사장님 인도네시아에 오면 내가 그럴거야. 야! 사장님 나 옛날에 코리아에서 새×야 했던 사람이야. 인도네시아 안 돼! 한국 가! 그럴거야. –해리(가명), 남/32세, 인도네시아.(이태정. 2004: 78)

〈사례 5〉 배려로 공감을 일으킨 사례

(손) 일하다가 다쳤어. 아이언(iron) 기계에 다쳤어요. 이제는 괜찮아요. 회사에서 치료비 병원비 다 해줬어요. 한 달 반 동안 병원 다녔어요. 일 안하고 쉬었어요. 병원 다니는 동안 월급 기본급 나왔어요. 맞아요, 아픈데 좋았어요. -로니(가명). 남/31세, 방글라데시.(이태정. 2004: 72)

〈사례 4〉가 시사하듯, 한국인이 불쑥 내뱉는 나쁜 말, 즉 조그마한 비非배려표현조차도 세계사회의 '다른 사람'에게는 커다란 마음의 상처를 입힐 뿐만 아니라 그것이 당사자의 삶은 물론 한국인과의 상호작용 및 소통으로서의 사회에도 결정적인 영향을 미친다. 그리고 〈사례 5〉에서 알 수 있듯이 한국사회에서 제공받는 지극히 당연한 대우조차도 세계사회의 '다른 사람'에게는 커다란 호의로 인식된다. 이러한 사실을 종합해 볼 때, 이 글의 가설 즉 조그마한 배려(마음)나 배려표현(말이나 행동)조차도 배려의 크기에 영향을 미칠 뿐만 아니라 세계사회의 '다른 사람'의 삶에도 영향을 미치고 나아가 그들과의 소통으로서 사회에도 큰 영향을 미칠 수 있다는 가설은 기각될 것 같지가 않다.

5. 결론을 대신하여: 세계사회의 작동과 배려의 상즉상입

연기적 시각에 따르면 마음은 한편으로는 마음 외부의 세계사회에서 구상되는 의미에 의해서도 영향을 받지만 다른 한편 세계사회의 '다른 사람'에 대한 자신의 마음을 국민국가의 이방인이란 마음으로부터 세계사회의 '다른 사람'이란 마음으로 스스로를 변화시킬 수 있다. 예컨대 전통사회에서 '우리' 마을에 들어온 낯선 사람을 '다른 사람'으로 간주하였지만, 국경이 결정적인 경계선으로 작용하고 있는 근대사회에서는 '우리의 국경'을 넘어 들어온 외국인을 '다른 사람'으로 인식하였고 세계화와 함께 그 다른 사람 즉 국민국가적 다른 사람을 '우리'로 인식해야 하는 상황에 처하게 되었다. 이렇듯 소통으로서의 사회의 진화에 따라 '다름 사람'에 대한 의미구성이 바뀌기도 하지만, 우리의 관념이 소통으로서의 사회에 영향을 미치기도 한다. 예컨대 우리나라에 살고 있는 외국인이긴 하지만 선진국 출신 외국인은 이방인이 아니라 '귀한 손님'이 되는 반면에 개발도상국 출신은 이방인 혹은 '다른 사람'으로 규정되고 있는 바, 이는 우리의 관념이 소통에 영향을 미치고 있음을 보여준다.

결국 행위자가 세계사회의 '다른 사람'과 어떻게 소통하는가에 따라 그 대상에 대한 의미가 달라질 수 있음을 의미하지만, 우리가 그 대상을 어떻게 인식하고 사고하는가(즉 '우리'로 사고하는가 혹은 '남'이라고 생각하느냐)에 따라 소통으로서의 사회가 달라질 수 있다. 게다가 사회의 작동으로 구성된 의미가 또 다시 사회적 소통의 매개로 작용한다면 의미의 새로움은 소통으로서의 사회의 새로움이고 그것은 세계사회의 '다른 사람'의 삶은 물론 그와 소통하는 한국인의 삶에도 새로움을 더하게 될 것이다. 요컨대 소통으로서 세계사회의 작동과 마음 현상으로서 배려는 상즉하는 동시에 상입하는 관계를 갖는다. 그렇다면 이러한 사실의 정치사회적 함의, 즉 세계사회의 '다른 사람'의 사회적 지위 변동에 대한 함의는 무엇인가?

세계사회의 '다른 사람'의 사회적 지위 인정과 관련된 논의는 주로 시민권의 인정 근거 및 범위와 연관되어 논의되어 왔다. 이와 관련하여 속지주의와 속인주의는 가장 빈번하게 사용되는 근거이다. 그러나 이러한 기준은 법제적 차원이나 정책적 차원에서 제기되는 구분의 기준일 뿐이다. 지금까지의 논의를 기초로 판단해 보면 한국사회의 경우, 문화적 차원에서는 속'우리'주의의 기준이 작동하고 있다. 실제로 한국사회와 같은 속'우리주의' 문화에서는 '우리'와 '남'의 경계선 설정 혹은 그 변화가 사회적 소통은 물론 마음씀씀이에도 매우 결정적인 의미를 갖는다. 그렇다면 앞 단락의 질문은 다음과 같이 물어져야 한다. 이 글의 핵심 개념인 세계사회의 소통과 배려와 관련하여 이러한 속'우리'주의는 어떤 의미를 갖는가?

이미 자세하게 논의했듯이 오늘날 한국사회는 급속히 세계사회로 이동하고 있고 그에 따라 '우리'의 의미가 국민국가적 경계선을 넘어 세계사회로 확장되고 있으며 향후에도 그러한 추세는 지속될 것으로 전망된다. 바로 여기에 속'우리'주의를 적용될 경우 소통으로서 사회의 작동은 물론 배려의 범위나 태도도 달라질 수밖에 없을 것이다. 왜냐하면 이제 많은 한국 사람들은 '남'보다 못한 '우리나라 사람'들을 부지기수로 만나는 반면에 국민국가적 경계선 밖의 사람들, 그래서 지금까지는 '남'이라고 간주했던 사람이 점차 '우리 동창'이나 심지어 '우리 이들'보다 낫다고 판단되는 경험들이 축적되어 갈 가능성도 배제할 수 없기 때문이다. 만약 이러한 변화가 지속된다면, 이는 한국사회의 세계사회로의 변화가 배려의 범위 설정과 그에 따른 '우리' 및 '다른 사람'에 대한 태도에 적지 않은 영향을 미칠 것이다.

그렇다면 '더 나은' 경험이나 '더 낫다'는 판단은 어디에서 유래하는가? 이는 나와 사회적 소통을 하는 '다른 사람'이 '나' 혹은 내가 처한 상황을 염려하는 생각, 말, 행동 등을 어느 정도로 하는가에 달려 있다. 그 정도의 극한에 '우리 자식'이 원수일 수도 있고 세계사회의 '다른 사람'이 생명의 은인이 될 수도 있다.

하지만, 이 글의 목적인 21세기 다문화사회에서, 세계화시대에서, 세계사회의 구성원으로서 다른 구성원과의 '배려'적 관계 설정은 규범적 설계 틀의 제안 이전에 먼저 되짚고 넘어가야할 이론적 난제가 있다.

첫째, 전통적인 공동체 사회에서는 경험적으로 누적된 공통의 상황과 해결적 사례들이 참고적으로 작동하고 있다. 하지만, 21세기 한국사회에서 필요한 시대적 배려에는 누적된 경험이 부족한 편이다. 다른 말로 바꾸면, 다문화사회에서 한국 청년들이 한국사회의 고통받는 구성원들에게 배려적인 행동을 하기 위하여 동원하는 경험적 자원이 부족하다는 뜻이다. 이 자원을 전통적 상황에서 역사적으로 사례를 이끌어 내려고 할 때, 안타깝게도 한국사회에 팽배한 전통과 현대사회의 단절적 해석 및 전통에 대한 불균등적이고 부정적인 함의의 재생산이 전통적 사례의 풍부함과 새시대적 함의를 제약하고 있다.

둘째, 세계사회라는 이해적인 사유물이 전통시대의 공동체와 관련된 사유물과 동일한 이론적 지위를 갖지 못한다는 것이다. 현재까지는 그 지위가 취약하다. 세계사회에 대한 이해와 그 안에서 구성원으로서의 역할과 태도는 '판단'적 해석을 먼저 요구한다는 것이다. 문화적 정서라는 전통시대의 공동체의 정신적 가치와 생활태도가 이전부터 축적된 결과물이었다면, 지금의 세계사회는 작게나마 세계사회의 정신적 가치가 축적이 되고 있는 초기적인 상황이라는 것이다. 여기서 우리는 '공통의 배려적 소통을 확대시킬 수 있는 '본원적' 자원으로서 마음(심, 心, heart)'에 주목한다. 과연 세계사회에서 '다른 사람'에 대한 의미 구성과 배려를 위하여 보편적인 자원으로서 '마음'이 작동할 수 있겠는가? 향후 학계의 관심이 요구되는 영역이며, 우리의 후속 연구들이 진행될 지점이기도 하다.

참고문헌

강문석. 2008. 「"합리성"과 "진정성"의 윤리학적 긴장」. 『윤리교육연구』 16.

고미숙. 2004. 「배려윤리와 배려교육」. 『한국교육학 연구』 10(2). 한국교육학회.

김광기. 2004. 「이방인의 사회학을 위한 이론적 정초」. 『한국사회학』 38(6). 한국사회학회.

김영희 외. 2009. 『민족과 국민, 정체성의 재구성』. 혜안.

노상우·이혜은. 2010. 「인(仁)과 자비(慈悲)사상에 나타난 배려윤리와 그의 교육적 함의」. 『교육문제연구』 16(1).

니클라스 루만. 2015. 『사회이론 입문』. 이철 옮김. 이론출판사.

박치완. 2012. 「레비나스의 "얼굴", 윤리학적 해석이 가능한가?」. 『범한철학』 64. 범한철학회.

설동훈. 2005. 「한국의 이주노동자운동」. 『우리시대의 소수자 운동』. 이학사.

______. 1999. 『외국인노동자와 한국사회』. 서울대학교 출판부.

엄한진. 2011. 『다문화사회론』. 소화.

여성가족부. 「eNEWS」. 2016년 3월 15일.

유승무. 2010. 『불교사회학』. 박종철출판사.

유승무· 이태정. 2006. 「한국인의 인정척도와 외국인에 대한 이중적 태도」. 『담론201』. 한국사회역사학회.

유승무· 박수호· 신종화. 2013. 「마음의 사회학적 재발견과 합심의 소통행위론적 이해」. 『동양사회사상』. 동양사회사상학회.

이덕무. 2013. 『사소절』. 전통문화연구회.

이동수. 2006.「공존과 배려: 타자와의 관계에 관한 동·서양 정치사상 비교」.『정치사상연구』 12(1).
이상진. 2011.「배려윤리와 자비윤리의 비교를 통한 도덕교육적 의의 고찰」.『윤리철학교육』 16.
이선열. 2012.「타자 대우의 두 원칙: 관용과 서恕」.『율곡사상연구』 24.
이철우. 2008.「주권의 탈영토화와 재영토화」.『한국사회학』 42(1). 한국사회학회.
이태정. 2004.「외국인 이주노동자에 대한 사회적 배제 연구」. 한양대학교 사회학과 석사학위논문.
______. 2012.「한국 이주노동자의 이주과정과 변형 아이덴티티」. 한양대학교 사회학과 박사학위논문.
조안나 메이시. 2010.『불교와 일반체계이론』. 이중표 옮김. 불교시대사.
조성민. 2012.「나딩스 배려윤리의 도덕교육적 의의와 한계」.『윤리철학교육』 17.
조현규. 2007.「'인'과 '배려'의 윤리의 현대 도덕교육에의 시사」.『교육철학』 31.
조형숙. 2015.『다문화 톨레랑스』. 나노 미디어.
주형일. 2014.「이방인과 나의 장소: 공감애를 통한 이해의 모색」.『사회과학논집』. 연세대학교 사회과학연구소.
최종렬. 2013.『지구화의 이방인들』. 마음의 거울.
최 현. 2008.「탈근대적 시민권제도와 초국민적 정치공동체의 모색」.『경제와 사회』 79.
한국종교인평화협의회.「종교와 평화」. 2015년 10월 20일
한평수. 2006.「배려(Care)의 윤리와 인仁의 윤리」.『철학사상』 23.

헬가 그립-하겔슈탕에. 2013. 『니클라스 루만-인식론 입문』. 이철 옮김. 타임비.

Anderson, Benedict. 1991. *Imagined Communities*. Revised Edition. London: Verso.

Calhoun, Craig. 1997. *Nationalism*. University of Minnesota Press.

Hobsbawm, Eric. 1992. *Nations and Nationalism since 1780*: Program, Myth, Reality. Cambridge University Press.

Luhmann, Niklas. 2002. *Theories of Distinction*. Stanford University Press.

Moeller, Hans-Georg. 2006. *Luhmann Explained*. Open Court.

Smith, Anthony. 1998. *Nationalism and Modernism*. London & New York: Routledge

Tilly, Charles. 1990. *Coercion, Capital and European States, AD 990~1990*. Cambridge: Blackwell.

동양사상의 시대 진단과 비전

한국인의 ‘공동체 지향성’과 결사結社: 향도 · 동계 · 협동조합

| 김 성 순

한국인의 '공동체 지향성'과 결사結社: 향도 · 동계 · 협동조합

김 성 순

I. 들어가는 말

결사란 "지향과 실천을 함께 하는 구성원들이 특정 목표를 정하여 결성한 공동체"라고 간단하게 정의해 볼 수 있을 것이다. 한국 역사에서 문헌상으로 확인되는 최초의 결사는 정토왕생신앙을 배경으로 하는 불교결사인 향도香徒였다. 이 글에서는 한국사회에 나타난 다양한 결사체들 중에서 향도香徒와 동계洞契, 그리고 협동조합이라는 세 가지 형태의 조직에 대해 서술하고자 한다.[01] 세 가지 결사 모두 선행연구 결과물이 상당량 축적되어 있으며, 특히 협동조합에 관한 논문들의 수가 기대 이상으로 많았던 것은 서울시를 비롯한 지방자치단체에서 적극적으로 협동조합에 대해 제도적 지원을 했던 영향도 컸으리라 생각된다.

이 글에서는 기본적으로 세 결사체들의 결성배경과 조직 구성, 사회적 역할, 역사적 상황에 따른 변용, 그리고 성장이나 소멸의 원인에 대

---

01 이 글에서 정의하는 결사는 "한 명 이상의 구성원들이 공동의 목표를 지향하고, 실천을 함께하기 위하여 결성한 조직"이기 때문에 '다수성', '공동의 목표', '실천의 공유'라는 성격을 가진 인위적 모임은 모두 결사에 포함될 수 있다. 따라서 원초적인 결성목표가 불교신앙, 유교적 향촌질서, 구성원의 상호이익 등으로 각기 다른 향도, 동계, 협동조합이 '결사'라는 한 범주 안에서 서술될 수 있는 것이다.

해 고찰하게 될 것이다. 향도에서는 불교신앙결사에서 시작하여 장례전담조직으로 명맥을 유지하게 된 역사적 배경을 살펴보고자 한다.

동계를 다루는 장에서는 초기에 지배사족의 결사체였다가 상천민들까지 수용하게 되는 과정, 그리고 조선 후기에 분리를 시도하는 상천민들의 결사조직인 하계로 인해 일어나는 역동적인 변화에 대해 주목할 것이다.

협동조합은 현재진행형인 결사현상이기 때문에 근현대에 들어 발생·성장해가는 역사와 현재 한국사회의 협동조합들이 보여주는 역할, 그리고 문제점에 대해 집중했다.

이 글은 선행연구결과들의 한계를 뛰어넘는 새로운 시각이나 역사적 사실의 발굴보다는 세 가지 형태의 결사체들을 통시적으로 바라보면서 그들 간에 나타나는 유기적 연관성과 저변의 보편성에 대해 주목하려는 시도이다. 이제까지 각각의 현상에 대한 연구는 상당히 진행되어 왔지만, 각 결사들을 관통하는 보편성과 한국인들의 심성에 내재하는 '공동체 지향성'을 연결지어 들여다보려는 시도는 거의 보지 못했다.

8세기 신라시대부터 현대에 이르기까지 거의 1,200년간에 이르는 기간 동안 한국사회에서 결사현상이 부재했던 적은 없었다. 정체되어 있는 듯한 구조 속에서도 개인과 사회, 사회와 국가, 종교와 권력, 지배층과 피지배층, 지방과 중앙이라는 양자적 세력관계들은 늘 대립과 타협을 지속해왔고, 그러한 긴장의 장場에는 거의 예외 없이 결사체가 자리잡고 있었다.

이 글에서는 이러한 사회적 긴장 속에서 개인 혹은 계층들이 결사체를 통해 무엇을 추구했으며, 어떤 것을 얻어낼 수 있었는지, 한국의 결사문화가 어떤 식으로 사회와 상호간 영향을 주고받았는지 확인하고, 아울러 현대 한국사회에서의 결사조직이 개인과 사회에 미치게 될 영향력에 대한 기초적 진단까지 내딛어보고자 한다.

Ⅱ. 불교신앙공동체와 장례전담조직: 8세기-15세기의 향도와 향도계

향도香徒는 신라시대부터 조직되었던 결사체로서, "불교라는 공통의 신앙을 배경으로 수행이나 불사佛事 등을 목적으로 조직한 집단"이라고 보는 것이 일반적인 시각이다.[02] 문헌상으로는 8세기 신라 경덕왕대(742-765)부터 염불을 실천하는 향도에 관한 기록이 등장한다.[03] 신라 중대 말까지는 지역의 승려와 지방 유력자들만으로 구성된 향도가 지방사회 불교신앙결사의 일반적인 형태였을 것으로 추정되며,[04] 9세기 이후에는 수천의 구성원을 가지는 향도가 결성되었음을 알 수 있다.

향도의 결성 초기에는 정토왕생신앙을 가진 불교도들이 정기적으로 함께 모여 염불 등을 실천하는 신앙공동체적 성격이 강했지만, 점차 불상이나 불탑 조성, 매향埋香,[05] 사원의 건축 등의 불사를 후원하는 상호부조공동체적 성격이 부가되기 시작했다.

11세기에 들어서면 향도의 의미가 불교결사라기 보다는 향촌공동체

---

02 한보광. 2000. 『신앙결사연구』. 여래장. 72쪽.

03 『三國遺事』 권5 〈郁面婢念佛西昇條〉.

04 지방의 불교결사는 촌주 이하 지방유력자들이 주도하는 신앙결사였으며, 이는 또한 자신들의 세력공간과도 밀접한 관련이 있는 문제이기도 했다. 윤선태. 2005. 「신라 중대말-하대초의 지방사회와 불교신앙결사」. 『신라문화』 26. 동국대 신라문화연구소. 130쪽.

05 매향埋香은 미륵정토신앙을 가진 이들이 56억 7천만 년 후에 예정된 미륵의 하생에 대비하여 바닷물과 민물이 만나는 지역에 향목을 묻어두는 불사를 말한다. 이 향목은 미륵이 말법시대의 중생을 구원하기 위헤 베푸는 3차례의 설법인 용화삼회龍華三會를 장엄하기 위한 공양물로서의 의미를 가지고 있으며, 향도들은 향목을 묻은 매향처에 미륵이 하생하리라는 믿음을 가지고 있었다. 현재까지 알려진 주요 매향유적은 삼일포 매향비(1309년), 향촌香村매향암각(1418년), 입암리 매향비(B:1371년), 암태도 매향비(1405년), 안국사매향암각, 효교리 매향비(1403년), 맹진리 매향암각(1406년), 홍사리 매향비(1387년), 엄길리 매향암각(1344년), 해미리 매향비(1427) 등이다.

의 구성원에 대한 일반적 명칭으로 쓰였을 가능성을 볼 수 있다. 여말에 이르면 향도조직과 불교와의 직접적인 관련성이 퇴색되기 시작하면서 里마다 가지는 각자의 수호신에 대한 사신단체祀神團體, 즉 제사공동체의 명칭으로 변해갔던 것으로 보인다.[06] "(불보살에게) 향을 피워 공양하는 무리"라는 향도의 개념이 자연촌의 사신단체의 이름으로 자리잡은 것은 향도가 불교신앙결사에서 지역공동체의 제의를 매개로 한 향촌결사체로 기능이 변화해왔음을 시사해 준다고 하겠다.

12세기에 들어서면 향도의 구성원이 승려와 속인이 결합된 이른바, '승속연합'의 상태로 존속되고 있었으며, 당시 '만불향도'로 불리고 있다는 것과 사찰에서 시장과 연희판을 열어 불사의 기금을 마련했던 모습이 확인된다. 사찰 후원조직이었던 12세기의 향도는 이미 초기의 염불을 실천하는 정토신앙결사의 성격에서 상당히 벗어나 있었던 것이다.

14세기에 이르면 승려가 개입하지 않고 일반인들끼리 상하귀천을 가리지 않고 향도를 결성했음을 짐작케 하는 내용들이 사료에 등장한다. 특히 시를 짓는 문사들이나, 부녀자들끼리도 향도를 결성했다는 점에서 향도가 신앙결사체라기 보다는 신앙을 매개로 한 사적인 모임 정도로 성격이 변해갔음을 짐작케 한다.

또한 동시대의 목은 이색李穡(1328-1396)의 문집인 『목은시고牧隱詩藁』에 등장하는 향도의 모습은 수행결사라기 보다는 친목결사의 성격이 더 강한 것으로 보인다. 고려 후기에 들어서면 이처럼 향도 구성원이 서로 돌아가면서 연회를 베풀고 남녀노소가 모여서 서열에 따라 술을 마시는 향도연香徒宴이 유행하게 된다.

정리하면, 고려 전기의 향도는 향리층이 중심이 되어 조직되어서 주로

---

06 이태진. 1972. 「예천 개심사 석탑기의 분석-고려 전기 향도의 일례-」. 『역사학보』 53. 역사학회. 53쪽.

불상이나 석탑, 종, 사찰 등을 조성하는 대규모 불사를 벌였지만, 고려 후기에는 고위관료나 여성, 혹은 향촌의 소농민만으로 조직되는 등 신분별 분화 내지는 향도구성 주체의 현상이 나타난다. 또한 전기 향도의 대규모 불사와는 달리 소규모로 참여하거나 친목 위주의 활동에 집중한 것을 볼 수 있다.[07]

초기에 향리층이 주도하여 전국 각지에서 불교신앙을 바탕으로 조직된 향도는 각 지방의 향촌공동체적 유대를 강화시키는 계기가 되기도 했다. 그러나 고려 후기부터 상대적으로 자립성을 확보해가는 농민들을 중심으로 향촌공동체를 재구성할 필요성이 생기면서 향도 본연의 신앙활동보다도 오히려 회음의식會飮儀式과 상장례의 상호부조, 농경의례의 주관 등 촌락공동체 활동에 치중하는 변화가 생겨나게 되었다는 것이 기존 학계의 연구결과이다.[08]

고려 초기의 향도 조직에는 승려 등이 적극적으로 향도의 운영에 관여하면서 신앙단체의 성격을 유지할 수 있었지만 고려 후기에는 민간신도들끼리만 조직하는 향도가 생겨나게 되면서 본연의 신앙결사로서의 성격이 퇴색되어 간 것으로 볼 수 있을 것이다.

한편 향도라는 불교적인 명칭은 불교가 성행했던 시대조건의 반영에 불과한 것으로서 실질적으로는 지역공동체로서의 역할을 해왔다는 시각도 존재한다. 이태진에 의하면 고려 전기의 향도는 하나의 군현 주민이 거의 대부분 향도의 구성원이 되었을 정도로 규모가 컸던 반면에 조선 초기의 향도는 하나의 자연촌락이 구성단위가 되는 소규모로 변화하게 되었다.[09]

---

07 구산우. 2001.「고려전기 향도의 불사 조성과 조성원 규모」.『한국중세사연구』10. 한국중세사학회. 66쪽.

08 채웅석. 2002.「여말선초 향촌사회의 변화와 매향埋香활동」.『역사학보』173. 역사학회. 96쪽.

09 이태진은 향도조직의 규모가 조선시대에 들어 소규모화한 이유로 농업기술과의 관

조선시대에 들어서면 고려 말부터 진행되어 온 향도에 대한 시각의 변화가 확연하게 나타남을 볼 수 있다. 조선 국초부터 상장례와 관련한 향도연의 습속은 사대부들의 비난의 대상이 되었다. 이는 전 국민의 생활을 통제하는 예제禮制와 통치 이데올로기의 상관성을 감안해 볼 때 유교를 국가통치의 이데올로기로 삼았던 왕조의 초기 정책과도 무관하지 않았으리라 생각된다. 죽음을 처리하는 의식儀式과 그 의식을 주관하는 존재는 사회의 주류를 이루는 문화와 의식을 보여주는 척도이기 때문에 유교 엘리트들이 민간의 장례습속을 유교질서 하에 장악하려 했던 것은 당연한 것이라 생각된다.

하지만 이미 오래 전에 상장례 시에 상여를 메는 등의 절차를 향도가 맡게 된 것을 지배층의 의지에 의해 하루아침에 바꾸는 것은 쉬운 일이 아니었다. 지배층의 의지와는 달리 민간에서는 향도가 불교적 성격이 거의 탈색된 채로 질기게 살아 있었기 때문에 아예 세종대부터는 민간의 주검을 처리하는 문제를 공식적으로 향도의 몫으로 정하게 된다.[10]

이처럼 15세기에 향도들이 장례를 주관했던 습속을 조정에서 인정했던 것은 조선 초기에 리里 단위의 향도의 개념이 마을공동체의 대명사로 쓰이다시피 할 정도로 마을의 공동행사나 사업이 거의 대부분 향도 조직을 통해 이루어졌던 것을 반영한 것이었다. 따라서 주검 치우는 일을 향도의 임무로 규정할 정도로 향도 조직이 불교신앙공동체가 아닌 하층민 청장년 남자로 구성된 결사체적 역군役軍집단으로서의 성격을 갖

련성을 들고 있다. 고려 전기의 농업은 아직 기술적으로 휴한법의 제약으로부터 완전하게 벗어나지 못하였기 때문에 사회적으로 인력을 강력하게 통제할 필요가 있었다는 것이다. 따라서 짧은 시간에 대규모로 인력을 투입해야 하는 조건 때문에 집단성을 강하게 지니는 향도조직으로 향촌 사회를 통제해야 했다고 주장한다. 이태진. 1989. 「17·8세기 향도香徒 조직의 분화와 두레의 발생」. 『진단학보』 67. 진단학회. 1쪽.

10 『世宗實錄』 권22. 세종 5년 12월 癸卯條.

고 있었음을 말해 준다고 하겠다.[11]

한편 16세기에 제기된 향약鄕約[12]이 지방 사족士族들이 성리학적 이념에 입각하여 사회질서를 주도하려는 목적 하에 향촌의 질서를 재편성하려 했던 시도라는 점은 기존의 연구결과로 밝혀져 있다.[13] 대표적인 향약인 이이李珥의 서원향약西原鄕約을 보면 일반 농민들의 향도 조직이 직접적인 억제의 대상이 되거나 하부 조직으로 편입되는 것으로 구상되어 있음을 볼 수 있다. 서원향약에서는 청주 내의 25개 장내掌內, 즉 면面을 기본 시행단위로 삼아 계장契長 1인씩을 두고, 그 아래의 리里 단위에는 별검別檢을 1인씩 두는 구성을 취하고 있다.

주목할 것은 기존에는 향도조직의 소관으로 간주되었던 사항들이 다수 향약의 체제내로 재편되고 있음을 볼 수 있다는 것이다. 기존의 향도가 담당했던 가장 중요한 기능인 상장례를 향약이 맡도록 했으며, 아울러 상장례 때에 모여서 음주를 하는 것을 금지시킨 조항 역시 기존의 향도연香徒宴을 직접 겨냥한 것으로 보인다.

한편 고려 후기부터 구성원들이 다양해지기 시작하고, 불교 신앙 외

11 이 '결사체적 역군役軍집단'이라는 용어는 정승모의 논문에서 가져온 것이다. "향도집단은 하층민 청장년 남자로 구성된 결사체적 역군役軍집단의 성격을 띠며 조선전기보다는 중기 이후에 많이 나타난다. 이들은 길을 닦는 부역에 동원되기도 하였고, 능사자能射者, 즉 활을 쏠 줄 아는 자는 군졸로 차출되었다. 이들은 '도가都家'라는 조직의 중심체를 갖기도 하였으나 일정지역에 정착해서 사는 농민들은 아니었다. 이들이 유동적이었던 만큼 그 성격도 유동적이었는데, 그러한 특성은 특히 지배층 간의 정쟁政爭이나 역모, 역모혐의를 씌울 때에 자주 동원되었다는 데서 잘 드러난다. 이들을 흔히 상두군, 상여꾼 등으로 부르지만 경기 일대에서는 유대꾼留待軍, 또는 담지군擔指軍이라는 말도 자주 들어볼 수 있다" 정승모. 2002.「장례와 관련한 동계의 변화와 '유학'계: 19세기 후반 이후의 경기지역 사례를 중심으로」.『역사민속학』15. 한국역사민속학회. 143쪽.

12 향약은 시행의 주체와 지역에 따라 동계洞契, 동약洞約, 리사理社, 이사계里社契, 향규鄕規, 일향약속一鄕約束, 향립약조鄕立約條, 향헌鄕憲, 면약面約, 동규洞規, 촌약村約, 촌계村契, 이약里約 등 다양한 명칭으로 불렸다.

13 이태진. 1989.「17·8세기 향도香徒 조직의 분화와 두레의 발생」.『진단학보』67. 진단학회. 13쪽.

에도 무속적인 성격을 띤 의례가 도입되어 생성 초기의 성격이 변질되었던 향도는 조선 시대에 들어서면서 자연촌 중심의 공동체적 사신의례祀神儀禮를 계승하는 촌락 단위의 동린계洞隣契로 모습을 바꾸게 된다.[14] 조선 전기 향도에게서 보이는 산천과 수목신에 대한 제의祭儀는 농경사회의 기층문화로서 전승되어 온 것이었으며, 조선 후기의 동계나 촌계의 조직에서 동제나 당산제 등의 형태로 존속되고 있음을 볼 수 있다.

이는 조선시대에 이르러서 반불교정책이라는 외부적 요인으로 인해 신앙적 구심점을 잃게 된 향도가 불교의 염불 대신에 지역공동체의 제의를 실천하게 된 것으로도 볼 수 있을 것이다. 불교신앙결사로서의 성격이 탈색되고 자연촌락의 향촌공동체로 모습을 바꾼 향도의 중심적 실천 역시 당제나 성황제 같은 민간신앙의 제의로 전환할 수밖에 없었으리라 생각된다.

물론 조선시대 초기에도 대규모 향도가 주도하여 불사에 참여한 기록은 존재한다. 조선 성종 23년에 금산사金山寺 5층 석탑을 중수한 기록[15]에 의하면 사장社長 3명이 이끄는 향도 1만여 명과 남녀신도 1천여 명이 주체가 되어 발원했다고 한다. 하지만 성리학적 사회이념이 확산되었던 16세기 이후에는 이러한 매향의 사례는 더 이상 나타나지 않고 있다. 이는 미륵신앙에 근거한 매향활동의 주체였던 향도가 16세기에 이르면 불교신앙단체로서의 성격을 완전히 상실하고 기층촌락민의 생활문화전반에 관련된 상호부조공동체조직으로 기능하게 된 것과 연관이 있으리라 생각된다. 조선 왕조의 지속적인 반불교정책의 결과로 신

---

14 향도가 불교신앙공동체의 성격이 퇴색하고, 촌락공동체적 성격이 남게 되면서 성황신 제사 등의 사신의례를 행하게 되는데 이는 또한 사대부들로부터 음사陰祀라는 비난을 받게 되는 계기가 되기도 했다. 이해준, 『조선시기 촌락사회사』. 민족문화사. 2002. 86-88쪽.

15 황수영. 1994.「高麗金山寺伍層石塔重創記」.『韓國金石遺文』. 일지사. 476-478쪽.

앙적 색채를 잃어버린 조선 중기 이후의 향도는 민간에서 상장례를 맡아 처리해주는 조직으로 변화해가고 있었던 것이다.[16]

농업생산력이 발달한 결과로 경제력이 커진 까닭에 독자적으로 장례를 수행할 수 있게 된 조선후기에도 50-60호 정도 규모가 안 되는 촌락에서는 몇 개의 자연촌이 합하여 하나의 단위로서 장례를 치렀다. 조선 전기의 향도조직은 이러한 상황을 잘 반영하는 사회현상이다. 독자적으로 상장례를 치를 만큼 자연촌락이 성장하지 못했던 조선전기에 민간의 상례를 전담했던 조직이 바로 향도였던 것이다.

17세기 후반부터는 향도 조직 안에 내재되어 있었던 공동노동의 기능이 두레로 전이됨에 따라 상장례의 기능만이 남게 되어 향도가 갖고 있던 공동체적 대표성을 크게 상실하게 된다. 다시 말해, 고려시대에는 매향을 실천하는 결사조직으로서 군현을 대표하는 거대 조직이기도 했던 향도가 조선시대에 들어와 먼저 종교성을 탈각하고, 뒤이어 향촌 대표공동체의 성격마저 잃게 되면서 최종적으로는 상두군(꾼)조직으로 남게 되는 결과를 초래하게 된 것이다.[17] 또한 조선 후기에 이르면 이러한 향도 전통과 상관없이 상장례를 담당했던 역군조직을 '향도계'라 불렀으며, 촌락 단위와는 무관하게 필요할 때면 삯을 주고 동원하기도 했다.[18]

다시 말해, 7세기 신라시대에 염불을 실천하는 정토왕생신앙결사로 출발했던 향도는 고려시대에는 미륵정토신앙에 근거한 매향埋香을 실천하는 불교후원 결사조직이 되었다. 고려시대까지는 한 군현을 대표할

---

16 김성순. 2011.「동아시아 민간불교결사의 공덕신앙과 장의葬儀: 한국의 향도香徒와 돈황의 읍사邑社」.『종교연구』62. 한국종교학회. 2011. 285-292쪽.

17 이태진. 앞의 논문. 25쪽.

18 정승모. 2002.「장례와 관련한 동계의 변화와 '유학'계: 19세기 후반 이후의 경기지역 사례를 중심으로」.『역사민속학』15. 한국역사민속학회. 141-142쪽.

정도로 다수의 구성원과 공공성을 가지고 있었지만, 거대결사조직이 되면서 초기의 종교성이 희석되는 현상이 나타난다. 고려 후기와 조선 전기에는 민간의 친목결사에도 향도라는 이름을 붙이기도 했으며, 조선 정부의 반불교정책에 의해 차츰 불교적 성격이 사라지기에 이른다. 임란 이후에는 향약으로 대표되는 유교적 질서를 사회에 보급코자 했던 조선 정부의 의지에 따라 동계 조직으로 편입되기에 이른다. 또한 향도 중에 상례를 전담했던 역군조직은 '향도계'로 불리며 상두꾼으로 자리잡게 된다.

정리하면, 초기의 불교신앙결사 향도가 종교성을 잃게 되면서, 지역공동체 내지 민간의 소결사로서 주로 기능하게 되었다. 후일 조선정부의 통치정책과 맞물리면서 향도의 지역공동체적 성격까지 사라지게 되고, 장례전담조직이라는 기존의 하위적 기능만이 살아남게 된 것이 결사체인 향도계라고 볼 수 있을 것이다.

Ⅲ. 유교적 질서 정착과 촌락의 상호부조: 16세기-20세기의 동계洞契

16세기 한국사회에서 민간에 유교적 질서와 교의를 적극적으로 보급하는 역할을 했던 것이 바로 향약鄕約이었다. 전국적으로 향약을 도입하는 것은 유교적 질서의 담지자인 재지사족의 향촌지배를 제도화하는 과정이자, 이를 통해 일반의 민간계층에도 유교가 생활문화로서 정착하는 과정이었다.

한편 기존의 향도가 가지고 있었던 상호부조기능이나 공동노동 등의 성격은 조선 후기에 들어서면서 두레나 동계洞契, 촌계村契[19] 등의 향촌 조직[20]으로 이전되고 있음을 볼 수 있다. 향도가 주로 자연촌락을 배경으로 하거나 생활문화를 공유하는 구성원들의 공동체적 필요를 반영한 조직이었던 데 반해 동계류 조직들은 사족들의 결사체적인 조직이었다는 차이점이 존재한다고 볼 수 있다.[21]

동계는 16세기 이후 동리洞里 단위에서 사족들의 주도 하에 실행되던 동리규약洞里規約으로, 마을의 공동체적 질서가 제도화된 조직체이자, 자율적 운영의 중심역할을 하는 마을자치조직의 한 형태이다.[22] 즉 다시 말해, 동계는 단지 마을공동체의 일반적인 모임(會)이 아니라 마을주민의 공동체적 활동을 전반적으로 관장하던 하나의 실체적인 조직이자, 구성원이 있는 결사체인 것이다.

불교신앙이라는 종교적 성격 외에도 본질적으로 '촌민들의 상호부조 공동체'로서의 사회적 성격을 함께 가지고 있던 향도가 조선정부의 반불교정책으로 인해 신앙적 색채를 탈색시키게 되면서 상호부조공동체

---

19 촌계村契는 자연촌 단위로 조직된 상천민常賤民의 동린계로서 존속하였으며, 16-17세기에 사족중심의 상하합계적 동계의 하부단위로 편제되었지만, 18세기 중엽 이후에는 사족지배에서 벗어나 독자적인 촌락운영 주체로 활성화된다. 그리고 촌계류 조직은 동제洞祭 시행, 동회洞會 운영, 공동노역, 상부상조, 동유洞有재산 운영, 공공시설 관리 등 마을 운영의 전반적인 사항을 관장하는 마을공동체의 중심이었다.

20 동계洞契·동약洞約류가 사족지배체제의 발전 변화와 궤를 같이하면서 유교질서이념을 바탕으로 정착된 조직이었다면, 촌락과 촌락민의 조직이었던 촌계村契류는 이러한 사족중심의 지배질서와는 일정한 거리를 유지하면서 생활공동체의 자생적 수요를 바탕으로 보다 오랜 전통을 가지고 조금씩 변화해 온 공동체 조직이다. 이해준. 2002. 『조선시기 촌락사회사』. 민족문화사. 77쪽.

21 동계洞契는 구성원 간의 규약으로 형성된 인위적인 조직으로 족계族契 혹은 동약洞約으로 불리기도 했다. 동계의 기원이 언제부터인지는 정확히 알 수 없으나, 여말선초 자연촌의 성장과 함께 이미 동계의 시원적인 형태가 이루어졌을 것으로 생각된다. 15세기 후반에 이미 사족이 중심이 되는 동계가 존재했는데, 이들의 주요 활동은 향음주례를 실시하는 모임이었으며 구성원의 자격과 규정, 절차가 까다로운 편으로 일동一洞의 구성원 전체를 포함하는 조직은 아니었다. 이해준. 앞의 책. 194쪽.

22 이용기. 2007. 「19세기 후반-20세기 중반 동계와 마을자치: 전남 장흥군 용산면 어서리 사례를 중심으로」. 서울대 박사학위논문. 10쪽.

로서 자신의 모습을 변용시켜가게 되는 것은 자연스러운 과정이라고 할 수 있다. 또한 이러한 변화의 결정적인 계기를 마련하게 된 것은 조선정부에 의해 시행된 향약으로 볼 수 있을 것이다.

고려시대의 향도가 그러했듯이 이러한 '계契' 형태의 조직이 향촌민들만의 전유물은 아니었다. 여말선초 성리학의 이념의 확대를 기반으로 성장을 모색하던 재지사족들 사이에서도 학문과 문벌 간의 교유를 근간으로 한 결사형태의 조직이 있었다. 친척간의 족별모임의 성격을 띤 족계族契나 혹은 학연이나 동문, 연령, 출신을 배경으로 하는 소학계小學契, 동문계同門契, 동방계同榜契, 동갑계同甲契, 시회계詩會契 등이 그것이다.[23]

이는 마치 고려 후기에 사족들이나 문인들 사이에 향도의 형태로 결사를 맺어 연회를 베풀며 교유하던 모습을 이름만 '계契'로 바꾸어 재연하는 듯한 모습이었다. 이러한 계契 형태의 선행조직이 존재했기 때문에 16세기 이후 향약을 보급하게 되면서 지방 사족들이 동계洞契 형태로 향약을 수용하고 기존의 향도와 같은 향촌지역의 계들을 동계의 하부조직으로 편입하려는 시도를 할 수 있었으리라 생각된다.[24]

향약이 중국으로부터 유입된 외래적 요소임에도 불구하고 지방사회에 순조롭게 뿌리내린 이유 가운데 하나는 기존의 한국 농촌사회에 동계나 촌계와 같은 공동체적 규율과 질서체계가 존재했기 때문일 것이다.[25] 현실적으로 향약은 촌락안정을 위한 질서·규율조직이면서 동리

23 이해준. 앞의 책. 94쪽.

24 동계나 사족계의 질서로 향촌에서 성리학적 사족질서를 구축하려 했던 지배층의 시도는 18세기에 이르러서야 온전히 이루어 질 수 있었으며, 그 기간 동안 향도 조직의 반발도 있었음이 확인된다. 영암 구림의 사산향도四山香徒(1565년)나 안동 하회의 소계小契(1565년, 1618년), 태인 고현리의 각계各契(1666년), 영암 화수정의 촌계村契(17세기 후반), 의령의 향도香徒(1692년), 영천 망정의 사계(1735년), 영암 영보정의 각촌계(1772년) 등은 동계류 조직의 하부에 있었던 촌계류 즉 향도조직의 모습을 보여주는 예들로서 조선전기 이래 향도류 조직이 연맥되고 있었음을 알게 해준다. 이해준. 앞의 책. 101쪽.

25 정승진. 2006.「나주 초동동계의 장기지속과 변화. 1601-2001」.『대동문화연구』

민간의 호혜적 연계망으로 기능했기 때문에 기존의 공동체 질서와도 순조롭게 결합될 수 있었다.

향약, 동계와 같은 공동체적 관계, 결사체적 질서체계는 한국을 포함한 동아시아 농촌사회의 특질과 정체성을 반영하고 있다. 기층 농민간의 호혜적 공동체로부터 신분제를 전제한 지배엘리트 중심의 지방 결사체에 이르기까지 공동체적 지배원리는 전통 동아시아 유교문화권 사회의 커다란 특질로서 이해되고 있다. 어느 정도 규모가 되는 촌락이나 집성촌은 대체로 동계나 향약을 보유하고 있었고, 동계라 하더라도 그 내용은 향약의 원리를 표방하는 것이 적지 않았다. 그런데 조선후기의 향약은 재지사족의 향촌 지배수단으로 기능하면서도 한편으로는 마을 동리민간의 호혜적 연계망을 강화하면서 촌락안정화에 공헌하고 있었다. 문제는 후자의 기능이 신분제의 엄존 아래서 은폐되어 있었던 것이다. 신분제의 강도가 약해지면서 그 사회적 상호부조의 기능이 자연스럽게 부상하게 것으로 볼 수 있다.[26]

동계의 규약 등을 살펴보면 몇 개 마을 전체 주민이 규약에 의해 생활을 규제받았던 것을 알 수 있다. 이는 동계가 향촌 내의 결사조직이면서, 동시에 공적 지방제도와는 별도의 '향촌지배기구'였음을 말해준다. 계의 규약을 어기면 누구나 상응하는 벌을 받게 하여 그 시행에 강제력을 갖게 했다. 또한 전국의 거의 모든 지역에서 실시되고 있었던 동계의 구체적인 내용이 각 지역의 특성에 따라 모두 달랐던 것을 볼 수 있다.

동계의 기능 가운데 가장 중요시 된 것은 동계원 상호간의 공동부조였다. 조선후기 동계에서 시행한 상호부조의 내용을 보면 혼인보다는

---

54. 성균관대학교 대동문화연구원. 304쪽.

26 정승진. 앞의 논문. 305-306쪽.

상장喪葬에 관련된 것이 더욱 많다. 재생산 기반이 취약한 중세의 소농민들에게 관혼상제는 큰 부담이었다. 혼상제의 부조는 경제적 기반이 확립되어 있는 사족보다 소민들에게 주는 혜택이 컸으리라 생각된다. 특히 당시 생활상 가장 중요한 관혼상제에 소요되는 모든 기물을 소장하여 이를 통하지 않고서는 혼례나 장례를 치를 수 없을 정도였다고 한다. 결국 혼상부조는 소농민을 정착시키려는 강한 의도가 반영되어 있다고 할 수 있다. 반면에 상선벌악賞善罰惡은 신분제적 질서를 공고히 하여 통제하려는 것이 주목적이었다고 생각된다.[27]

16세기의 동계는 대개 사족만이 참여하는 일종의 족계族契 형식이었으나, 임란 이후인 17세기에는 주로 동민 전체가 참여하는 상하 합계合契의 형식으로 나타나고 있다. 임란 이후 족계에서 지역 단위의 공동체가 강조되고 촌락마다 이미 존재해왔던 촌계 형식의 하계下契를 흡수하려고 노력했던 것이다.

동계는 주민의 의논이 형성되고 총의를 모으는 장場과 그 운영·집행을 책임지는 주체가 반드시 존재한다. 동안洞案은 동계의 설립 혹은 중수重修 시에 작성되는 문서로서 서문序文, 완의完義, 규약規約, 좌목座目 등이 기록되어 있다. 동안에는 동계의 설립 배경과 목적, 운영 원칙, 구성원의 인적사항 등을 담고 있다. 또한 동계수지부洞契收支簿는 동유재산의 운영, 동계의 수입지출 내역, 동계의 임원사항 등을 매년 기록한 문서이다.

동계의 공유재산인 동재洞財를 마련하는 방법으로는 공동으로 땔나무를 판다든지, 동계답에서 나온 소출을 적립한다든지, 상여를 매는 삯꾼으로 일하여 받은 노임을 적립하는 등 다양한 방식이 있었다. 동계의

---

27 임선빈. 1993.「조선후3기 동계조직과 촌락사회의 변화: 공주 부전대동계浮田大洞契를 중심으로」.『동방학지』80. 연세대학교 국학연구원. 38쪽.

재산인 전답 등은 흉년 등으로 인해 마을의 형편이 어려워지면 팔아서 계원들의 생계를 잇는 수단으로도 사용했는데, 이 경우 동계도 자연히 해체된다. 하지만 나중에 다시 상황이 좋아지면 공동으로 추렴하여 동재를 만들어서 동계를 중수하는 사례들도 볼 수 있다.

초기의 동계는 근본적으로 사족지배체제의 산물로서 사족중심의 향촌통제를 목적으로 하며, 유력한 반촌이나 문중이 중심이 되어 주변의 몇 개 촌락을 아우르는 방식으로 조직되었다. 15세기 후반에 이미 사족이 중심이 되는 동계가 존재했는데, 이들의 주요 활동은 향음주례를 실시하는 모임이었으며 구성원의 자격과 규정, 절차가 까다로운 편으로 이 당시에는 일동一洞의 구성원 전체를 포함하는 조직은 아니었다.[28]

하지만 이러한 초기 동계의 형식은 17세기 임진왜란과 병자호란으로 인해서 전반적으로 향촌에서의 사족들의 지위가 흔들리게 되면서 크게 변화하게 된다. 게다가 17세기는 소빙기 제1기에 해당되어 자연재해가 빈발하고 가뭄이 가장 심했던 시기이기도 했다. 이러한 현상은 전적으로 농업에 의존하고 있던 당시의 사회에 심각한 영향을 미치게 되었으며, 사족세력들은 소농민들이 소작지에서 떠나 유리생활을 하는 것을 막기 위해 상하합계의 방식으로 하계에 속해 있던 상천민들을 동계의 구성원으로 수용하게 된 것이다.

그러나 18세기 이후 동계는 양반만의 상호부조적인 조직으로 한정되거나 관의 수취체계의 하부구조로 재편되면서, 이전 시기에 가지고 있었던 사족지배체제의 산물이라는 역사적 의미를 상실한다.[29] 조선 후기에는 잡역세 등의 부세가 농민층에게 커다란 부담이었으며, 공동납에 따라 동리 단위의 공동대응이 강화되었다.

---

28 이해준. 앞의 책. 194쪽.

29 이용기. 2008.「일제의 동계洞契 조사와 식민주의적 시선」.『사림』31. 수선사학회. 215쪽.

18·19세기에 이르면 향 내에서의 사족 지배가 사실상 해체되면서 동계는 이전의 포괄적인 기능에서 각종 목적계의 형태를 띠며 기능이 분화하고 있었다. 전통 농촌사회에서 하나의 동계가 면리 단위로 비신분적 성격을 띠고 널리 행해진 것은 19세기 들어서부터였다. 19세기 들어서면 마을제사를 함께 개최하는 형태로 동리의 화합과 결속에 많은 관심을 기울였다. 동회와 계회는 별도로 운영되었으며 존위尊位는 마을의 최고 연장자이자 대표인 동수洞首로서 마을제사를 집전하는 명목적 역할로 존재했다.

동회의 개최와 여름 곡회曲會, 특히 동계의 춘추강신春秋講信과 강학은 계장契長에 의해 수행되었다. 19세기 말에 신분제가 해체된 이후 동계운영은 농민간의 수평적인 결사체로 자리 잡았으며, 계원수의 규모도 17세기 후반 향약 시행 당시보다도 늘어나게 되었다.[30]

또한 19세기 중엽에 이르면 동계가 사족간의 결사체적 성격조차도 제대로 지니지 못하게 되면서 17세기에 하계를 형성했던 소계小契(촌계村契) 조직은 상계의 속박을 벗어나 독자적인 활동이 가능했으리라 생각된다.[31]

마을의 여러 공공업무는 하나의 통합적 공동체가 아니라 서로 다른 임의적 결사인 수많은 계들-동계, 면계, 향계, 읍계, 학계, 종계, 천방계, 송계, '2인계' 등-에 의해 분산적으로 수행되었다.[32] 이러한 마을 내의 임의적 결사체인 계 중에 가장 흔한 것이 학계學契와 상포계喪布契였다. 학계는 종중을 초월한 동의 결사체로 동내의 일반 주민의 자제를 위한 교육기관이었다. 계원들이 갹출醵出하여 마련된 전답 등에서 나온 기금

---

30 정승진. 앞의 논문. 323-324쪽.

31 임선빈. 앞의 논문. 46쪽.

32 안승택. 2014.「한 현대농촌일기에 나타난 촌락사회의 계 형성과 공동체 원리」. 『농촌사회』 24-1. 한국농촌사회학회. 9-10쪽.

을 적립하여 학계에서 설립한 서당의 운영비를 마련하는 개념이었다. 초기에는 계원의 자제들만이 다니는 방식으로 폐쇄성을 보였지만 나중에는 일정한 금액을 내면 다른 지역의 학생들도 이용할 수 있도록 했다.

상포계는 마을의 몇 사람 만에 의해 조직된 개인적인 성격의 것이다. 동네에 집을 세우는 경우에는 동내洞內의 각 호에서 하루씩은 반드시 일손을 돕는다. 특별히 보수는 받지 않고 도구나 재료도 가능하면 가지고 간다. 화재가 일어나거나 큰 병에 걸린 사람이 있으면 동내의 전 호에서 부조한다.[33]

특히 19세기 이후에는 잡역세 부담에 따라 민간의 동요와 저항이 확산되고 정부에서도 일정한 조치를 취하게 될 정도였다. 또한 유력한 반촌을 중심으로 몇 개의 자연촌이 함께 묶여 있던 지역촌적 성격의 동리 및 동계 구조가 18세기 이후 공동납에 따른 촌락간의 갈등으로 인해 반촌과 반촌 혹은 반촌과 민촌의 형태로 분동分洞되어 갔다.[34] 잡역세의 공동납부 문제로 인해 분동分洞이 되었다는 것은 동계의 구조와 범주, 동계구성원의 변동에 경제적인 요인이 중요하게 작용했음을 의미한다.

바로 이러한 일련의 맥락에서 20세기 초의 동계가 신분적 지배나 유교적 교화보다는 하나의 동리를 범위로 하여 촌락민의 공공이익과 관련되는 목적을 지향했던[35] 이유를 짐작해 볼 수도 있을 것이다.

식민지화 이후 농촌의 동계류 조직은 국가의 공공적 기능의 강화 즉, 지방 행정·재정 제도의 확립과 함께 그 기능이 현저하게 축소되었다. 새로운 형태의 목적계가 동계류 조직으로부터 분화하기도 하고 공공적

---

33 김경일. 1984. 「조선말에서 일제하의 농촌사회의 동계에 관한 연구」. 『한국학보』 35. 일지사. 181쪽.

34 이용기. 2007. 「19세기 후반-20세기 중반 동계와 마을자치: 전남 장흥군 용산면 어서리 사례를 중심으로」. 서울대 박사학위논문. 53쪽.

35 이용기. 2008. 「일제의 동계洞契 조사와 식민주의적 시선」. 『사림』 31. 수선사학회. 227쪽.

수요와 관련된 각종 관변조직과 단체들이 난립하기도 했다. 동계 조직으로부터 분화한 이 새로운 형태의 목적계들은 앞에서 서술했던 학계, 종계, 상포계, 유학계幼學契(상포계와 유사) 등 기금을 조성하여 구성원 상호간의 부조를 목적으로 하는 계조직들을 말한다.[36]

동계 안에서 공식적으로 신분차별이 없어진다는 것은 상하계의 구별도 사라지게 되며, 규약 안에서 상계 구성원인 사족들의 지배를 전제로 하는 조항이 없어진다는 것을 의미한다. 이는 곧 촌락 내에서의 사족지배의 질서를 의식하고 만들어진 동계에서 지배관계가 인위적으로 소멸됨으로써 동계의 또 다른 기능인 상호부조의 기능과 공공복리가 작동하게 된 정황을 보여준다. 따라서 이전 시대에는 통합된 동계에서 수동적인 자세를 견지했던 구성원들-특히 하계 구성원-이 적극적으로 제시하기 시작한 요구와 필요에 따라 다양한 목적계가 분기할 수밖에 없었으리라 생각된다.

초기의 결사 설립 목적이 사회적 상황과 맞물려 변화하게 되면서 결사의 성격에도 바로 반영되는 모습은 향도와 동계에서 보편적으로 나타난다. 향도의 경우, 정토왕생신앙이 탈색되면서 향촌 대표공동체와 상장례 전담조직으로 바뀌게 되었고, 동계는 재지사족 중심의 향촌공동체에서 다양한 목적계로 분산되고 있는 것이다.

향촌 결사체인 동계의 구속요인들이 느슨해지자마자, 구성원들의 다양한 요구를 반영하는 목적계들을 분출시켰던 한국인들의 '공동체 지

36 일제 강점기에 조선총독부 촉탁이었던 이학종은 당시 조선사회의 계에 대해 조사했던 자료에서 다음과 같이 서술하고 있다. "계는 고려조 이래 군포계가 조직되면서 일반에게 보급되었으며, 조선시대에 동리계洞里契·학계學契·혼상계婚喪契·농계農契·이식계利殖契 등 다종다양하게 확산되었다. 계는 일종의 조합으로 계약에 기초하여 일정한 재산을 이식하고 그것으로 지방공익이나 계원의 친화親和공익을 도모하는 것을 목적으로 하는 단체이다. 계는 공공사업, 부조, 산업, 금융, 오락 등 그 목적에 따라 5개의 종류로 구분된다" 李覺鍾. 1923.『(朝鮮民政資料) 契に關スル調査』. 朝鮮總督府. 1-12쪽.

향성'이 근현대 사회에서는 어떤 형태로 발전하는지 다음 '협동조합'의 장에서 알아보기로 하겠다.

Ⅳ. 근현대 시민들의 자발적 공동체: 19세기–20세기의 협동조합

이 장에서는 앞에서 서술한 향도와 동계의 맥을 잇는 지역공동체 겸 현대사회의 상호부조결사라 할 수 있는 협동조합에 대해 서술하고자 한다. 먼저 그 개념에 대해 정의해보면 협동조합이란 "사업을 이용하려는 사람들이 상호 출자하여 만든 사업체"라는 의미이다. 협동조합은 사업체가 이익을 남겨 그 이익을 출자하는 사람들이 나누려는 것을 목적으로 하지 않고, 조합원들이 주체가 되어 필요한 사업을 하기 위해 사업체를 만드는 것이다.[37] 기본적으로는 영리사업이라 해도 주식회사가 주주의 이익을 목표로 한다면, 조합은 조합원의 협조와 참여를 기반으로 한 상호이익을 지향한다는 차이점이 있다.

우리나라는 2012년 1월 26일에 협동조합기본법을 공포하고 2012년 12월 1일부터 시행했다. 협동조합기본법 제2조에서는 협동조합을 "재화 또는 용역의 구매, 생산, 판매, 제공 등을 협동으로 운영함으로써 조합원의 권익을 향상하고 지역사회에 공헌하고자 하는 사업조직"으로 정의하고 있다. 이하 협동조합 관련 규정을 종합해보면 협동조합은 공동의 목적을 가진 5인 이상의 구성원이 모여 조직한 사업체로

37 박환두·노영숙. 2013. 「협동조합기본법 시행에 따른 협동조합 유형 변화 연구」. 『경영컨설팅연구』 13-3. 한국경영컨설팅학회. 334쪽.

서 금융 및 보험업을 제외하고는 그 사업의 종류에 원칙적으로 제한이 없다.

상법상의 회사가 투자자 중심의 소유회사라고 한다면 협동조합은 이용자 중심의 소유회사라고 할 수 있다. 협동조합은 상행위를 통한 공익증대와 조합원의 권익증진, 지역사회에 대한 공헌, 사회적 취약계층에 대한 지원 등을 목적으로 다수의 조합원인 이용자에게 이익을 배분하는 것을 원칙으로 하고 있다는 점에서 그 정체성의 차이가 있다.[38]

한국사회에서는 2007년 제정된 '사회적 기업법'과 2012년 12월에 시행된 '협동조합기본법'으로 인해 지금 협동조합의 바람이 불고 있다고 해도 과언이 아닐 것이다. 특히 기본법에 의해 배당 등의 영리활동을 하지 못하도록 규정된 '사회적 협동조합'은 상호부조사업을 할 수 있고 지정기부금단체가 될 수도 있기 때문에 이 법은 공공성을 추구하는 도시공동체를 위한 간접적 재정 지원효과도 갖고 있다.[39]

굳이 협동조합기본법의 제정이나, 지역자치단체의 장려정책 때문만이 아닐지라도 한국의 전통사회에는 기본적으로 향도에서, 촌계, 동계, 향약, 그리고 수많은 '계모임'으로 이어지는 '결사지향성' 내지 조직 안에 한 구성원으로 속해 있을 때 안정감을 느끼는 '공동체 지향적 본능'이 있는 것으로 보인다. 그렇다면 근현대 한국사회의 생활형 결사조직으로 볼 수 있는 협동조합은 언제부터 시작되었을까?

한국의 협동조합운동은 일본의 자본주의에 편입되어 지배를 받던 일제 강점기를 배경으로 태동하게 된다. 1907년에 대한제국 정부 대신들과 통감부의 협의기구에 '지방금융조합설립계획요령'이 상정되어 정부

---

38 류창호. 2015.「협동조합기본법상 협동조합의 조직과 구조」.『아주법학』8-4. 아주대학교 법학연구소. 289쪽.

39 정성훈. 2013.「도시공동체의 친밀성과 공공성」.『철학사상』49. 서울대학교 철학사상연구소. 312쪽.

주도적인 정책기구이자, 조합원들이 출자하는 협동조합이라는 방식이 등장한 것이다.

일제강점기의 관변 협동조합 이후 자생적인 민간 협동조합운동의 시작은 대체로 1920년에 설립된 '경성소비조합'과 '목포소비조합'으로 보고 있다. 하지만 원불교 쪽에서는 창시자인 소태산 박중빈이 간척사업을 하여 자립적인 생활과 교단의 기반을 마련했던 저축조합(1917)이 한국 최초의 민간주도 협동조합이라고 보기도 한다.[40] 소태산의 저축조합의 구체적인 실천으로는 금주단연운동, 근검절약운동, 공동출역운동, 시미匙米운동, 허례폐지운동 등으로 이는 1907년 일제의 경제적 침략을 저지하기 위하여 당시 민족지도자들이 전개했던 국채배상운동이나 금주단연운동과 거의 동일한 맥락의 운동이었다.[41]

1920년대 초반의 물산장려운동은 일본상품을 대체할 좋은 상품을 생산하는 토착기업 육성운동으로 기업주체를 기르는 것이 목적이었기 때문에 전국적으로 소비조합 설립운동이 퍼져나가기도 했다. 하지만 일제는 민간의 '계'모임을 금지하고 1920년대 자발적으로 만들어진 협동조합들을 탄압하여 폐쇄시킨다.

1930년대 대표적인 협동조합 지역사회로 꼽히는 평북 정주군 오산 일대는 한말 신민회운동에 기반을 둔 마을 만들기의 모범사례였다. 주도자인 이승훈은 1899년 오산학교를 설립하면서 학교마을에 가족과 문중 사람들을 이주시켜 빈부격차가 없고 화목한 마을문화를 만들고자 했다.[42]

---

40 강현욱. 2013.「원불교 협동조합연구」. 원불교대학원대학교 석사학위논문. 37쪽.

41 박맹수. 1990.「원불교의 민족운동에 관한 일고찰」.『한국근대사에서 본 원불교』. 원화. 33쪽.

42 이경란. 2013.「한국 근현대 협동운동의 역사와 생활협동조합」.『역사비평』. 역사비평사. 43-44쪽.

1930년대 중반 이후 농촌진흥운동에 흡수되거나 탄압을 받아 해산되었던 민간 협동조합운동세력들은 해방이 되자 다시 움직이기 시작했다. 1945년 12월에는 기독신민회 협동조합이 창설되었고, 1946년 3월에는 좌익계통의 협동조합중앙연맹이 결성되었다. 해방 이후에는 농민들을 중심으로 한 농업협동조합과 함께 여러 생산자협동조합이 차례로 생겨나서 대부분은 정부정책의 동원체계로 묶이게 된다.[43]

1960년대에는 가톨릭의 신용협동조합이 물꼬를 열어 1960년에는 부산에서 성가신협이, 서울에서 가톨릭중앙신협이 설립되었다. 1964년에는 55개 신협이 모여 한국신용협동조합연합회를 결성하고, 신협연합회는 다시 1969년에 한국소비조합연합회와 1971년 한국소비자연맹을 창설을 지원하여 소비자운동의 조직적 기초를 마련했다.

1980년에 설립된 풀무소비자협동조합은 80년대 기독교농민운동을 이끌어가고 80년대 말부터 선구적인 유기농업을 실행하면서 도농 교류의 도시소비조합과 협력하는 농민 주체화의 모델이 된다.

재야 노동계의 소비조합운동은 도시산업선교회를 중심으로 진행되었다. 도시산업선교회에는 개신교계와 가톨릭노동청년회, 성공회 등이 참여했고, 이들은 민주노조운동에 깊게 관여하면서 협동조합운동에도 주목했다.

1983년에는 신협에 기반한 소비조합 76개가 소비자협동조합중앙회를 창립했다. 1987년 이후 여성단체와 종교단체, 시민운동단체 등이 주체가 되어 유기농산물 직거래를 하는 협동조합들을 속속 설립했다. 소비자협동조합중앙회의 회원조합들도 1980년대 말부터 유기농업 직거래운동을 시작하여 새로운 소비자협동조합운동으로 전환해갔다.

---

43 유영훈. 2015.「도시빈민을 위한 가톨릭 협동조합운동인 명례방협동조합」.『한국협동조합연구』 33-2. 한국협동조합학회. 163-164쪽.

김수환 추기경은 1987년 4월 28일에 도시빈민 문제에 대한 교구장 자문기구로 '도시빈민사목위원회(현 빈민사목위원회)'를 설치한다. 제4대 위원장인 이기우 신부가 1993년 8월에 청년명례방강좌를 공부했던 청년들을 중심으로 출자와 대출업무만을 수행하는 민간단체인 명례방협동조합을 설립한다.[44]

1970년대 이후 지학순주교와 장일순을 중심으로 협동조합운동이 활발했던 강원도 원주시에서는 2009년에 원주협동사회경제네트워크라는 조직을 만들어 다양한 형태의 협동조합이 연계하여 서로 부조하는 활동을 전개, 성과를 만들어낸다. 이들은 수익의 일부를 모아 협동조합기금을 조성하여 새롭게 만들어지는 협동조합의 운영에 지원하기도 하고, 공동교육 프로그램 등 지역사회 발전을 위해 사용하기도 했다.

2012년 협동조합기본법이 발효되면서 생협과 사회적기업 외에 다양한 유형의 일반협동조합과 사회적협동조합이 등장하는 상황에서 원주협동사회경제네트워크는 사회적협동조합으로 전환하기에 이른다. 원주지역의 협동조합 영역에서 활동하고 있는 활동가들은 원주의 협동문화를 '협연協演'으로 부르면서 이것이 네트워크를 통한 상호연대의 '협업'을 이끌어내고 있다고 이야기한다.[45]

이주율이 높은 서울에서 십여 년에 걸쳐 수많은 협동조합들과 단체들의 연결망으로 이루어진 비교적 큰 도시공동체라고 할 수 있는 곳이 바로 성미산마을과 재미난마을이다. 두 마을의 성장요인은 한국의 대도

---

44 명례방협동조합은 사회적 애덕과 경제정의를 실현하고, 공동체운동을 지향하며, 가난한 이들과 연대하고, 가톨릭신앙을 사회적으로 증거한다는 지향 아래 조합원들의 지속적인 증가보다는 꾸준한 증자로 각자의 저축을 늘려 사유재산을 공동으로 관리하고, 공동체 교육을 통하여 사회교리 과정 안에서 협동조합운동의 나아갈 길을 추구하며, 연대하고 있는 공동체와의 협조를 긴밀히 하고, 빈민사목 활동과 연대하여 '가난한 이들의 복음화'에 기여한다는 전망을 제시했다. 유영훈. 앞의 논문. 174쪽.

45 정규호. 2013.「도시공동체운동과 협동조합 지역사회 만들기: 원주 협동조합운동과 네트워크의 역할」.『정신문화연구』36-4. 한국학중앙연구원. 25쪽.

시에서 아이들의 성장과 가족의 변화에 따라 단절되기 쉬운 관계들이 새로운 협동조합 결성과 새로운 사업들을 매개로 지속화되었기 때문이다. 이 두 마을은 공동육아 협동조합을 통해 아이들이 크고 나면 다시 초등 방과후 협동조합과 대안학교 등을 조직하는 등 아이들의 성장과정에 맞추어 지속적으로 새로운 협동조합을 결성했다. 또한 생활협동조합, 마을카페, 마을식당, 공동주택 등 소비, 주거 등 가족이 한 지역에서 꾸준히 살아가기 위한 필요를 함께 해결하기 위한 조직이나 사업이 계속 만들어졌다. 다시 말해, 구성원들의 라이프 사이클에 필요한 결사체 형태의 사업들을 계속 만들어감으로써 공동체를 지속시킨 사례라고 할 수 있다.

1980년부터는 소비자 협동조합사업이 본격화되어 농촌에 48개의 소비조합과 광산에 15개의 소비조합이 결성되었다. 이 농촌소비조합운동의 주체들이 신협과 가톨릭 농민운동 등과 연계되어 있어서 자연스럽게 도시소비조합운동 등으로 발전하여 1983년 10월 '소비자협동조합중앙회'를 만들게 된다. 바로 이 소비조합운동이 무위당 장일순(1928-1994)의 생명사상과 만나서 오늘날의 도시생협운동으로 전환된 것이다.

여러 갈래의 협동 경험이 바탕이 되어 생협이 성장하는 곳에서는 조합원들과 함께 생산이나 서비스 협동체나 마을기업을 설립하는 사례도 늘어났다. 또는 협동조합이 지역사회에 기여해야 한다는 원칙을 실현하기 위해 지역아동센터나 저소득층 지원활동을 강화하고 지역도서관사업을 지원하는 생협들도 늘고 있다. 지역사회의 생활개선을 위한 복지와 교육문화 네트워크에 생협이 참여하거나, 지역 내 다른 단체의 생협들이 함께 활동을 공동기획하여 협동조합운동을 확신시키려 노력하기도 한다.[46]

---

46 이경란. 2013.「한국 근현대 협동운동의 역사와 생활협동조합」.『역사비평』. 역사비

현재 한국의 생협조직은 한 살림, iCOOP생협연합회, 두레생협연합회, 여성민우회생협을 중심으로 조직화되어 있다. 이들은 유기농산물 공동구매사업을 한다는 점에서 동일한 지향을 가지고 있으나, 설립배경이나 조직운영 체계와 사업방식은 차이가 있어 독자적인 연합구조로 발전했다.

현대 한국사회의 협동조합은 경제조직이자 사회조직으로서 자본주의를 극복하는 대안의 경제운동인 동시에 현대사회에서의 개인의 소외문제를 해결하는 대안공동체운동이 될 수도 있을 것이다. 또한 협동조합은 정부 차원에서 다 해결하기 힘든 지역공동체 구성원들의 복지문제를 해결하는 답안이 될 수도 있다. 지역주민이 원하는 복지를 협동조합으로 사업화하면 꼭 필요한 서비스를 지속 가능한 비용으로 제공할 수 있다. 시민사회와 결합된 협동조합이 국가 재정부담을 덜면서 복지기능을 일정 부분 담당할 수 있는 것이다.

이상 한국의 현동조합 운동사를 간략하게 정리해보았다. 이 서술에서 누락된 운동도 많지만 중요한 점은 일제 강점기부터 한국의 시민사회가 추구해왔던 삶의 질 개선운동에 늘 협동조합이 함께 해왔다는 것이다. 일제강점기의 민간 협동조합은 독립과 자주운동의 일환이기도 했고, 60-80년대에는 빈곤으로부터의 탈출과 약자들 간의 연대, 그리고 한국의 민주화운동과도 맥을 잇고 있는 사회운동이기도 했다.

90년대부터 지금까지는 대기업과 거대 유통업의 구조에서 자신들의 권익을 지키려는 소비자운동, 마을공동체운동, 취미를 생산으로 연결시키는 동호회운동, 육아와 교육, 상조의례, 자가생산물 유통 등 광범위한 목적과 지향을 가지고 있는 것으로 생각된다.

현재 한국사회에서는 수많은 협동조합들이 만들어지고, 또 문을 닫

평사. 55-63쪽.

기도 하며, 내부적으로 격렬한 갈등이 발생하기도 하고, 초기의 목표와 달라지는 운영 상태를 두고 구성원들이 정체성에 혼란을 겪기도 한다. 또한 현재 정책적 지원에 힘입어 운영되고 있는 협동조합들이 지자체 장이 바뀌는 등의 외부적 요인에 흔들리지 않고 과연 존속이 가능할 수 있을지에 대한 고민도 필요해 보인다. 하지만 희망적인 것은 그 와중에서도 하나둘씩 본격적으로 안정궤도에 들어서는 협동조합들이 생겨나고 있다는 점이다.

결국 전통 한국사회의 결사조직들이 그러했듯이 현대의 협동조합 역시 사회, 정치, 문화, 경제 등의 외부조건 대 내부구성원들의 요구 간의 상호작용 속에서 성장하고 변용해가는 중이며, 바로 이러한 기능으로 인해 개인들이 조합 공동체 안에서 적극적으로 자신의 문제를 해결할 수 있는 순작용도 기대해 볼 수 있으리라 생각한다.

V. 정리하는 말

본론에서 다루고 있는 향도와 동계, 협동조합은 한국사회에서 나타난 다양한 결사체 중에서 역사적인 맥락에서 그 연속성 찾기를 시도해 볼 수 있는 대표적 조직들이다.

본문 안에서 이러한 결사체들을 만들어내고 지속시켜 온 한국인들의 심성에 대해 '공동체 지향성'이라고 명명했을 정도로 전통 한국사회에서의 결사체의 역사는 질기고, 범주가 넓다.

세 결사체 중 시기적으로 가장 먼저 나타나는 향도는 신라시대까지는 염불을 실천하는 정토왕생신앙결사였다. 고려시대에 들어서면 미륵신앙에 근거한 매향을 실천하는 불교후원결사이자, 지방군현을 대표하는 지역공동체적 성격을 갖기도 한다. 이후 차츰 다양한 친목결사를 나타내는 용어로도 쓰이다가 조선시대에는 장례를 전담하는 역군조직인 향도계로 변용하기에 이른다.

초기의 신앙결사에서 종교성이 탈색된 후, 지역공동체로서의 공공적 성격이 부각되고, 조선정부의 반불교정책 하에서는 그나마 지역을 대표하는 결사의 성격도 망실하여 장례전담조직이라는 기능성만 작동하게 된 것이다.

다음으로, 조선시대 16세기부터 본격적으로 향촌지역에서 자리 잡았던 동계는 재지사족의 향촌지배와 유교질서의 보급이라는 두 가지 목표를 갖고 있던 결사체로서, 이 역시 지역자치공동체적 성격을 가지고 있었다. 양난으로 인해 흐트러진 향촌의 질서를 유교를 배경으로 하는 사족을 중심으로 재편하려는 시도의 결과물이 동계였던 것이다. 하지만 19세기 이후 신분차별이 공식적으로 없어지게 되면서 동계는 향촌지역 결사체의 또 다른 기능인 상호부조와 공공복리의 측면이 작동하게 된다.

한편 동계 내에 또 다른 목적계들을 다양하게 생산해냈던 한국인들의 '공동체 지향성'은 근현대에 협동조합이라는 또 다른 형태의 결사체를 도입하게 된다. 이 협동조합은 조합원들의 인적연대를 기반으로 사업에 함께 참여하고 이익을 생산하는 일종의 상호부조 공동체라고 할 수 있다.

현대의 협동조합운동에서 나타날 수 있는 문제점으로는 조급한 성과주의로 인해 구성원의 행복추구라는 목표를 잃고 정체성의 혼란을 겪을 수 있다는 점을 들 수 있을 것이다. 협동조합은 기본적으로 구성원들이 스스로 참여하고 노력한 만큼 각자의 몫을 얻어가는 결사체라는 점을 잊지 말아야 하는 이유이다. 또한 이 시점에도 한국에서 무수히 만들어지는 협동조합들이 자생력을 확보하지 못할 경우, 외부적 요인에 흔들리지 않고 과연 존속이 가능할 수 있을지에 대한 고민도 필요해 보인다.

정리해보면, 이 세 가지 형태의 결사들은 한국의 지방사회를 결속시키고 있던 조직이면서, 각자 다른 범주에서 구성원들의 요구를 반영하고, 사회적 문제들을 해결하는 역할을 해내고 있었음을 발견하게 된다.

향도는 초기에 불교도들의 구원에 대한 욕망을 실현하는 장場을 제공했으며, 종교적 결속성을 빌려 지역사회 구성원들을 포섭하고, 장례의 기능을 담지했던 조직이기도 했다.

동계는 지방사회의 지배사족층과 상천민들을 제도권 안에 포섭하고, 각종 목적계들이 만들어지는 온상의 역할을 해냈다.

마지막으로 협동조합은 현대사회에서의 개인의 소외문제와 경제적 이익의 확보를 동시에 해결해주는 결사체로서의 기능을 담지한다.

결국 이 세 사례들을 통해 한국사회에서의 '결사'는 개인들의 실존적 문제와, 라이프 사이클에서 발생하는 과제를 해결하고, 사회적으로 발생할 수 있는 위험을 최소화하기 위해 조직했던 공동체였으며, 나아가 개인과 사회, 개인과 권력이 유기적 긴장 속에서 각자의 이익을 추구했던 장場이기도 했음을 발견하게 된다.

참고문헌

『高麗史節要』.

『三國遺事』.

『朝鮮王朝實錄』.

강현욱. 2013.「원불교 협동조합연구」. 원불교대학원대학교 석사학위논문.

구산우. 2001.「고려전기 향도의 불사 조성과 조성원 규모」.『한국중세사연구』10: 45-75.

김경일. 1984.「조선말에서 일제하의 농촌사회의 동계에 관한 연구」.『한국학보』35: 155-206.

김성순. 2011.「동아시아 민간불교결사의 공덕신앙과 葬儀: 한국의 香徒와 돈황의 邑社」.『종교연구』62: 265-303.

류창호. 2015.「협동조합기본법상 협동조합의 조직과 구조」.『아주법학』8-4: 287-320.

박맹수. 1990.『한국근대사에서 본 원불교』. 원화.

박환두·노영숙. 2013.「협동조합기본법 시행에 따른 협동조합 유형 변화 연구」.『경영컨설팅연구』13-3: 333-357.

안승택. 2014.「한 현대농촌일기에 나타난 촌락사회의 계 형성과 공동체 원리」.『농촌사회』24-1: 7-44.

유영훈. 2015.「도시빈민을 위한 카톨릭 협동조합운동인 명례방협동조합」.『한국협동조합연구』33-2: 159-193.

윤선태. 2005.「신라 중대말-하대초의 지방사회와 불교신앙결사」.『신라문화』26: 113-135.

李覺鍾. 1923.『(朝鮮民政資料) 契に關スル調査』. 朝鮮總督府.

이경란. 2013.「한국 근현대 협동운동의 역사와 생활협동조합」. 『역사비평』. 역사비평사.

이용기. 2007.「19세기 후반-20세기 중반 동계와 마을자치: 전남 장흥군 용산면 어서리 사례를 중심으로」. 서울대 박사학위 논문.

이용기. 2008.「일제의 洞契 조사와 식민주의적 시선」.『사림』 31: 215- 253.

이태진. 1989.「17·8세기 香徒 조직의 분화와 두레의 발생」.『진단학보』 67: 1-30.

이태진. 1972.「예천 개심사 석탑기의 분석-고려 전기 향도의 일례-」.『역사학보』 53: 39-54.

이해준. 2002.『조선시기 촌락사회사』. 민족문화사.

임선빈. 1993.「조선후기 동계조직과 촌락사회의 변화: 공주 浮田大洞契를 중심으로」.『동방학지』 80: 1-52.

정규호. 2013.「도시공동체운동과 협동조합 지역사회 만들기: 원주 협동조합운동과 네트워크의 역할」.『정신문화연구』 36-4: 8-35.

정성훈. 2013.「도시공동체의 친밀성과 공공성」.『철학사상』 49: 311- 340.

정승모. 2002.「장례와 관련한 동계의 변화와 '유학'계: 19세기 후반 이후의 경기지역 사례를 중심으로」.『역사민속학』 15: 139-155.

정승진. 2006.「나주 초동동계의 장기지속과 변화. 1601-2001」.『대동문화연구』 54: 303-341.

채웅석. 2002.「여말선초 향촌사회의 변화와 埋香활동」.『역사학보』 173: 95-125.

한보광. 2000. 『신앙결사연구』. 여래장.
황수영. 1994. 『韓國金石遺文』. 일지사.

동양사상의 시대 진단과 비전

공동체 모델로서 승가공동체의
적용 가능성에 대한 탐색적 고찰
| 이 명 호

공동체 모델로서 승가공동체의 적용 가능성에 대한 탐색적 고찰

—

이 명 호

I. 들어가며

공동체(공동체성)는 오늘날 사회와 학계에서 주목하는 이슈이다. 20세기 후반부터 세계표준(Global Standard)으로 강요되었던 신자유주의적 사회구조와 삶에 대한 성찰로서 공동체와 공동체적 삶에 대한 관심이 증가하고 있다. 이제는 대안문명을 논의하는 사람들을 넘어 정책담당자들도 공동체에 주목하고 있다. 이러한 흐름에서 1960년대 서구에서 대안문명운동의 일환으로 시작된 '계획공동체(intentional community)'들이 소개되었다. 약간의 시차를 두고 수용된 대안문명운동으로 한국사회에서도 여러 계획공동체들이 설립되었지만, 최근까지지도 이 공동체들의 활동은 미약하다.

서구에서 공동체운동은 근대의 산물인 개인주의와 합리주의적 사회구조와 삶이 지닌 한계를 직면하고 그에 대한 대안으로 시작되었다. 근대를 근본적으로 뛰어넘어야 한다는 열망이 공동체운동의 추동력이다. 하지만 한국사회에 이러한 열망은 동력이 되지 못하고 있다. 한국사회는 서구와의 강제 접촉에 의해 근대를 접했고, 압축적인 근대화를 경험하였다. 이로 인해 한국사회에는 전통과 근대, 탈근대가 함께 존재한다. 이러한 비동시성의 동시성을 경험하는 한국사회에서 공동체는 대안적 삶이기보다는 전통적 삶으로 이해되기도 한다.

보다 현실적인 이유로 한국사회의 비싼 토지 구입 비용과 수직적 인간관계도 공동체적 삶의 장애요인으로 지적되고 있다. 이러한 어려움 때문인지 한국사회의 계획공동체들은 공동체의 사회적 확산보다는 내적 안정과 유지에 더 많은 관심을 쏟고 있다. 공동체 설립과정과 운영 초기에 겪은 시행착오, 이를 극복하는 과정에서 얻은 해결방안은 마을 공동체 만들기에 도움이 될 수 있음에도 그렇지 못하고 있다.

국내외의 여러 불교공동체들이 활발히 운영되고 있다.[01] 플럼빌리지, 불광회(불광산사), 마하시 명상센터, 정토회, 인드라망생명공동체 등이 대표적이다. 이 공동체들은 기본적으로 불교에 기반한 수행공동체로서 계획공동체적 성격이 강하다. 하지만 정토회는 인천의 검암동에서 30대 전후의 청년들이 시작한 '우리동네사람들'이란 모임의 근거가 되었고, 인드라망생명공동체는 '실상사 사부대중공동체'를 통해 사찰이 위치한 산내면 지역공동체와 결합하는 운동을 진행하고 있다. 정토회와 인드라망생명공동체는 수행공동체에 머물지 않고 공동체의 사회적 확산을 지향하고 실제 운동으로 이를 실천하고 있다. 이 실천의 과정에서 승가공동체의 경험은 주요한 이념적 이론적 자원으로 활용되고 있다.

이에 연구자는 불교의 승가공동체에 주목한다. 고타마 싯다르타의 깨달음에서 시작된 불교는 초기부터 공동체를 이루었다. 이때 형성된 공동체, 상가僧家(Sangha)는 인류 최초의 공동체이며, 오늘날에도 유지

---

01 다양한 불교공동체에 대한 논의는 불광연구원에서 2014년에 발간한 『전법학연구』 제5호를 참고할 것. 해당호에는 특집 주제는 현대사회의 위기와 종교공동체의 역할로서 불교공동체를 분석한 여러 논문이 게재되어 있다. 대표적인 논문은 '승가와 재가가 함께 만드는 세계적 수행공동체 마하시 명상센터'(담마냐나), '승가와 재가의 평등을 지향하는 불광산사와 불광회'(먀오팔), '틱낫한 스님과 조화롭고 깨어있는 수행공동체 플럼빌리지'(틱찬팝캄) 등이다.

되고 있는 가장 오래된 공동체이다. 근대문명이 주도한 산업화와 도시화로 인해 전통의 공동체와 그에 따른 공동체적 삶이 사라졌던 흐름에서도 상가(이하 승가공동체)는 예외로 존재하였다. 근대/근대성에 대한 성찰에서 대안적 삶의 방식으로 공동체를 복원하고자 하는 노력을 고려해도 승가공동체는 예외적이다. 공동체적 삶을 실현하기 위해 다양한 계획공동체들이 건설되었고, 한국에서도 마을공동체를 복원하려는 운동과 사업이 활발하다. 하지만 대다수의 계획공동체는 폐쇄적으로 운영되어 공동체적 삶의 사회적 확산과는 무관하게 존재하며, 공동영역에서 시도하는 마을공동체 만들기 사업은 공동체성의 회복보다는 사업목표만이 강조되고 있다.

마을은 지역민들의 생활을 바탕으로 형성된다. 전통적인 마을에서는 생활을 근거로 형성되는 관계들이 중첩되고 축적되어 일정한 관계망이 형성되고 이 관계망을 통해 공동체가 형성되었다. 하지만 현대사회에서는 생활이 직업, 여가, 일상생활, 종교 등과 같이 여러 영역으로 분화되어 있어, 지역민들의 관계가 중첩되고 축적되기 어렵다. 도시에서의 마을은 그저 숙식을 위한 공간일 뿐이다. 때문에 도시에서의 마을은 전통사회에서처럼 자연발생적으로 형성된 공동체가 아니다. 마을만들기 사업이나 대안적 공동체운동 등의 의도적인 노력으로 통해 공동체로 만들어지고 있다. 이러한 맥락에서 최근의 마을공동체 논의에 기존의 논의틀을 적용하기에 한계가 있다. 흔히 공동체의 구성요소로 알려진 지리적 공간, 사회적 상호작용, 연대의식이나, 계획공동체와 같이 동일한 가치관, 경제활동과 재화의 공유, 자치 등을 강조하기도 어렵다. 때문에 마을공동체에 대한 논의는 '의도적으로 구성되는 공동체로서 마을은 어떠해야 하는가?' 혹은 '마을의 공동체성은 무엇을 통해 형성되는가?'라는 질문에서 시작되어야 한다.

이러한 문제의식에서 연구자는 승가공동체를 보다 적극적으로 이해하고 사회화하려 한다. 승가공동체를 여러 공동체 유형 중 하나의 특수한 모델(종교공동체, 수행공동체)이 아닌, 모범적인 공동체 모델로 이해하고 분석하고자 한다. 붓다 재세시의 승가공동체를 분석하여 공동체 이념형으로 도출하고 제시할 것이다. 그리고 이를 마을공동체에 적용할 수 있는지를 살펴보려 한다. 이 연구에서는 공동체의 모델을 ① 내적 형식, ② 외적 형식(구조), ③ 공동체의 내용(운영원리)으로 구분하여 살펴보았다.[02]

Ⅱ. 승가공동체의 내적 형식[03]

1. 승가공동체의 지리적 공간

승가공동체의 핵심은 포살[04]이다. 포살에 참가해야 하는 구성원들이

---

02 이 연구는 공동체의 운영원칙에 집중한다. 이를 위해 의도적으로 세계관에 대한 논의는 배제하였다. 하지만 공동체 논의에서 세계관은 매우 중요하다. 굳이 베버의 '전철수의 비유'를 들지 않더라고, 세계관은 사회구조와 삶의 방식에 영향을 주는 중요한 요소이다. 연구자는 공동체의 세계관으로서 연기론적 세계관(관계지향적 세계관)에 주목하고 있다. 상의성과 관계성으로 축약되는 연기론적 세계관은 세계(세상)에 대한 불교적 해석이 아니라, 보편적 이해라는 관점을 가지고 있다. 이러한 관점에서 일상의 삶에서, 마을에서의 삶에서 공동체적 삶을 구현하는 데 관심이 있다. 현재는 이러한 논의를 보다 구체화한 논의를 준비 중에 있다.

03 이 글에서 제시된 승가공동체 관련 내용은 율장에 제시되어 있고, 이를 여러 불교학자들이 정리한 내용을 참고하였다. 이 글에서는 주로 학담이 번역하고 주석을 단 『아함경 9』(한길사. 2014)와 암베르카르의 『붓다와 그 가르침』(민족사. 1994), 미츠오의 『초기불교 교단과 계율』(민족사. 1991)을 주로 참고하여 정리하였다. 이 책들에서 인용한 내용은 별도의 인용주석을 달지 않았다.

04 포살에 대해서는 이책 277쪽 참고할 것.

위치하는 지역의 범위를 '계界'로 규정하고 있다. 구획된 계내에서 함께 생활하는 비구 전체를 현전승가라고 한다. 율장[05]에는 현전승가가 성립하는 범위를 '비구들의 거주처에서 하루 만에 왕복할 수 있는 범위'로 제한하고 있다.

이처럼 하루 만에 왕복할 수 있는 거리로 지역적 한계를 규정한 것은 구성원들간의 지속적인 대면접촉을 유지하고 이를 통해 구성원들간의 관계밀도를 높이기 위한 방안으로 해석된다. 탁발 등과 같은 여러 이유로 거주처를 벗어나더라도 일을 마치고 당일 거주처로 돌아올 수 있어, 구성원들은 특별한 상황이 없는 이상 동일계의 구성원들과 대면접촉을 유지한다. 이러한 대면접촉은 구성원들의 관계를 심화하는데 도움이 되었을 것이다. 전원참석과 만장일치를 원칙으로 하는 의사결정구조를 유지하기 위해서는 구성원들 사이에 높은 밀도의 관계가 필요했을 것이다. 또한 같은 맥락에서 모임(화합)의 전원참석을 수월하게 하기 위해서이다. 승가는 거의 모든 일을 전원이 참석하는 모임을 통해 합의하여 결정하였다. 자연히 모임의 회수는 매우 빈번하였을 것이다. 지금처럼 교통과 통신이 발달하지 않는 고대 인도에서 하루 이상의 거리는 숙식 등에서 여러 문제를 낳았을 것이다. 이러한 이유에서 내밀한 관계 형성이 가능하고 일상적인 생활이 이루어지는 공간을 승가의 지역적 한계로 규정하였다.

---

05 율장은 운영규범과 생활규범의 성격인 계율을 집대성한 것으로, 붓다 재세시부터 필요에 따라 제정되었다.

2. 승가공동체의 구성원

오늘의 관점에서 불교는 사부대중공동체로 이해된다. 한국불교를 대표하는 대한불교조계종의 종헌에도 사부대중공동체로 규정되어있다. 하지만 초기의 승가공동체는 비구, 즉 독신출가승들의 공동체였다. 수행을 통해 진리를 추구하고 깨달은 진리를 세상에 전하는 그들은 마을과 그리 떨어지지 않은 곳에서 공동생활을 하며, 탁발로 생활에 필요한 모든 것을 마련하였다. 생활방식이 재가신도들과 달랐으며, 그 생활방식을 유지하기 위해 공동체를 구성하였다. 공동체를 통해 그들은 수행에 더욱 전념할 수 있었다. 이 공동체를 유지하기 위한 운영원리와 규범이 존재하였다.

출가자들과 재가자들에게 적용되는 규범에는 확실한 구별이 있었다. 오계五戒는 출·재가 모두에게 적용되었다. 그러나 비구에게는 반드시 지켜야 하는 의무였지만 재가자들에게는 자발적으로 따르면 되는 훈계(혹은 권고)였을 뿐이다. 계를 어겼을 경우에 출가자는 파계로서 처벌을 받게 되지만 재가자들에게는 아무런 제재도 없었다. 이러한 구별은 비구만이 승가공동체의 구성원이라는 의미이며, 동시에 공동체의 구성원들은 같은 규범이 적용되는 존재라는 의미도 포함하고 있다. 또한 승가공동체에서 발생하는 여러 일들을 결정하는 갈마에 참여하는 신분은 비구였으며, 수많은 갈마의 안건 중에서 재가자와 관련된 것은 단 하나뿐이었다. 그리고 모든 갈마는 당사자의 출석이 원칙이지만, 재가자와 관련된 안건만이 예외였다. 갈마의 결과를 통보하는 것으로 갈마의 유효성을 완성되었다. 이를 통해서도 초기의 승가공동체는 출가자들만의 공동체였음을 확인할 수 있다.[06]

---

06 초기 불교공동체는 좁은 의미의 승가공동체와 그들을 외호外護하는 신분으로서 재

3. 승가공동체 입단

승가공동체의 구성원들은 출가사문인 비구(비구니)들이었다. 이들이 승가공동체에 입단하기 위해서는 특별한 자격 조건이 필요하지는 않았다. 붓다가 제시한 이상과 수행, 공동체에서의 생활규칙, 그리고 계율을 지키겠다는 서원이 유일한 조건이었다. 이러한 원칙은 붓다가 즐겨 사용한 강과 바다의 비유를 통해서도 드러난다. 붓다는 비구를 강이나 냇물, 승가공동체를 '바다'에 비유하였다. 강은 각기 이름과 태생을 가지고 있지만, 일단 바다로 흘러 들어오면 이름도 태생도 잃고 하나가 된다. 승가도 이와 마찬가지여서 비구가 일단 승가로 들어오면 바닷물처럼 다른 사람과 하나가 된다. 사회적 계급이나 신분이 달라도, 부의 정도가 달라도, 이념이 달라도, 피부색이 달라도 오로지 공동체의 일원이 될 뿐이다. 강의 이름이 모두 달라도 그 강이 바다로 흘러가면, 강의 이름은 잃어버리고 단지 바다로 불릴 뿐인 것과 같은 이치이다. 붓다까 비구에는 카스트도 신분도 없다고 선언한 이유이기도 하다. 초기 불교 교단의 인적 구성 원칙은 '평등'과 '개방성'으로 이해된다. 이 원칙에서 비구는 항상 승가의 일원이다. 초기불교교단에서 그렇지 않은 비구는 존재하지 않았다. 이러한 의미에서도 승가공동체 내의 비구들은 선배(혹은 상위자)에 대해 경의와 예의를 나타내었지만, 비구로서 평등한 구성원으로 존재하였다.

가자가 주변에 위치하는 이원구조였다. 이러한 구조는 출가자와 재가자 모두 붓다가 제시한 이상을 따르는 사람들이지만, 모두가 그 이상을 실현하기 위한 구체적인 실천을 함께 하지는 못하기 때문이다. 출가자들이 그 이상에 바탕을 두고 생활하는 구체적인 모습을 실현할 수 있었다. 승가공동체를 통해 붓다가 제시한 이상이 비실천적인 것이 아니라 실현가능한 것이라는 것을 일반인들에게 제시한 것이다. 초기불교의 승가공동체는 붓다가 제시한 가르침을 구현한 사회의 모델이었다(암베드카르. 1994: 285-286).

비구로서 승가에 입단하는 것과 달리 비구가 되는 과정은 까다로운 여러 조건이 요구되었다. 비구의 지위에 오르기 전인 예비 비구인 사미는 완전한 출가자로 인정되지 않았다. 이들은 언제라도 승가를 떠나 환속還俗할 수 있었다. 비구와는 다른 계율이 적용되었다. 사미가 되기 위한 출가의 경우에도 특별한 자격조건이 제시되지 않았다. 20세 이하의 남자는 삼귀의三歸依[07]와 십계十戒[08]를 선언하면 예비 비구인 사미가 될 수 있었다. 다만, 출가를 할 때에는 후견인이 되어줄 비구를 찾아야 했다. 후견인은 사미에게 승가의 기본적인 생활과 수행, 가르침을 전해주는 스승의 역할도 함께 담당하였다. 후견기간이 끝나면 후견인은 승가에 제자를 수계자의 후보로 추천하고, 승가공동체에 '수계식'을 청구해야 한다. 그리고 그가 비구로서의 자격이 있는 수행자라는 것을 인정받아야 한다. 승가의 승인이 있어야 비구로서 '계'를 받고 비구가 된다.

---

07 불교에서 삼보三寶로 불佛·법法·승僧을 믿고 의지하겠다는 의미로, "나는 붓다에 귀의합니다. 나는 법에 귀의합니다. 나는 승가에 귀의합니다."라고 서약한다.

08 십계는 출가자와 재가자 모두 지켜야 하는 계율이다. 다만, 구체적인 내용은 문헌이나 종파, 적용대상에 따라 차이가 있다. 초기불교교단에서 사미에게 적용되는 십계의 내용은 아래와 같다. ① 나는 살생을 하지 않고, ② 도둑질하지 않고, ③ 행실을 바르게 가지며, ④ 거짓말을 하지 않고, ⑤ 술을 마시지 않으며, ⑥ 정해진 때 이외에는 식사를 하지 않는다. ⑦ 난잡하고 부도덕한 행위를 하지 않으며 ⑧ 화장처럼 겉꾸미는 행동을 하지 않는다. ⑨ 사치스러운 생활을 하지 않으며 ⑩ 금은재화에 마음을 빼앗기지 않는다.

Ⅲ. 승가공동체의 외적 형식

1. 사방승가와 현전승가의 중층구조

승가공동체 조직의 가장 큰 특징은 현전승가現前僧伽와 사방승가四方僧伽이다. 초기불교의 승가공동체는 현전승가와 사방승가로 구분된다. 사방승가는 시간적, 공간적 한계를 갖지 않는 출가자(비구, 비구니) 전원을 의미한다. 현전승가는 지금 눈앞에 성립해 있는 승가공동체로 출가자들이 수행과 생활을 유지하기 위해 동참하고 있는 공동체이다. 공동생활을 하고, 생활을 점검하는 포살을 함께 행하는 공동체이다. 율장에 기록된 승가는 현전승가로 이해된다.

포살을 행할 수 있는 최소 인원이 4명이므로, 승가공동체는 4인에서부터 시작된다. 4인 이상의 비구(혹은 비구니)가 함께 거주하고 생활하는 경우는 공동체를 형성하는 것이 허락되었고, 포살을 함께 운영하는 것을 전제로 승가로 인정되었다. 당시에도 수많은 현전승가가 존재하였을 것이다. 이 현전승가들은 운영규범과 생활규범의 성격을 갖는 율장을 준거로 하여 다양한 일들을 처리하였을 것이다. 유연성이 원칙이었기 때문에 자율성을 가지고 운영되었다.

그럼에도 현전승가들을 아우르는 장치가 필요했을 것이다. 붓다가 생존했던 당시에는 붓다가 속한 현존승가가 현존승가들을 대표하는 역할, 소위 '중앙승가'의 역할을 하였을 것이라 추측된다. 하지만 붓다는 자신조차도 승가의 지도자가 아니며, 앞으로도 승가의 지도자는 없을 것이라 하였다. 이러한 이유에서 현전승가들은 중심이 없는 그물망처럼 서로 연결되어 있었을 것이다. 이 경우 발생할 수 있는 혼란과 갈등을 방지하기 위해 사방승가라는 개념이 등장한 것으로 유추된다. 모든 승가공동체에 적용되는 율장의 존재와 동일한 이상을 추구한다는 정체성, 불교의 사상적 기초인 연기법이 사방승가의 개념 형성에 영향을 주었다.

승가공동체 운영원리에서 구체적으로 언급되겠지만, 사방승가는 전체 승가를 아우르는 역할을 담당하였다. 비구들은 사방승가의 구성원이라는 자격으로, 자유롭게 다른 현전승가와 교류하거나 이동하였다. 안거 등의 이유로 방문한 비구를 해당 현전승가는 구성원으로 받아들여야만 했다. 스승을 찾아 떠나거나 전법傳法을 위해 다른 지역으로 이동하는 것도 수월하였다. 현전승가는 닫힌 구조가 아닌 열린 구조였다. 구성원의 수와 구성원들은 유동적이었다. 이러한 자유는 '사방승물' 개념으로 개별 현전승가가 보유하고 있는 승물의 이용이 자유로워기에 가능하였다. 사방승가는 전법과 이를 위한 비구의 유행이라는 승가공동체의 생활양식을 분명하게 드러내고 있다. 사방승가는 원형原型 공동체로서 이를 구성하는 소공동체인 현전승가를 아우르고 있다. 이러한 승가공동체의 중층구조는 율장과 법과 같이 승가공동체의 유지와 발전에 기여하였다.

2. 현전승가들의 그물망형 결합구조

초기불교교단에서 사방승가는 구체적인 실체를 지닌 조직이 아닌 전체를 아우르는 개념이었다. 사방승가가 현전승가를 아우르는 그물망으로 상징된다면, 각 지역에 위치한 현전승가들은 그 크기가 다양한 그물코로 이해된다. 이때 현전승가의 규모는 공동체가 담당 가능한 역할에 따라 상이하였다. 앞서 언급했듯이 초기불교에서 공동체가 성립하는 최소인원은 4명 이상이다. 4인 승가는 대부분의 행사는 할 수 있으나 비구를 출가시키는 수계식受戒式과 안거를 마치면서 하는 참회의식은 자자自恣, 중죄를 용서해주는 출죄出罪 등의 갈마는 행할 수 없다. 5인 승가는 자자는 할 수 있으나 원칙적으로 수계와 출죄는 하지 못했다. 10인 승가에서는 출죄를 제외하고는 모든 갈마를 할 수 있다. 20인 승가에서는 출죄까지도 할 수 있다.

〈표 1〉 갈마주제별 승가공동체의 규모

규모	포살	자자	수계	출죄
4인	○	×	×	×
5인	○	○	×	×
10인	○	○	○	×
20인	○	○	○	○

이처럼 승가공동체는 규모에 따라 허용된 갈마가 상이하다. 모든 갈마는 전원출석이 원칙이다. 구성원이 15인이 현전승가에서 수계갈마를 10인의 비구가 모여 진행하는 것은 무효이다. 여법한 갈마가 되기 위해서는 15명 전원이 참석해야 한다. 때문에 주제에 맞는 갈마를 정당하고 유효하게 치루기 위해서는, 규모가 작은 승가공동체는 구성원의 숫자를 채워야 하는 일이 발생하였다. 반대로 승가공동체의 규모가 큰 경우에도 문제는 있었다. 일례로 계율을 어긴 비구가 죄에 상당하는 벌을 다 받고 구성원으로 복귀하기 위해서도 갈마를 통해 인정받아야 했다. 하지만 전원출석이 어려워 갈마를 필요한 시기에 치루지 못하는 경우도 있었다. 때문에 필요에 의해 승가공동체를 구성하는 것이 비교적 자유로웠다. 특별한 갈마를 위해 일시적으로 승가공동체를 만드는 방법도 허용되었다. 계 외 또는 계 내에 독립적인 소계를 만들고 필요한 인원 수만큼의 현전승가를 성립시켜 수계 등의 갈마를 행할 수 있었다.

이처럼 현전승가는 고정되어 있지 않았다. 필요에 따라 경계를 내부와 외부로 확장하거나 축소할 수 있는 조직원리를 지니고 있다. 현전승가는 다른 현전승가와 경계로 구분되다. 하지만 현전승가들의 경계는 그물처럼 서로서로 닿아 있으며, 자유롭게 재설정된다.

Ⅳ. 승가공동체의 운영원리

1. 충분한 합의를 위한 민주적 의사결정

'승가'를 화합이라고 규정할 만큼 초기불교교단에서는 승가의 화합을 중시하였다. 공동체의 화합을 위해 공동체 내의 모든 일은 공동체 구성원이 모여 결정하였다. 공동체 구성원이 모여 승가의 일을 결정하는 것을 '화합'이라고 하였다. 화합에서는 승가공동체에서 행하는 통상적인 일(행사)들과 일상생활에서 발생하는 여러 일들, 돌발적으로 발생하는 사건 등을 화합에서 결정하였다. 이 승가의 화합을 갈마(승가갈마)라고도 한다. 승가공동체에서 발생하는 모든 것들이 갈마의 주제라고 할 수 있다. 이러한 갈마는 주제의 경중에 따라 단백갈마, 백이갈마, 백사갈마로 구분되어 진행되었다. 백은 오늘날의 용어로는 보고, 제안, 안건상정 등의 의미가 있으며, 상정된 안건을 심의하는 회수에 따라 백이갈마, 백사갈마로 구분된다.

단백갈마는 이미 알고 있는 내용을 고지하는 화합이다. 이때에도 전원출석은 주요한 원칙이다. 승가에서 어떤 일을 하더라도 전원이 알고 있어야 한다는 의미이다. 둘째, 백이갈마는 제출된 백에 대한 의견을 한 번 구하는 화합이다. 전원이 찬성하는 경우에 보고된 백이 통과된다. 하나의 안은 두 번 의결하지 않으며 다수결로 의결하지 않는다. 셋째, 백사갈마는 의안인 백에 대한 찬반을 구하는 갈마설이 세 번 반복되는 화합이다. 중요한 문제를 다룰 때 이 형식을 취한다.

이러한 갈마의 원칙은 전원참석과 만장일치이다. 전원참석은 형식적 원칙, 만장일치는 내용적 원칙이라 할 수 있다. 우선, 형식적 원칙으로 전원참석은 화합의 전제조건으로 여겨졌다. 포살도 구성원 모두 참석하였는지를 확인하는 절차로 시작되었다.[09] 기본적으로 전원이 참석하지 않는 갈마는 여법如法한 갈마, 정당한 갈마로 인정되지 않았고, 정당하지 않는 갈마를 진행하는 것은 부정의 죄를 범하는 것이었다. 병 등으로 참석이 불가능한 경우에는 현재와 같이 참석을 위임할 수 있었다. 이 경우에는 갈마의 결정을 따라야 하는 의무가 부과된다. 두 번째 갈마는 원칙적으로 만장일치를 추구하였다. 이는 충분한 논의와 납득[10]할 수 있는 합의를 위한 전제로서 요청되었다. 전원참석 원칙과 불참자의 위임도 이를 위해 존재하는 형식이다. 때문에 갈마에서는 충분한 합의를 이루기 위해 다양한 방법으로 만장일치를 위해 노력하였고, 여러 노력에도 만장일치가 어려울 경우에는 별도의 갈마를 진행하였다.

---

09 『사분율四分律』에 따르면 포살이 시작될 때에 전원이 출석하였는지를 확인하기 위해 "승가는 모였는가, 화합하였는가?"라고 외치게 되어 있다(미츠오. 58). 『사분율』은 출가승려가 지켜야 하는 계율이 기록된 계율서로 우리나라에서는 근본계율서로 인정되었다. 비구가 지키는 250계와 비구니가 지키는 348계가 기록되어 있다(한국민족문화대백과사전. encykorea.aks.ac.kr).

10 『우리말 1000가지』(이재운 외. 예담. 2008)에 의하면, '납득하다'는 "남의 말이나 행동 따위를 잘 알아 이해하는 것을 가리키는 일본식 한자어"로 소개되어 있으며 이해하다도 대체가능하다고 되어 있다. 하지만 최근에 납득하다는 단지 이해하는 것에 그치지 않고, 이해된 내용을 긍정한다는 의미도 포함되어 있다. 일례로 "김과장이 돌연 사표를 던진 이유를 도무지 납득하기 어렵다."라는 뜻은 사표를 던진 이유를 이해는 하지만 사표를 던진 행위를 긍정적으로 여기지는 않는다라는 의미를 포함하고 있다. 이러한 관점에서 승가공동체에서 추구하는 합의는 정서적 합치까지도 추구한다.

이때 별도의 갈마는 쟁사諍事갈마라고 하며, 비구사이의 대립이나 범계 사항을 둘러싼 다툼 등을 주로 다룬다. 쟁사갈마는 7멸쟁법滅諍法이라는 불리는 해결법을 기본으로 다툼의 성격에 맞는 멸쟁법에 따라 실행된다. 쟁사에서도 당사자와 구성원 모두가 납득할 수 있는 결론에 도달하기 위한 충분한 논의가 전제되었다. 충분한 논의가 되었다고 판단한 경우에는 다수결이나 여러 방법으로 결론을 도출하였다. 이러한 충분한 노력에도 모두가 납득하지 못하면, 현전승가를 해체하는 경우도 있었다.

충분히 납득할 수 있는 결정을 위해 일단 갈마를 통해 내려진 결정에 다시 이의를 제기하는 것을 금지되었다. 7멸쟁법에 의해 올바르게 해결된 쟁사에 관해서도 그 결과를 다시 번복하는 것도 금지되었다. 그러나 갈마 자체에 오류가 발견된다면 그 갈마에서 내려진 결정은 무효가 되었고 다시 갈마를 행할 수 있다. 쟁사를 일으킨 비구가 그 판정이 정당하게 이루어지지 않았다고 생각되면 다른 승가에 문제제기를 하여 다시 갈마를 받을 수도 있었다. 이처럼 초기 승가공동체는 갈마 그 자체나 판결결과에 중대한 영향을 비칠 수 있는 증거가 확보되었을 경우에는 다시 갈마를 행할 수 있는 가능성을 마련해 두었다(이자랑. 2013: 240).

이처럼 승가공동체는 논의할 안건에 따라 갈마의 절차를 달리 하였고, 충분한 합의에 이르기 위해 정당한 갈마의 조건을 규정하였다. 이러한 규정을 통해 갈마 참석자들은 모두가 납득할 수 있는 합의에 이르기 위해 충분히 노력하였다. 그럼에도 발생할 수 있는 가능성을 감안하여 재심의 절차도 마련하였다. 결국, 승가공동체는 모두가 납득할 수 있는 합의, 이를 위한 충분한 논의를 원칙으로 하는 의사결정구조를 마련하고 실천하였다.

2. 재화의 공유

초기불교교단에서는 출가자들의 생산활동은 엄격하게 금지되었다. 오직 탁발과 보시를 통해서만 생존과 생활에 필요한 것을 획득할 수 있었다. 특히 음식물에 관해서만 많은 제약이 있었다. 생활에 필요한 몇몇 재화들은 소유할 수 있었지만, 탁발한 음식은 공동체의 거주 공간에 보관하는 것도 조리하는 것도 금지되었다. 이로 인해 탁발은 매우 중요한 일과였다.[11] 탁발을 하는 규칙을 엄격하게 규정되어 있었다. 일쩨로, 7집 이상을 방문하지 못하게 하였다. 당시의 그리 높지 않은 생산력을 고려하면 필요한 양을 탁발하지 못하는 때가 빈번하였을 것이다. 일부는 탁발을 하지 못한 경우도 있었다. 이 경우에는 탁발을 통해 얻은 음식물을 구성원들이 함께 나누었다.

보다 큰 범주에서 재화의 공유는 승가의 승물僧物 관리를 통해 확인된다. 승물도 현전승물과 사방승물로 구분하여 그 처분권과 관리권을 구분하였다. 토지·건물 등의 부동산과 방사房舍나 의자, 침상 및 오랫동안 사용할 수 있는 물건들은 승가 내부에서 오랫동안 공동으로 사용할 수 있도록 사방승물에 포함되었다. 음식이나 의류나 발우 등 개인에게 시주한 물건이나 단기간에 소멸될 가능성이 높은 물건은 현전승물에 포함되었다. 사방승물인 부동산이 출가자 개인에게 시주되었더라도 사방승물로 귀속되었다.

사방승물은 어떤 현전승가에 위치해 있던지 그 처분권은 사방승가에 있었다. 현전승가는 오직 관리권만을 가지고 있었고, 오늘날과 같은 소유권을 행사하지는 못했다. 관리권만을 행사할 수 있었기 때문에 다른

---

11 물론 탁발의 기능은 음식물 조달에 머물지 않는다. 탁발을 하며 가가호호를 방문하여 그들과 이야기를 나누며, 출가자들은 재가자들의 삶을 이해하였다.

현전승가에 속한 사방승가의 구성원(비구)의 사용을 제한할 수 없었다. 반대로 타지에서 온 비구가 승물을 이용하도록 도와야 하는 의무가 있었다. 사방승가의 모든 구성원들은 사방승물이 어디에 있든 사용할 권리가 있었다. 여러 지역에 분포한 현전승가의 시설은 모든 비구들이 전체 승가의 시설로서 소유되고 사용되었다.

이는 유행을 해야 하는 비구의 생활양식을 고려할 때 생활의 편리를 도모하면서, 동시에 같은 교단의 구성원이라는 정체성을 확립시키는 방법이 되었을 것이다. 그리고 불교의 토대인 연기론적 세계관에 의하면 소유를 특정한 개인의 것으로 고정하는 것은 논리적이지도 도덕적이지도 않은 것이다.

3. 자치와 규범

현전승가는 자치를 행하는 독립적인 공동체로 인정되었다. 이때의 자치와 독립은 첫째, 국가와 사회로 부터의 자치와 독립을 의미한다. 고대 인도에서는 불교를 포함한 대부분의 종교집단이 국가와 사회의 간섭을 받지 않았다. 둘째, 현전승가는 사방승가를 구성하는 소공동체이지만, 사방승사의 통제와 지시를 받지는 않았다. 현전승가 내부의 일은 갈마를 통해 결정하였다.

현전승가와 비구들의 자율성을 보장하는 것은 공통된 율장의 존재이다. 동시에 율장은 이들의 정체성을 형성시키는 요소이기도 하다. 여러 지역에서 성립한 현전승가들은 자체적으로 갈마를 행하고 포살을 행하지만, 공통된 율장의 규칙에 의지하여 갈마를 행하고 포살을 행하기 때문에 하나의 승가, 즉 사방승가가 된다. 일례로 A지역의 현전승가의 소속이더라도 B지역의 승가에 들어가면, 해당지역의 포살에 참여해야 한다. 어떤 비구에게도 모든 현전승가는 자기의 승가였다.

중앙승가가 없었던 초기불교의 상황에서 공통적인 율장의 존재는 불교를 유지하는 핵심이었다. 철저하게 규칙과 가치에 통일되어 승가를 유지하였다. 현전승가의 실제적인 성립과 유지는 포살모임이 화합의 모임이어야 한다는 사실에 기인한다. 보름마다 비구들이 모여서 비구계를 듣고 자기반성을 하여 범계犯戒의 잘못이 있으면 고백참회로 청정을 회복한다. 포살 모임은 전원출석(승가 화합)으로 인정받기 때문에, 포살의 참여는 비구의 의무이면서 스스로 비구라는 자부심을 심어주는 역할을 하였다.

이러한 비구로서의 자부심이 율장이 징벌 개념이 아니라, 참회와 화합의 개념에 기초해 제정되었기 때문에 가능하였다. 율을 제정한 목적(이념)을 정리한 제계십리制戒十利는 화합과 참회, 공동체성의 유지로 정리된다.[12] 비구들이 잘못된 행동을 하는 자에 대해서는 자발적인 참회를 유지하여 죄에서 벗어나게 하고 청정비구로 돌아가 수행을 지속하게 하는 것을 목적으로 제시하고 있다〔慚愧者得安樂〕. 율장의 또 다른 제정원칙은 수범수제이다. 범계가 나타날 때 마다 붓다가 계율을 제정하였다. 이로 인해 율장은 매우 구체적인 상황을 전제하고 있으며 수많은 예외조항이 존재한다. 이는 수행자로서 비구의 정체성과 삶을 유지시키기 위한 노력이며, 동시에 수행자로서의 삶이 엄격하다는 의미이기도 하다. 이러한 측면에서 율장은 비구를 보호하는 것이라 할 수 있다.

---

12 ① 攝取於僧(승가를 결합시킴), ② 令僧歡喜(승가를 기쁘게 함 혹은 승가의 품위 유지), ③ 令僧安樂(승가의 집단생활을 원활하게 함), ④ 令未信者信(아직 신심을 지니지 않은 재가자의 귀의를 불러옴), ⑤ 已信者令增長(이미 신심을 지니고 있는 재가자의 신심을 더욱 돈독하게 함), ⑥ 難調者令調順(악인을 조복시켜 따르게 함), ⑦ 慚愧者得安樂(범계했더라도 참회함으로서 안락을 얻게 함), ⑧ 斷現在有漏(현재의 번뇌를 끊게 함), ⑨ 斷未來有漏(미래의 번뇌를 끊게 함), ⑩ 正法得久住(정법이 오래 머무를 수 있게 함, 불법 전지의 근원적인 힘). 『사분율』 권1(『대장경大藏經』 22. 570쪽 하. 이자랑(2013) 225쪽에서 재인용)

V. 결론을 대신하여

이상과 같이 승가공동체를 내적·외적 형식, 내용으로 구분하여 살펴보았다. 이를 통해 공동체의 운영원칙을 정리하면 아래와 같다.

1. 내적 형식

- 공동체는 구성원들의 대면접촉이 가능하고 생활을 공유할 수 있는 지리적 공간을 지닌다.
- 공동체의 구성원들은 마을규범과 일정한 수준의 가치와 생활을 공유한다.
- 공동체 구성원들의 관계는 평등하며, 공동체로부터 충분한 자유를 향유한다.
- 일정한 자격을 갖춘 사람들의 공동체 입단은 자유롭다. 단, 자격은 해당 공동체에서 심의·결정한다.

2. 외적구조

- 여러 소규모 공동체들을 아우르는 원형공동체가 존재하며, 원형공동체를 구성하는 소공동체들은 일정한 기준에 의해 중첩되어 존재한다.
- 소공동체들은 독립적·민주적 원칙에 의해 자체의

의사결정 체제로 운영한다.

3. 운영원리

- ㅇ 공동체의 의사결정은 구성원의 전원참석과 충분한 논의에 기초한 만장일치를 원칙으로 한다.
- ㅇ 공동체에서 다루는 주제와 구체적인 의사결정 절차는 사안의 내용과 중요도에 따라 결정된다.
- ㅇ 공동체는 가치 실현을 위한 목표와 가치를 구체화한 규범을 구성원에게 제시한다.

위에서 제시한 9가지 원칙은 "특정 가치관과 자원을 공유하고 서로 협동하면서 공통의 목적을 위해 함께 살아가는 사람들로 구성된 집단"으로 정의할 수 있는 계획공동체에는 비교적 쉽게 적용이 가능하다. 최근의 마을공동체도 의도적으로 구성된다는 점에서 적용가능성이 높다. 일례로 대단위 아파트 단지에서의 마을공동체도 단지단위로 구성하기보다는 친밀한 대면접촉이 가능한 동단위 소공동체를 고려할 수 있다. 이 소공동체들이 단지 단위의 공동체를 구성하는 소공동체가 되는 방식이다. 이 경우 동단위에서 결정될 문제와 단지 단위에서 결정될 문제를 구분할 수 있으며, 이는 소공동체 단위의 운영(가치)도 생각할 수 있다. 이러한 아파트 공동체 모델로 현재 아파트 공동체에서 발생하는 여러 문제들을 다룰 수 있을 것이다.

최근의 마을주민들은 동질적이기보다는 이질적이다. 다양한 이해관계와 가치관, 이념, 종교 등으로 구분된다. 때문에 마을주민 사이의 갈등이 발생할 가능은 높으며, 공동체 운영을 둘러싼 갈등의 가능성은 더욱 높다. 이 문제 해결을 위한 많은 이들이 관심을 기울이고 있다. 하지만 현재와 같이 형식적 측면의 민주적 절차에 의존해서는 이 문제를 해결하기 힘들다. 여러 공동체에서 실시하고 있는 주민회의 등에 승가공동체의 의사결정원칙을 도입하는 것을 고려할 수 있다. 결론 도출을 목적으로 하고 그 방법으로 다수결에 의존하기보다는 지역민들이 납득할 수 있는 결론에 도달하기 위한 과정에 집중함으로써 공동체 운영을 둘러싼 구성원들의 갈등을 줄일 수 있을 것이다. 이처럼 승가공동체에서 도출한 공동체 운영원칙은 마을공동체에 적용할 수 있는 원칙이다. 이를 보다 구체적인 방안으로 구현하는 것도 또 다른 과제이다.

참고문헌

전재성. 2014a. 『마하박가-율장대품』. 한국빠알리성전협회.

전재정. 2014b. 『마하박가-율장소품』. 한국빠알리성전협회.

학담. 2014. 『아함경 9 상가와 출가수행』. 한길사.

박호성. 2009. 『공동체론 : 화해와 통합의 사회·정치적 기초』. 효형출판.

사토우 미츠오. 1991. 『초기불교 교단과 계율』. 김호성 역. 민족사.

암베드카르 B.R. 1994. 『붓다와 그 가르침』. 박희준·김기은 역. 민족사.

염중성(자현). 2013. 「붓다의 화합정신 강조와 그 현대적 의의」. 『대각사상』 19: 79-123.

유정길. 2011. 「새로운 사회의 대안 운동으로서 불교 공동체」. 『불교

평론』 13-1: 66-91.
이동일. 2001.「공동체에 있어서 유교적 가치의 함의」.『동양사회사상』 4: 129-161.
이명호. 2016.「공동체의 위기와 복원에 관한 탐색적 연구: 향촌공동체와 마을공동체를 중심으로」.『사회사상과 문화』 19-1: 87-115.
이영찬·정혜숙·김보경. 2006.「성주 지역의 유교공동체와 사회적 연결망」.『동양사회사상』 13: 251-282.
이자랑. 2010.「율장에 근거한 조계종단 징계제도의 개선방향」.『불교학보』 54: 223-253.
이자랑. 2013.「율장의 근본이념에 입각한 조계종 청규제정의 방향」.『대각사상』 19: 9-42.
이종수 편. 2008.『한국사회와 공동체』. 다산출판사.
이태원. 2000.『초기불교의 교단생활』. 운주사.
조성택. 2014.「현대사회에서 불교의 역할-승가의 현대적 모델을 위한 모색」.『전법학 연구』 5: 344-375.
최정신. 2008.「국내 계획공동체 마을의 주민참여의 실태 및 특성」.『한국주거학회 논문집』 19-5: 93-102.
코린 맥러플린·고든 데이비드슨. 2004.『새벽의 건설자들: 더 나은 미래를 위한 생태 공동체 만들기』. 황대권 역. 한겨레신문사.
Hillery Jr., George A. 1955. "Definitions of Community: Areas of Agreement." *Rural Sociology* 20-2: 111-123.
Hillery Jr., George A. 1981. *A Research Odyssey: Developing and Testing a Community Theory*. Transaction Publishers.
Hassinger, E. W. & Pinkerton, J. R, 1986. *The Human*

Community. Macmillan.

Kempers, Margot. 2001. *Community Matters: An Exploration of Theory and Practice.* Burnham Publishers.

Ramble, C. 1990. "How Buddhist are Buddhist communities? The Construction of Tradition in two Lamaist Villages". *Journal of the Anthropological Society of Oxford* 21-2: 185-197.

Won, Hye-Young. 2010. "Early Buddhist communities on the perspective of Paticca Samuppāda structure". *International journal of buddhist thought & culture.* 15: 73-90.

동양사상의 시대 진단과 비전

저자소개

[저자소개]

김규원 :「노장사상의 관점에서 본 시대진단: 평가사회의 도래와 공동체의 위기」

미국 Wisconsin-Madison 대학교 대학원 사회학과에서 석·박사 학위를 취득하였으며, 경북대학교 사회학과 교수로 재직 중이다. 교육 현상과 연관된 사회불평등 문제에 연구관심을 지니고, 시민사회 영역과 대학평가 분야에서 활동을 한다. 대표저서로 『교육문제와 교육정책』(2017)을 들 수 있다.

E-mail : sockim@knu.ac.kr

홍승표 :「주역과 인류의 스승으로서의 자연」

고려대학교 사회학과에서 학사와 석사학위를 받고, 아이오아주립대학교에서 사회학박사학위를 취득했다. 현재 계명대학교 사회학과 교수로 재직하고 있다. 주요 관심분야는 동양사상의 기반 위에서 탈현대사회이론을 구성하는 것이다. 저서로 『깨달음의 사회학』(2002), 『동양사상과 탈현대』(2005), 『노인 혁명』(2007), 『동양 사상과 새로운 유토피아』(2010), 『동양사상과 탈현대적 삶』(2011), 『탈현대와 동양 사상의 재발견』(2012), 『주역과 탈현대문명』(2014) 등이 있다.

E-mail : sphong@kmu.ac.kr

이재룡 :「동양법사상과 생명윤리」

현재 국립충북대학교 법학전문대학원에 교수로 재직하고 있다. 경기도 여주에서 출생했으며 고려대학교 문과대학 사회학과를 졸업한 후 동대학원 법학과에서 법철학(동양법철학)을 전공하여 박사학위를 받았다. 주요 관심사는 유교철학과 법가철학이지만, 동양사상을 토대로 이를 서양법철학에 대비해 살펴보는 비교 법철학적 시각을 지니고 있다.

저서에 『조선, 예의 사상에서 법의 통치까지』(예문서원)등과 「중국철학상 도덕가치의 실재성에 관하여」(『법철학연구』 18권 2호), 「大學 格物致知 格物攷」(『고려법학』 69호)등 다수의 논문이 있다.

E-mail : jairyong@chungbuk.ac.kr

우실하 : 「'3수 분화의 세계관(1-3-9-91)'과 삼계三界 조화의 생명사상」

현재 한국항공대학교 교양학과 교수로 재직하고 있다. 연세대학교 사회학과를 졸업하고, 같은 대학에서 석사, 박사학위를 받았다. 중국 심양시 요녕대학(遼寧大學) 한국학과 교수, 적봉시 적봉대학(赤峰大學) 홍산문화연구원(紅山文化硏究院) 방문교수 등을 역임하였다. 주요관심 분야는 한국문화와 사상의 원류를 찾는 연구이다. 『3수 분화의 세계관』(2012), 『동북공정 너머 요하문명론』(2007), 『전통 음악의 구조와 원리』(2004), 『한국 전통 문화의 구성 원리』(1998), 『오리엔탈리즘의 해체와 우리 문화 바로 읽기』(1997) 등 8권의 단독저서와, 『동서의 문화와 창조』(2016), 『사회학적 관심의 동양사상적 지평』(2014), 『한국인의 일상과 문화유전자』(2014) 등 14권의 공저 외에 다수의 논문이 있다.

E-mail : woosilha@kau.ac.kr

정학섭 : 「부부 가족의 '섬김 친밀성'에 대한 유가사상적 성찰」

서울대학교 학부 및 대학원에서 국문학과 사회학을 전공하였으며, 1985년 이후 현재까지 전북대학교 사회학과 교수로 재직해 왔고 2004-06년 캐나다 UBC에 visiting scholar로 다녀오기도 했다. 2011년부터 현재까지 동양사회사상학회 회장을 맡아오고 있다. 관심 분야는 사회계층 계급론, 동양사회사상, 결혼과 가족의 사회학 등이며, 『한국의 사회사상』(공저), 『사회학적 관심의 동양사상적 지평』(공저), 『현대사회의 위기와 동양사회사상』(공저), 『사회학이론의 구조』(공역) 외에 최근 「친밀성의 위기와 순수지속의 사상적 성찰」, 「수양공부와 출사의 변증법」, 「태공의 깨달음에서 화엄의 바다로」, 「친밀성의 구조변동과 Friendship의 성격」 등과 같은 일련의 글을 발표해 오고 있다.

E-mail : hark@jbnu.ac.kr

이현지 : 「퇴계의 삶과 배려, 그 탈현대적 함의」

계명대학교에서 사회학박사를 받고 중국 사회과학원에서 박사 후 연수를 하였다. 현재 계명대학교 Tabula Rasa College에 재직하고 있다. 주요 관심분야는 마음공부, 음양론, 한의철학 등이다. 저서로 『동양사상과 탈현대의 발견』, 『동아시아 전통의학의 현대화』, 『성, 가족, 문화: 다르게 읽기』 등이 있고, 공저로 『동양사상과 탈현대의 죽음』, 『동양사상과 노인복지』, 『주역과 탈현대』, 『공자혁명』, 『유교의 마음공부』, 『동양사상에게 인공지능 시대를 묻다』 등이 있다.

E-mail : leehj@kmu.ac.kr

유승무 : 「세계화시대 '다른 사람'의 의미 구성과 배려」

한양대학교 사회학박사. 중앙승가대학교 포교사회학과 교수. 종교사회학 및 사회이론에 대한 학문적 관심이 크고, 마음 및 불교사회학적 주제로 연구 중이다. 저서로 『불교사회학』이 있다.

E-mail : smlew691@hanmail.net

신종화 : 「세계화시대 '다른 사람'의 의미 구성과 배려」

고려대 문학사(사회학), 영국 워릭대학 철학박사(사회학), 전 서울과학종

합대학원 교수. 현 리큅 부사장. 사회이론과 현대성에 연구관심을 갖고, 마음, 여가, 미래 등의 개념사 중심의 연구를 진행하고 있다.

E-mail : jonghwa_shin@hanmail.net

김성순 :「한국인의 '공동체 지향성'과 결사結社: 향도·동계·협동조합」

서울대 종교학과 대학원 졸업, 캐나다 브리티시 컬럼비아대학에서 박사 후 연구과정을 마쳤다. 원광대와 금강대 연구소 HK연구교수를 거쳐 현재 서울대 종교문제연구소 연구원으로 재직 중이며, 주로 동아시아 불교문화 비교연구와 종교결사 현상을 주제로 논문을 발표하고 있다. 석사논문은「중국종교의 수행론에 나타난 도불교섭: 당송대를 중심으로」, 박사논문은「동아시아 염불결사의 연구: 천태교단을 중심으로」외 다수 논문과 역서가 있다.

E-mail : shui1@naver.com

이명호 :「공동체 모델로서 승가공동체의 적용 가능성에 대한 탐색적 고찰」

한양대학교 사회학과를 졸업하고 동대학원에서 박사학위를 취득했다. 현재 한양대학교와 중앙승가대에서 강의하고 있다. 한국사회를 포함한 제3세계의 '근대로의 전환'에 관심을 가지고 있으며, 이를 '종교', '공동체', '관계'를 키워드로 설명하고자 한다.

주요 논저로는 "한국 가족중심주의의 역사적 기원: 조선후기와 근대전환기 생활양식을 중심으로"(2013. 박사학위논문), 『현대사회와 베버 패러다임』(2013. 공저), "고통 받은 민중: 한국불교는 무엇을 하고 있는가?"(〈종교문화연구〉. 2013), "가족 관련 분석적 개념의 재구성, 가족주의에서 가족중심주의로"(〈사회사상과 문화〉. 2013), "공동체의 위기와 복원에 관한

탐색적 연구: 향촌공동체와 마을공동체를 중심으로"(〈사회사상과 문화〉. 2016) 등이 있다.

E-mail : dubiouslife@hanmail.net

동양사상의 시대 진단과 비전

초판1쇄 인쇄 2017년 12월 26일
초판1쇄 발행 2018년 1월 10일

지 은 이 계명대학교 한국학연구원 편
펴 낸 이 신일희
펴 낸 곳 계명대학교 출판부
출판등록 제347-1998-1호(1970. 9. 1)
주 소 대구광역시 달서구 달구벌대로 1095
대표전화 053-580-6233
팩 스 053-580-6235
홈페이지 www.kmupress.com

ISBN 978-89-7585-801-7 93150 정가 25,000원

이 도서의 국립중앙도서관 출판예정도서목록(CIP)은 서지정보유통지원시스템 홈페이지(http://seoji.nl.go.kr)와 국가자료공동목록시스템(http://www.nl.go.kr/kolisnet)에서 이용하실 수 있습니다.(CIP제어번호: CIP2017035044)